ALBERT SLOSMAN

LA GRAN HIPÓTESIS
Esbozo de una historia del monoteísmo desde los orígenes al fin del mundo

ALBERT SLOSMAN (1925-1981)

Fascinado por el antiguo Egipto y la Atlántida. Profesor de matemáticas y experto en análisis informático participó en los programas de la NASA para el lanzamiento de Pioneer en Júpiter y Saturno. Su intención era encontrar la fuente del monoteísmo y escribir su historia. Su búsqueda de los orígenes de todo y de todos le llevó, de forma curiosa e inesperada, a centrar su atención en la antigua civilización egipcia, cuya formación y desarrollo fue abordado con una mente abierta e independiente a lo largo de su corta vida. Albert fue un luchador de la resistencia durante la Segunda Guerra Mundial, torturado por la Gestapo, y más tarde víctima de un accidente que lo dejó en coma durante tres años. Slosman era una persona de apariencia y salud extremadamente frágil, pero animada por una intensa fuerza interior que lo mantenía vivo, motivada por el deseo de completar una obra de 10 volúmenes que pretendía ser un enorme tejido de la permanencia del monoteísmo a través del tiempo, y que su prematura muerte no le permitió concluir. Un accidente banal, una fractura del cuello del fémur, tras una caída en los locales de la *Maison de la Radio* de París, le quitó la vida, tal vez porque su cuerpo, (su carcasa humana como le gustaba decir) ya bien sacudido, no pudo soportar una agresión adicional, por insignificante que fuera.

LA GRAN HIPÓTESIS
Esbozo de una historia del monoteísmo
desde los orígenes al fin del mundo

© Omnia Veritas Limited, 2020

La Grande Hypothèse, Robert Laffont, 1982
Traducido del francés por Antonio Suárez

Publicado por
OMNIA VERITAS LTD

www.omnia-veritas.com

Reservados todos los derechos. No se permite la reproducción total o parcial de esta obra, ni su incorporación a un sistema informático, ni su transmisión en cualquier forma o por cualquier medio (electrónico, mecánico, fotocopia, grabación u otros) sin autorización previa y por escrito de los titulares del copyright. Ninguna parte de esta publicación puede ser reproducida por ningún medio sin permiso previo del editor. La infracción de dichos derechos puede constituir un delito contra la propiedad intelectual.

PREFACIO	**11**
1	**14**
¿Existe el Azar?	14
2	**30**
Con el general von Stülpnagel	30
3	**40**
¿El destino también está escrito?	40
4	**55**
El Gran Cataclismo	55
5	**71**
El Alma Atlante no se ha perdido	71
6	**87**
Los rescatados de Ahâ-Men-Ptah	87
7	**108**
La Resurrección de Ptah en Dendera	108
8	**126**
Descubriendo el Gran Laberinto	126
Nota referente al original de Diodoro de Sicilia. (Y los apuntes de Letronne)	146
9	**150**
El Círculo de Oro	150
10	**169**
Descubriendo Dendera	169
Nota sobre el auto de fe de un libro de Champollion	188
11	**192**
La Era de Tauro en Ath-Kâ-Ptah	192
12	**205**
La Era de Aries: Moisés el rebelde	205
13	**223**

Dios olvidó Egipto: Cambises el loco	223
14	**242**
La era de los Piscis: Jesús el Cristo	242
15	**264**
Lo que he visto y he comprendido	264
16	**280**
La eternidad sólo pertenece a Dios	280
A MODO DE CONCLUSIÓN	**300**
Para nuestro tiempo	300
PULSACIONES ARMÓNICAS CÉLEBRES	*306*
NOTA Nº 1	314
Fechas cronológicas siguiendo a Sirio	*314*
NOTA Nº 2	317
Theón de Alejandría y Sirio	*317*
Acerca de la obra de Albert Solsman	323
BIBLIOGRAFÍA	**324**
A) En el tiempo del origen, textos y revistas	*324*
B) En la época de Moisés	*327*
C) En el tiempo de jesús. Textos y reseñas	*330*
OTROS TÍTULOS	**335**

Este libro está dedicado a la memoria de la que me enseñó en primer lugar la bondad, la fraternidad antes de cualquier otra consideración, y que por ello murió, habiendo recibido la Legión de Honor:

A la señora Odette Micheli, que fue la presidenta de la Cruz-Roja Suiza en Francia durante la Ocupación y que permitió, por su valor y abnegación, salvar cerca de 100.000 niños del hambre, de la desesperación o de la muerte.

Albert Slosman
Ed. Robert Laffont 1982

El templo de Dendera nos hizo ver que en ese tiempo, en la época en que se construyó, el espíritu del antiguo Egipto aún estaba vivo. Sin embargo, nos demuestra que en los dos siglos que precedieron y siguieron al acontecimiento del cristianismo, los gérmenes extranjeros que debían modificar profundamente este espíritu, ya estaban sembrados.

Estas observaciones dan más interés a las revelaciones que el templo nos ofrecerá sobre él mismo, sobre su antigüedad. Se acababa de reconstruir el templo cuando Jesucristo predicaba en Palestina. Y es con gran asombro que seguimos las huellas de los templos anteriores al actual en el pasado más remoto hasta donde la historia de la humanidad ha podido llegar.

Un templo elevado a Hator en Dendera existía, efectivamente, bajo Ramsés II, bajo Tutmes III, encontramos restos de la XII, de la VI, y de la IV dinastía que es la contemporánea a las Pirámides.

Mucho más allá de todo lo más remoto que podamos imaginar a través de los siglos históricos, más allá de Menes y del fundador de la monarquía egipcia, ya aparece en pie el dogma que es la base del templo, es decir la creencia filosófica en la belleza representada y simbolizada por Hator. Si nunca se han encontrado en Egipto ruinas de monumentos anteriores a Menes, es evidente que no se descubrirá nada en ellos que recuerde la brillante cultura del tiempo de Ramsés o incluso del tiempo de Keops.

Además, no debemos obviar un hecho considerable; y es que en época alejada Egipto ya había visto a Dios y, por consiguiente, ya había nacido la civilización. En este momento en el que la ciencia de los estudios prehistóricos llama ardientemente la atención tan elogiable hacia los orígenes del mundo civilizado, es curioso ver que Egipto hace retroceder cada vez más en el pasado el punto en el que, precisamente, el hombre dejó de ser un salvaje.

Auguste Mariette
Final de la presentación de la importante obra en cinco volúmenes titulados "Dendera", de los que cuatro están consagrados a las planchas dibujadas copiando todos los textos jeroglíficos del Gran Templo de Hator[1].

Edición original de 1875

---

[1] Hator, o Corazón de Horus. Se trata de la madre de Horus, Isis, de la que Hator es el nombre de diosa idealizando a la madre y al hijo. Dendera es, pues, el templo de la Tríada divina: Osiris, Isis y su hijo Horus. (A.S.)

PREFACIO

En mayo 1981, remontábamos el Nilo en compañía de un centenar de libreros, según nuestra querida tradición, en visita común a los "altos lugares" de nuestro planeta con la amistosa asistencia de eminencias muy cualificadas, autores en la materia.

Albert Solsman aceptó este papel y me alegré particularmente en esta ocasión por poder conocerlo mejor, ya que a pesar de haber publicado seis de sus obras, seguía siendo lejano e impenetrable para mí. Parecía a la vez muy frágil y lleno de una inmensa fuerza. Se mantenía ante todo, por el deseo de llevar a cabo su obra de nueve volúmenes: un inmenso fresco de la permanencia del monoteísmo a través de las eras. Esta obra se dividía en tres grupos de tres libros: La Trilogía de los Orígenes, la Trilogía del Pasado, la Trilogía del Futuro. Ya se han publicado los cuatro primeros volúmenes de este ciclo. Queda aún un largo camino por andar, ya que a la vez que Albert Solsman lo recorría, trazaba su senda, además, amaba recobrar aliento dedicándose a temas exteriores a su gran empresa.

Me di cuenta a lo largo de sus conferencia a bordo que algunos auditores estaban fascinados por la riqueza y la novedad de sus teorías y sus explicaciones acerca de la *Historia*, mientras que otros parecían abrumados por la suma de sus conocimientos.

Hablando con él mientras las orillas del Nilo desfilaban lentamente frente a nosotros, tuve repentinamente el sentimiento del paso del tiempo y temí que el curso del mismo pudiese impedir el buen término de su obra sin precedentes. Pensé por otra parte, que sería bueno para sus lectores tener un libro de síntesis que les permitiera conocer mejor al *hombre*, las luchas de su vida, la adquisición de su cultura y por fin, la arquitectura del conjunto de su gran hipótesis con el fin de penetrar con más facilidad en la investigación de cada uno de sus libros.

Conseguí, no sin dificultad, convencerlo de la necesidad de esta obra clave. Se asustó con la simple idea de tener que hablar de sí mismo, de su camino, temió traicionarse presentando una versión simplificada de una obra compleja. Pero acabó por ceder con una extraña sonrisa ante mi insistencia.

En octubre me trajo el manuscrito acabado que van a leer. Una semana más tarde, llamado para prestar ayuda a una emisora televisada de los hermanos *Bogdanov*, resbaló en los pasillos de la "*Maison de la Radio*" *(la Casa de la Radio)* se rompió el cuello del fémur, participó con extraordinario dominio del dolor en la emisora escondiendo su sufrimiento, luego, fue llevado al hospital donde con un cuerpo usado, agotado por la suma de los acontecimientos, murió el 28 de octubre.

Nos queda de él una gran catedral inacabada de la que podemos decir que: "*La construcción que se está realizando frente a nosotros es quizá uno de los acontecimientos de nuestro tiempo*". Este libro permite precisamente medir la amplitud y los medios.

Por supuesto que sus hipótesis serán rechazadas sin examen alguno por los que piensan que fuera de la ciencia oficial no hay "salud". Albert Solsman era un marginal que muy pagó caro el derecho de expresarse, y que supo transformar las pruebas padecidas en fuente de vida al conocimiento. Era un espíritu completo: aportaba a su búsqueda espiritual la rapidez de un espíritu curioso y el rigor de un informático. Me dijo estar seguro que en los dos o tres próximos años podría aportar a sus teorías dos confirmaciones concretas.

Tal como veréis en esta obra, él estaba convencido de que si Champollion había encontrado la clave para descifrar jeroglíficos, murió demasiado pronto para poder llevar a cabo su obra y rectificar algunos errores de interpretación que se habían producido y retransmitido sin poder ser rectificados en la actualidad, ya que de alguna forma se habían "oficializado".

Toda su obra está basada en su interpretación personal de la escritura egipcia. Pensaba que la informática moderna permitiría resolver de forma certera muchos datos acerca de este problema y trabajaba en el establecimiento de un programa que debía aportar la justificación concreta a sus teorías.

Su afirmación del papel esencial de Dendera como punto de partida de la nueva era monoteísta se apoyaba en la certeza de la importancia arqueológica de este lugar que incluía, según él, otros monumentos de la mayor antigüedad enterrados bajo las actuales ruinas aún por explorar, entre otros, el famoso laberinto, lugar supremo de la ciencia egipcia. La visita a este lugar en su compañía permanece como uno de los grandes momentos de mi vida. A lo largo de 1.983 se darían los primeros pasos de una investigación en el lugar, con sondeos previos, y no dudaba que aportarían a su tesis elementos positivos.

Murió demasiado pronto para aportar él mismo las pruebas a sus teorías. Quizás otros investigadores estudiarán las vías trazadas y permitirán a la historia recordarlo como gran precursor.

Las afirmaciones de Schlieman sobre el descubrimiento del emplazamiento de Troya fueron acogidas como utopía de un simpático "amateur" hasta el día en el que pudo evidenciarlo a sus detractores. ¿Quizás la historia se repite? No me corresponde a mi juzgarlo, sino sencillamente testificar la grandeza de este ser humano que superando un dolor cotidiano, se dedicó exclusivamente con gran tenacidad a una obra ambiciosa. Ayudado en sus últimos años por Élisabeth Bellecour que le prodigó su competencia, su devoción, su fe. Ella escribió el libro "La Astronomía según los egipcios" publicado en 1.983 en esta misma editorial.

Sean cuales fueren las discusiones acerca de esta obra y de su futuro, me siento orgulloso de haber sido el mensajero del pensamiento de este hombre excepcional para los lectores.

Robert Laffont, 1982

1

¿EXISTE EL AZAR?

No hay un momento en el que Dios crea, y un momento en el que las causas segundas se desarrollan. No hay más que una acción creadora que eleva continuamente las criaturas hacia su mayor bienestar en favor de su actividad secundaria y de sus perfeccionamientos anteriores.
Pierre Teilhard de Chardin, *Comment je crois*
(*Tal como creo*)

- *Estas sentado en lo que antaño era la Morada de Dios, Albert. Tu mirada domina la eternidad del Gran Arquitecto del Universo.*
- *¿La Morada de Dios? No lo entiendo.*
- *No puedes entenderlo, ya que únicamente hoy los últimos niños de la remota tribu de los Fakos detenta esta verdad que representa la primera página de la historia de la humanidad.*

Me dispuse a prestar atención a pesar del ruido ambiental para poder pillar al vuelo las palabras de mi viejo compañero de viaje. Preferí esperar el resto antes de hacer preguntas inútiles, y no tardó en continuar:

- La cima de esta montaña en la que hoy estamos mide aproximadamente 4.000 metros, pero hace mucho tiempo, medía más del doble de su altura; era el único lugar en el mundo que podía vanagloriarse de alcanzar el cielo. "Fako", es el nombre de esta cima en dialecto douala, y que significa "brujo". Tenía más de 10.000 metros por entonces, y era el lugar donde Dios hacía "Su Justicia". Era el creador de todas las cosas y

castigaba o premiaba a sus criaturas, sin distinción, según obedecieran o infringiesen "Sus Leyes".
- Pero, no me dirás que Dios era un brujo.
- Por supuesto que no. Pero un día en su santa cólera, de la que él posee el secreto, Dios decidió castigar el conjunto de los humanos convertidos en impíos y en los peores incrédulos insensatos.
- ¿Y qué hizo?
- Toda la tierra se puso a temblar, hubo un enorme cataclismo que engulló casi por completo un inmenso continente situado al noroeste del lugar en el que estamos situados. Tu mirada puede imaginar la visión de los tejados dorados de sus ciudades en el límite del horizonte, si este mar de nubes revueltas no limitase nuestra vista de esta maravilla natural.
- Pero eso no está escrito en ningún lugar.
- No. Porque el destino no puede escribirse: Se cuenta. Se transmite de generación en generación en todos los lugares del mundo, convirtiéndose en leyendas surgidas de esta Verdad que acabo de enunciarte y que constituye el pasado.
- ¿Qué ocurrió después con el pueblo, ya que aún quedan seres humanos?
- Dios, en su clemencia, decidió dar una nueva oportunidad a los supervivientes del desastre permitiéndoles sobrevivir en otro entorno donde el sol ya no estaba en el mismo lugar. Pero para demostrar que aún no había concedido su perdón, hizo explotar su Morada que se hundió en parte con el fin de que nadie olvidara que Dios es Dios. Es por eso que hoy esta montaña sólo tiene cuatro mil metros. Pero sabes que ahí enfrente la isla de Fernando Poo surgió del mar en ese momento, elevándose de una vez hasta más de tres mil metros. Y Dios se volvió a ir esperando el día del juicio final, en el que la humanidad deberá dar cuentas.
- Es apasionante, hace unos años, la señora Micheli, presidenta de la Cruz Roja en Suiza en la que yo trabajé, me hablaba de tales acontecimientos que se relacionaban con relatos contados en papiros egipcios.
- Egipto fue una nación muy poderosa hace mucho tiempo, Albert. No hay duda alguna de que los supervivientes del cataclismo del que te acabo de hablar lo consiguieron. No he

tenido tiempo de estudiar esa religión a lo largo de mis clases en Alemania y en Francia, y ahora ya soy demasiado viejo. Pero tú lo harás...

Me eché a reír diciendo:

- Se necesitan tal número de coincidencias para que ello ocurra, que me parece que no hay ni una probabilidad en un millón...
- Aún eres joven. El futuro está por delante y no detrás. En cuanto al azar, ya te demostraré un día que no existe.

Esta frase me dejó pensativo ya que toda mi juventud me había hecho la pregunta: ¿El azar existe como tal?, en respuesta, la voz de mi viejo compañero mezclada con el viento sonó:

- ¿Puedes comprender que no es un único azar el que te ha empujado hacia este país, Albert?
- No demasiado, y las desgracias que me han ocurrido hasta ahora, tampoco me han ayudado en aclarar mis ideas acerca de este espinoso problema. Sin embargo, he sido yo, con toda mi libertad, el que ha tomado la decisión de viajar a esta parte del mundo, más que visitar América o Asia.
- Y había un motivo preciso para ello.
- ¿Cuál?
- Ya lo descubrirás tú mismo cuando lo alcances, probablemente te requerirá muchas investigaciones y desilusiones.
- Espero que no, pero debo reconocer que con mi libre albedrío viajé a Camerún y ahí devoré todos los libros que hablaban de este lugar incluyendo el del viaje de Hannon.
- ¿Quién es?
- Era un navegador cartaginés que viajó seis siglos antes de Cristo. Relató su periplo, donde habla de la gigantesca erupción volcánica en el fondo del golfo que sería, precisamente, en el fondo en el que estaba construida Douala.
- No he oído hablar de ello, pero es interesante, cuando volvamos a bajar, pregunta por mí en la biblioteca de la misión. El libro seguramente aún estará ahí.
- Lo haré, pero ya he leído ese texto en París, y no es más que puro azar, no tuvo influencia alguna en mi decisión de viajar aquí. Me mantengo escéptico.
- Porque aún no ha llegado el momento, hijo, el azar no existe, ya lo comprenderás cuando realices aquí tu trabajo.

- ¿En Camerún?
- Sólo Dios podría decírtelo y ya no está en esta Morada...
- ¡Cuán difícil es adquirir algo de conocimiento!
- Hace falta tiempo, mucha paciencia y, aún más, apertura a la sabiduría, ya que para mantener nuestro mundo es necesario que la humanidad se vuelva más sensata.
- ¿Y si no?
- Pues correrá hacia su pérdida, además, ya ha empezado, ya que la guerra que acaba no es más que el preludio indispensable a la que seguirá.

Un gran suspiro se escapó, llevado por el viento furioso que barría el lugar donde estábamos apoyados, envueltos en mantas. Hablábamos con toda serenidad, a pesar de los elementos desencadenados a nuestro alrededor, esperando que cayese la noche. Contemplé el mar de nubes por debajo que dibujaba una escena extravagante, aún más irreal de lo que creaba la naturaleza. Cuántas preguntas me estaba haciendo... ¿me convertiría en un super hombre, en super dotado? era totalmente incapaz de contestar.

En esta lejana época, que fue además un punto fuerte de mi existencia, tenía veintidós años, y mi acompañante tenía una edad indefinible; probablemente me cuadruplicaba. Estábamos a más de 4.000 metros de altitud, exactamente en el ecuador africano. Por supuesto que esta ubicación puede parecer totalmente banal, en 1.981, pero ciertamente no lo era en 1.948, con sus 4.170 metros de altitud en lo que por entonces era el Camerún inglés.

El anciano era un pastor indígena jubilado desde hacía ya un cierto número de años. Había realizado todos sus estudios en Alemania antes de 1.900, ya que el Camerún volvió a ser en parte francés y en parte inglés después de la guerra de 1.914-1.918, anteriormente fue una colonia alemana. Luego tuvo que volver valerosamente a empezar desde cero para poder ocupar su lugar en las misiones francesas, donde estuvo sirviendo hasta la Segunda Guerra mundial.

Habiendo llegado a este país en mi estado, se dibujó una aureola a la vez de santo y de mártir con sólo veinte años. Hoy me doy cuenta, que para algunos, al igual que para otros, debía parecer estar dotado de una inconmensurable tontería, como para este ser extraordinario que estaba en mi compañía, percibiendo más allá de mi ridiculez, que significaba una predestinación en la que tomaría un papel importante en las fases vitales de un futuro, en el que me vería implicado, aún por determinar en este momento.

Yo no sabía nada aún y mi suspiro denotó de alguna forma mi exasperación y mi tristeza de estar situado frente a un hecho impreciso que ya no constituía una simple alternativa. Me daba cuenta que los acontecimientos que tan duramente habían marcado mi joven existencia no se debían a simples coincidencias más o menos felices. Pero aún seguía haciéndome la misma pregunta. ¿Existe el azar? Y la terminología "azar" cobraba ahora la formulación de una entidad concreta.

El desarrollo y el encadenamiento de mis actos se habían producido de hecho sin que yo pudiese hacer nada para sopesar cualquier platillo de la balanza que dibujan las acciones del destino. Así, las "coincidencias" habían tomado un peso apabullante en mi alma. Ya no sabía cómo calificar esta continuidad en los acontecimientos que me habían llevado a actuar para estar ahora en la cima de la montaña más alta de Camerún. ¿Sería sólo por azar? El viejo pastor no estaba convencido de ello y empecé a replantearme seriamente la pregunta.

Ahora, mirando atrás y habiendo pasado treinta y cinco años desde esa memorable escalada, me doy cuenta de que la experiencia personal es un señuelo, ya que después cambié totalmente tres veces mi modo de vida y mi cuerpo se defendía de las condiciones físicas casi insoportables, ya que desgraciadamente, me han dado una carta nacional de invalidez de más del 80%. Es decir, que no puedo desplazarme más que asistido por otra persona.

La arisca necesidad de alcanzar mi meta, sólo depende de mi propia voluntad para llegar al punto fijado antes de que la muerte me alcance. Sé que esta carrera contra reloj parece melodramática, y aún hoy me repugna usar esta expresión. Pero es evidente que mi voluntad supera actualmente el marco de mi vida, llevando las fuerzas que aún me quedan hacia la realización de lo que he iniciado, paralelamente a mi frágil constitución física que ya no me preocupa.

Antes de llegar a esta resolución, sufrí dos graves accidentes, donde el azar difícilmente puede ser incriminado. Uno me mantuvo en 1.970 cuatro meses en coma en los que quedé totalmente paralizado, a ello le siguieron 22 meses de hospitalización. El otro, en el que clínicamente me declararon muerto, en 1.956, me tuvo postrado en la cama durante tres años. Si a ello añadimos que justo antes de salir hacia Camerún, de 1.942 a 1.945 tuve una vida fuera de lo normal, que me llevó directamente a manos de la "Gestapo de *Dole*", en el *Jura*, para ser torturado, luego salvado casi por milagro para ser transportado a una clínica de *Lausanne,* donde estuve largos meses para volver a tener un aspecto humano.

La retrospectiva empieza a tomar forma aunque sigue incompleta ya que se han producido muchos pasajes aún más tremendos, entrecortados por episodios casi de fábula. Pero todo ello no impidió mi envoltura carnal, al menos bajo su apariencia actual, pasar desapercibido en medio de los demás. Lo más sencillo será remontar a 1.942 para poder empezar por el principio y dejar a Camerún llegar en su momento cronológico.

Así que, por lo que recuerdo, el segundo año de ocupación alemana de París fue aún más siniestro que los anteriores[2]. El mes de marzo de 1.942 se estiraba interminablemente con un frío siberiano, rodeado de una nieve que nada ni nadie quitaba de las aceras de París.

Acababa de cumplir 17 años y en tres días me iría a vivir solo en un apartamento junto al boulevard *Bonne-Nouvelle,* cerca del gran cine *Le Rex*, transformado para la ocasión en el más lujoso de los *Soldatenkino*. Mis padres ya no estaban, y gracias a mi ausencia en dicho momento, escapé al arresto realizado por la Gestapo. La ocupación alemana hacía sentir su agarre sobre todos, pero en particular sobre los extranjeros y los judíos. Mi madre era rusa y mi padre, de origen israelí-alemán, hizo la guerra en 1.914 en el bando francés contra los alemanes y a continuación había conseguido la nacionalidad francesa con facilidad. Yo nací completamente francés en 1.925, en París. Pero bajo la ocupación, toda la familia fue condenada de antemano por los hitlerianos.

Un hermano de mi madre que vivía en Ginebra, en Suiza, desde hacía varios meses había advertido a mis padres, que si había algún problema, debían dirigirse a él por intermedio de la Cancillería Suiza en París. Donde por supuesto me dirigí después de ciertas dudas muy naturales, en la *rue Grenelle,* donde estaba la legación referida. Me

---

[2] Referencia a la primera guerra mundial.

recibieron extremadamente bien y me solicitaron que llamase por teléfono tres días más tarde para conocer el resultado de mis requerimientos. Llegado el momento, llamé y me dieron a cambio un nombre y una dirección en París donde debía ir de parte de mi tío, para poder recobrar confianza en el futuro, tal como se me especificaba.

Se trataba de la presidenta de la Cruz Roja suiza en la Francia ocupada, *Odette Micheli*, que se ocupaba especialmente de niños víctimas de la guerra y que podría, de alguna forma, tomarme bajo su cargo. Las oficinas de esta "Obra" ocupaban una planta entera del ministerio de la Familia, *rue Tilsit*, cedida voluntariamente por el gobierno francés para tal efecto. Pero un "azar" increíble ocurrió la víspera de este día, en un centro de acogida para niños ya había conocido a esta señora en el momento de sufrir una alerta.

Desde el primer contacto, hubo como una gran corriente que, sin ser eléctrica, me había galvanizado en pocos segundos. La señora Micheli, con su voz tan peculiar, a la vez que me insuflaba dinamismo y optimismo me permitió entrever el futuro desde otro punto de vista, fuesen cuales fueren los nefastos acontecimientos que me habían llevado a conocerla.

Así que, al día siguiente, cuando ya tuve su nombre y su dirección sentí un "shock" por esta "coincidencia" y era doble el eslabón que me empujaba hacia ella. El azar tomaba un giro tal que ahora me parece gracioso, pero para nada buscaba yo profundizar en este acontecimiento, sólo me limité en aceptar el hecho.

Después, me dí cuenta en múltiples oportunidades de la atracción casi hipnótica que ejercía la presidenta en las personas desesperadas que venían a verla y que salían de su oficina con un bálsamo que apaciguaba el corazón y una sonrisa en los labios. Sabía que yo también había sido atraído por su encanto ese famoso día de nuestro primer encuentro, donde me juzgó y expuso mis posibilidades para el futuro. Odette Micheli, sin dudarlo, me contrató para asistir en las diversas tareas referentes a la administración de asesoramiento al puesto presidencial que era el suyo.

Si el número de secretarias del que disponía era importante, sólo tenía dos adjuntas y una asistenta suiza en puestos de dirección, donde manifiestamente se veían desbordadas. La presidenta se encontraba sola a la hora de realizar las tan numerosas visitas oficiales. Además, le faltaba ayuda para organizar los centros de acogida destinados a los niños franceses provenientes de todos los lugares del país, esperando viajar a Suiza, para una temporada de tres o seis meses, que se podía renovar para los casos más graves.

La Cruz Roja suiza tenía una posición privilegiada para poder actuar de tal forma, no sólo por la neutralidad helvética conocida por los alemanes, sino porque justamente, para este hecho los suizos habían establecido un acuerdo con el gobierno hitleriano estipulando que, igual número de niños franceses pasarían al país de Guillermo Tell como niños alemanes que también irían en las mismas condiciones y por los mismos motivos.

Esta situación inesperada no sólo me ponía a salvo, sino que me procuraba un trabajo interesante, que me volvía a motivar a vivir. Por primera vez oí por boca de Micheli, que esta vida social podía abrirme rápidamente el camino hacia la "comprensión", lo que haría de mi un hombre sabio, dotado de muchos poderes. A pesar de que en aquel momento no comprendí el significado de esta frase, cuanto menos profética, la he recordado muchas veces a lo largo de mi vida.

Naturalmente, me concedieron nuevos papeles de origen helvético, otra identidad y una mayor edad, lo que facilitó mucho mi completa inserción en el engranaje de la *obra*. Apenas tuve tiempo de familiarizarme con los diferentes servicios cuando la presidenta me pidió ir a Vichy con ella para asistir a una reunión importante que tenía que mantener con el mariscal *Pétain*.

Para poder comprender lo que va a ocurrir a continuación, conviene recordar ese período de mayo de 1.942 cuando los alemanes tenían tentáculos en casi toda Francia, gracias a una quinta columna eficaz, y ello en todos los dominios. Sin embargo, una obra tal como la Cruz Roja suiza estaba fuera de su espionaje, ya que igualmente ofrecía un gran servicio a Alemania recibiendo los niños víctimas de los bombardeos ingleses más allá del Rhin. Lo que no impedía a las autoridades de la ocupación en Francia vigilar las oficinas de la Cruz Roja.

El servicio de ayuda se desarrolló enormemente, los pequeños centros de acogida ya no eran suficientes y la presidenta buscaba un edificio mayor capaz de recibir mil niños a la vez. Sin embargo, a pesar de todas sus peticiones y búsquedas realizadas en París y en los suburbios, no había más que un lugar donde fuera posible: un cuartel en desuso cerca del *boulevard Henri IV*.

Otros organismos igualmente se ocupaban de esta búsqueda, como la Cruz Roja francesa, el Socorro Nacional, la Ayuda de Invierno, etc. Esto es para que se comprenda que bastante gente estaba al día sobre la necesidad de la Cruz Roja Suiza. Así que una mañana llegó un hombre a la calle *Tilsit* para ver a la señora Micheli, y la presidenta tomó un riesgo muy grande al recibirlo. Es lo que me contó en el tren que nos llevaba a los dos a Vichy esa misma noche.

El hombre era un capitán del *"Deuxième Bureau"* francés, expatriado en Lyon, zona aún libre y que acababa de arriesgar su vida para darle una noticia delicada, que sin embargo podía permitirle tener un centro de acogida en París a la medida de sus esperanzas. Se trataba de la propia Escuela Politécnica donde podría instalar su cartel general. Por doquier, todos los locales se veían a merced del pillaje nazi sin posibilidad alguna de recuperación, la única esperanza era que la Cruz-Roja Suiza pudiese ocuparlo y establecerse antes de la llegada del general *von Stülpnagel*, prevista para el siguiente lunes. El capitán había llegado el jueves para explicarnos que el mariscal *Pétain* estaba de acuerdo para firmar el requisito válido a condición de que estuviesen en su casa al día siguiente a las once precisamente, momento en el que podía intercalar nuestra visita en el *hotel du Parc*, entre otros dos encuentros.

La presidenta no esperó más que la formulación del nombre de la prestigiosa escuela, y olvidó de inmediato el segundo motivo expresado por el oficial que llegaba de *Lyon*. Reservó al instante dos plazas en el tren nocturno para *Vichy*. Como no quedaban literas ni coches cama, tuvimos tiempo de discutir y preparar un plan extremadamente detallado de la ocupación de dichos locales una vez totalmente vaciados. Toda la noche me estuvo dictando, a pesar de la luz azul que respetaba las consignas de alerta aérea, las necesidades de los diferentes materiales, el avituallamiento, y el personal necesario a preveer para recibir de mil a mil cien niños desde el domingo por la noche, es decir antes de que pasasen tres días.

Las directrices de la Cruz Roja francesa en *Lille*, en *Havre* y en *Saint-Nazaire* que se ocupaban de la preparación de los informes de los niños víctimas de la guerra para su respectiva región, ya habían sido avisadas por teléfono a lo largo de la tarde y cada región debía tener a sus niños en el tren del sábado noche. En cuanto a *André François-Poncet*, presidente de la Cruz Roja francesa, en acuerdo con el Socorro nacional en aquella época, había puesto en alerta a todos sus servicios para tenerlo todo dispuesto incluyendo todo el material necesario para el sábado.

En Vichy no hubo dificultad alguna con el mariscal *Pétain*, asistido por *Dr. Ménétrel*, para conseguir requisar el edificio. Todo estaba preparado y ninguna palabra fue pronunciada en alusión a los trofeos que aún estaban escondidos en los sótanos de la gran escuela. El regreso a París se realizó sin problemas, de forma febril todo un ejército de benévolos organizó los locales, acomodó los dormitorios, las cocinas, etc.

Un libro no sería suficiente para describir esta página de historia casi desconocida, pero verídica punto por punto. Aprovechando mi larga convalecencia de 1.958 escribí los primeros flujos de ideas de esta época en cuadernillos y, luego, de las que siguieron. Todo ello permaneció encerrado en el fondo de una maleta hasta 1.909, fecha en la que yo mismo decidí pasar todos los papeles emborronados a máquina de escribir. Con el fin de que quedase huella de ello, entregué una copia a un periodista genovés de gran reputación[3] tres semanas antes de mi segundo accidente. Desaparecieron, pues, de nuevo durante once años, antes de que pudiese recuperarlos, ya que eran necesarios para la puesta en marcha de este manuscrito, en este mes de mayo de 1.981.

Poseo unos novecientos librillos escritos a máquina que más adelante formarán parte de una autobiografía. Y entre todos esos episodios aún desconocidos y por contar de este importante período de mi vida que voy a relatar, para que cada uno pueda comprender mejor los diferentes eslabones de los altibajos que me han llevado a escribir la *Historia del Monoteísmo y* unos veinte libros, algunos ya publicados y otros no, en el que figurará la *Escuela Politécnica de París*. Tenía, pues, 17 años aunque los papeles indicaban que era ciudadano suizo de 23 años. Era un lunes por la mañana a las ocho. Quinientos niños tomaban su desayuno en el comedor de la prestigiosa escuela en una

---

[3] Se trata de Martin Leu, que fue reportero en el periódico *La Suisse*. Aprovecho esta oportunidad para agradecérselo.

inmensa sala con grandes losas de mármol. Era el final del primer servicio y me disponía a levantarme para dar la señal de salida, para no retrasar la llegada del segundo grupo al comedor, en total mil niños habían dormido ahí la noche anterior; cuando ocurrió la intrusión alemana que venía a ocupar la escuela.

Se oyeron pasos de botas que corrían en las pocas escaleras que daban al comedor. Hace más de veinte años de este acontecimiento de L'*École Polytechnique* y el diálogo con el general en jefe de los ejércitos de ocupación alemanes en Francia se ha copiado textualmente de lo que por entonces escribí en el manuscrito:

Nos vimos rodeados con metralletas apuntándonos. Todos los adultos se quedaron paralizados por el terror, y creo que yo también, pensaba que al menor gesto equívoco esa gente dispararía sin más. No conseguía tranquilizarme ya que el menor pretexto sería bueno para provocar un mortal incidente. Estos soldados tenían tan mal aspecto con su bulldog y su enorme collar alrededor del cuello que lo mejor era trasformarse en estatua momentáneamente.

De pronto se oyó gritar una orden a la que los militares respondieron con una impecable posición de firmes y un golpe de tacones impresionante. Como en una ópera bien sincronizada aparecieron en la parte superior de las escaleras del comedor unas botas relucientes, seguidas de varios pares de pantalones verdes-grises, de tonos más o menos claros, engalanados con bandas verticales de color rojo o carmesí y coronados por chaquetas cubiertas de oro y condecoraciones. Las caras que acababan estos cuerpos marcaban, si era necesario demostrarlo, que se trataba de oficiales superiores. Sus cascos sin embargo no me indicaban sus respectivos grados.

Al final de las escaleras estos señores se apartaron para dejar pasar a un oficial que descendía lentamente y por su actitud debía ser un grado aún más elevado. Este vestía un pantalón sin botas, tenía un aire altivo, las cejas y el bigote abundante y una actitud general bastante desilusionada.

Los oficiales eran siete en total. Venían a nuestro encuentro magníficamente escoltados entre los dos fusiles automáticos de dos soldados que tenían sus piernas abiertas frente a nuestra mesa. Tenía la sensación de estar viendo una foto tamaño natural, o una escena de una película de guerra en la que estaba integrado.

El que caminaba solo frente a todos era, evidentemente, un general, tal como comprendí viendo sus hombreras. Los otros seguían a cierta distancia con respeto, copiando sus movimientos a derechas o a izquierdas siguiendo los de su superior. Observé la cruz de hierro del hombre al frente que contrariamente a su escolta no llevaba condecoración alguna. El bigote gris del hombre, su actitud aristocrática, su frente alta bajo su gorra no me recordaba a nadie, yo no sabía quién era ese general.

Esta apoteósica entrada hubiera sido de interés e incluso divertida, si no hubiésemos sido custodiados militarmente, y temiendo que los niños asustados guardasen malos recuerdos posteriores. Pero el crujir de las botas de los soldados y su inmovilidad rigurosa había tranquilizado a los niños que miraban en silencio al grupo que avanzaba hasta nosotros por el pasillo central preguntándose ansiosamente, como yo, lo que pronto ocurriría.

Sólo faltaban unos metros que nos separaban, cuando reconocí el coronel *Oberq* en el hombre que seguía directamente al general. Ya había tenido la oportunidad de cruzármelo en el *Hotel Majestic* en varias ocasiones, era fácil de identificar. De pronto me sobresalté; me di cuenta que si él estaba detrás del general y si todos mostraban una actitud de deferencia era porque el oficial superior no podía ser más que "*Stülpnagel... Der Militärbefelshaber in Frankreich*", es decir, el general que comandaba las tropas de la ocupación en Francia, en persona, andaba hacia mí.

La palidez se acentuó en mi rostro. No me lo esperaba, la presidenta tampoco... ¡que invasión! La ocupación estaba ahí, omnipotente, personificada por su jefe en Francia. Y yo, ya no me sentía con talla para asumir la entrevista que se preparaba. Pero al dar sus últimos pasos, me di cuenta de que nadie podía sustituirme. No serían el señor *Grandjean*, o la señora *Robelin*, quienes manejarían este avispero. Si hubiese sabido qué debía hacer o hubiese podido invocar a Dios en este último segundo, seguramente hubiera rezado rápidamente. Pero el tiempo me faltó, incluso para intentar invocar a Dios.

El general acababa de detenerse contemplando majestuosamente nuestra mesa. El grupo de seis que seguía se inmovilizó de inmediato unos pasos más atrás. Únicamente un oficial se destacó pasando delante del invasor para llegar hasta nosotros. Los soldados que nos custodiaban se apartaron y con voz altiva entrecortada el suboficial preguntó en correcto francés, pero dubitativo:

- ¿Quién manda aquí?

Este requisito ridículo me devolvió la sangre fría, contesté con voz firme que yo pensé tranquila:

- Nadie "manda". Esto ya no es la Escuela Politécnica, ya ven que sólo hay niños a su alrededor. ¿Qué significa esta intrusión armada que constituye un verdadero escándalo?
- ¿Quién vive aquí entonces?... Y ¿cómo se atreve a hablar de esta forma frente al general Herr von Stülpnagel?
- Estáis en un centro de acogida oficial de la Cruz Roja Suiza, bajo la protección del tratado de neutralidad que une su país al nuestro: Suiza.

El hombre, como acabando de entender la situación, murmuró:

- Schweizerisches Rotes Kreuz!... Mein Gott!

La pronunciación gutural de esta constatación, y la invocación involuntaria de Dios valían su peso en oro, y no tardé en sonreír por dentro por su cara de catástrofe. Seguí por ello más alto para que todos los oficiales pudiesen oírme ya que había visto al general guiñar el ojo cuando estaba hablando en francés, y sospeché perfectamente su complicidad:

- Vuestra entrada tan brutal obliga a las enfermeras, fácilmente reconocibles por su uniforme, a tranquilizar centenares de niños que habéis aterrorizado al entrar de esta forma, quizás algunos enfermen... ¿qué necesidad hay de tantos soldados con sus armas dirigidas hacia nosotros? ¿Creéis que somos terroristas preparando su hazaña?

Con voz indecisa, menos segura, el oficial contestó a modo de excusa:

- Yo... sólo soy el intérprete.
- Pues dígale a sus superiores que estoy aquí representando a la Cruz Roja Suiza en persona como ciudadano de ese país.
- Pero, nosotros...

El hombre no acabó su frase y se giró hacia el general poniéndose firme otra vez, tradujo fielmente todo nuestro escaso diálogo. El ocupante, con toda tranquilidad le contestó algunas palabras en voz baja, que no pude comprender, pero que el intérprete me tradujo de inmediato al girarse hacia mí:

- El general von Stülpnagel acaba de tomar posesión de la Escuela Politécnica en nombre del Führer y pregunta qué hacéis y por qué estáis aquí.

Bien, en este tipo de preguntas me sentía en mi salsa, ya que las preguntas estaban bien maduradas. La única diferencia estaba en la persona que las hacía así que contesté poniéndome recto:

- Acogemos los niños víctimas de los bombardeos ingleses, y los enviamos a Suiza, pero antes de seguir contestando a más preguntas, ruege al comandante en jefe sacar, por favor, a sus hombres que aterrorizan a los niños. Bonito espectáculo en un organismo neutro, a doble título, por respeto a la Cruz Roja Suiza ya que nada justifica este acto de hostilidad y que además constituye un abuso de poder incalificable del que deberé dar cuenta a nuestra presidenta.

- Pero...

- No, no deseo escuchar nada más, mientras haya en este comedor soldados armados. Ruego traduzca mis palabras por favor al general.

Algo fuera de control, el intérprete no supo qué hacer, ya que era evidente que temía la cólera de su jefe cuando escuchase la traducción. Sentí la muerte en el alma y después de haberme mirado una vez más, comprendiendo que no cambiaría mi opinión, se giró para explicar lo que acabada de decir. Pero era innegable que el comandante ya había comprendido. Lo había observado parpadear al tiempo que su intérprete cuando yo estaba hablando. Luego había esbozado rápidamente una sonrisa para disimular cuando emití la pretensión de hacer salir a los soldados, lo que no había sido fácil para el intérprete que intentaba acomodar las frases de forma menos belicosa.

El general que tuvo tiempo de preparar su respuesta, permaneció sin embargo silencioso y frunciendo ostensiblemente el entrecejo. Yo me preguntaba ansiosamente cómo consideraría mi deseo. No contestó nada a su subalterno, que se mantenía plantado firme como un poste bajo la tormenta. Pero el ciclón no llegaba, era la completa calma, e igualmente, se hizo un silencio total en todo el inmenso comedor, exceptuando algunos sollozos de los niños.

Después de un largo tiempo, el general acabó por girar ligeramente la cabeza hacia los que estaban detrás de él, que no habían dicho absolutamente palabra alguna y habían palidecido bajo la petición de mi traducción. Creí que acababa de firmar mi detención, mi pena de muerte, cuando la boca del soldado se abrió. Pero resultó que habló tranquilamente y únicamente para llamar a su jefe del estado-mayor:

- ¡Oberg!

El coronel se expresó vivamente.

- ¡Ja, Herr General!
- Macht dass alles heraus kommt. (Hagan salir a todo el mundo).

Visiblemente estupefacto por esta orden, el coronel tartamudeó:

- Aber... Herr General... (Pero... mi general...)

Von Stülpnagel ciñó aún más los párpados antes de marcar el ritmo:

- ¡Al-les-he-raus! (¡Todos fuera!)

Mientras que el coronel *Oberg* daba un taconazo y se inclinaba para repetir la orden, el general añadió:

- *Warten Sie in meinem Wagen* (Espérenme en mi coche).
- *¡Zu Befehl, Herr General!* (a sus órdenes, mi general).

Aturdido, el coronel *Oberg* volvió con los otros oficiales de su séquito. Incluso a él se le había ordenado dejar el lugar, lo que yo no había pedido. Transmitió la orden en voz baja, temblorosa y con furor contenido. Los oficiales se precipitaron, dándose cuenta que más les valía ser rápido. Gritaron en vano porque los soldados ya habían bajado sus armas oyendo hablar al general.

- Alles heraus!... Alles heraus!... Schnell! ...Schnell!

Esta vez, los gritos fueron bien acogidos. Los militares se precipitaron todos con el mismo entusiasmo hacia la salida, con el mismo ruido de botas, seguidos por los oficiales y el coronel *Oberg*.

El intérprete era el único en mantener su posición, indeciso e inmóvil a dos pasos de von Stülpnagel.

En mi interior, yo daba gritos de alivio. Y, reponiéndome del éxito, me levanté para no ser descortés por más tiempo. Y agradecer, por este simple acto humano, acerqué una silla a la esquina de la mesa, y lo invité en alemán a tomar asiento. Añadí vigilando bien mi acento:

- Aceptará una taza de chocolate, mi general... es de Suiza.

Von Stülpnagel me desafió un breve momento, algo sorprendido por la repentina iniciativa tan versátil, hay que decirlo. Quizás también se sorprendió por mi acento alemán. Luego me sonrió, inclinó la cabeza y tomó asiento. Me contestó con voz tranquila y en francés:

- Avec plaisir, monsieur!

2

CON EL GENERAL VON STÜLPNAGEL

Ahí donde dejaron un desierto, dicen que han hecho la paz.

Tácito, *Anales*

El general se quitó la gorra, miró el comedor donde quinientos pequeños rostros lo miraban sorprendidos. *Madeleine* comprendió rápidamente y tomando un tazón, lo ofreció sonriente a este suboficial con aire distinguido, antes de volver a la cocina a por más chocolate caliente.

Solicité a la señora *Robelin,* que perdía poco a poco sus colores, hacer salir a los niños que habían acabado el desayuno. *Grandjean* aprovechó para salir también, era lo mejor.

Liberada, la clase de los niños se dispersó. Las conversaciones y los ruidos volvieron a la vida. El general meditaba, perdido en sus pensamientos. El silencio se hacía pesado y me sonrió, vio su intérprete aún en pie como una estatua, y le pidió con sequedad salir:

- Folgt auch den Kinder, Otto...

El oficial golpeó los tacones y salió. El general, en francés, con tono de conversación mundana dijo:

- ¡Qué buenos son los niños y qué fácilmente olvidan, por suerte!

Y con voz más fuerte prosiguió en alemán:

- Nada justifica vuestro tono con mi intérprete. Vuestra ocupación es ilegal y arbitraria. Es muy molesto.
- ¿Por qué mi general?
- Me hubiera gustado pasar del incidente diplomático que va a estallar.

- Me quejaré en caso de incidente, tal como lo he dicho.
- Ustedes están aquí ilegalmente. Mis soldados han tenido que salir de esta habitación, pero no dejarán el lugar. Nos instalaremos en la Escuela militar siguiendo las órdenes del Führer.
- No estamos aquí de forma ilegal, mi general.

Sus ojos formaron dos pequeñas hendiduras y repitió:

- ¿Legalmente?

Asentí con la cabeza y él con tono tajante añadió:

- La legalidad en Francia, soy Yo.
- Euh. Yo...

Me quedé mudo, saqué mi cartera, y ofrecí delicadamente el acta de requisamiento firmada por el mariscal *Pétain*.

Esta vez el general me observó con curiosidad. Había despertado su atención. Conservando la calma, impasible, lo entregué el acta, añadiendo:

- ¿Esto es ilegal, mi general?

Madeleine llegó en el momento y viendo el acta de requerimiento en las manos del general, comprendió. Su sonrisa surgió aduladora y le presentó la bandeja donde flotaba el aroma fresco del cacao, deteniendo la atmósfera dijo con gentileza:

- ¿Me permite?

Esta pregunta bloqueó al general que asintió secamente. Se limitó a mirar a su anfitriona servirle. Sin decir más, degustamos el chocolate humeante y constató:

- Suiza es un país encantador cuando exporta cacao. ¿Por qué contrariar a nuestro Führer y actuar de manera vil?

Sopló en su cacao algo caliente y mientras bebía contesté:

- No es nuestra intención, ya lo sabe, mi general.
- Este requerimiento está fechado el primero de mayo, habéis ocupado este lugar pocas horas antes que llegáramos. No se haga el inocente.
- ¿En que cambia la fecha nuestras intenciones, mi general?

- ¿No lo ve? Tres días antes, nuestra petición salió para Berlín y volvió firmada el primero de mayo también. Es curioso, ¿verdad?
- ¿Qué responsabilidad puede tener la Cruz Roja Suiza en esta desgraciada coincidencia, mi general?

Casi ahogándose, contestó elevando la voz:

- ¿Cómo? ¡Pero si la conspiración es evidente! Nuestros enemigos no desean vernos en la Politécnica.
- ¿Conspiración, mi general? ¿Es una tentativa de intimidación o de traducción defectuosa del francés? Nuestro organismo no se puede asociar a vuestros enemigos. Además, los suizos son estrictamente neutros, condición esencial de su acción.

El general suspiró y me fijó con atención. ¿Acaso dudaba de mi sinceridad? Tal coincidencia podía ser fortuita, triste realidad para él. Yo estaba en el lugar correcto. Nuestra presidenta sólo vio un golpe de suerte providencial para sus niños. No mentía afirmando este hecho.

Con un nudo de escepticismo, el general observó:

- Si están aquí con un sólo día de ventaja, ¡el azar no está para nada!
- Mi general, mañana un envío de mil niños sale para Suiza, no es tampoco debido al azar.
- ¿Mil niños?
- Mañana por la noche, mi general, puede contarlos. Serán exactamente mil doscientos. Recibimos los niños con tres días de plazo. Los albergamos, lavamos, pasan un examen médico y los vestimos, eso nos lleva ese tiempo. Anteriormente eran unos cien niños, y nuestro pequeño centro bastaba, pero ahora es imposible seguir el mismo método, mi general, son mil. El primer grupo sale el 3 de mayo tal como fue previsto hace dos meses. Es la pura verdad.
- Es fácil decirlo pero no me inclino por ello.
- Mi general, ¿es posible conseguir un tren especial de 16 vagones en pocos días? y ¿la autorización del Kommandantur para tal formación?
- Exactamente, en ¿qué fecha su Cruz Roja hizo la petición?
- Creo que en febrero, hacer tres meses.
- Quizás pueda ser verdad, pero hay otros lugares además de esta escuela para recibirlos.

- Ciertamente, pero no para mil niños. Hace semanas que buscamos un local. Nuestra presidenta no podía ni dormir. A lo sumo deberíamos anular nuestro primer gran convoy en el último minuto, oyó hablar de la Escuela Politécnica e hizo lo imposible para conseguirla a tiempo.
- Ya... pudiera creérmelo, sino estuviera tan experimentado en las tácticas de guerra.
- Mi general, la presidenta y yo estuvimos en Vichy anteayer. El mariscal Pétain firmó porque se trataba de mil niños victimas de los bombardeos ingleses. Además, somos la Cruz Roja Suiza.

Tal témpano de hielo, von Stülpnagel no se daba por vencido.

- Eso no cambia para nada mi impresión, caballero.
- ¡Pero general, no mezclará nuestra presidenta en esa inconfesable transacción!
- Hum...
- ¿Piensa que se dedica al espionaje y que está al corriente de vuestros proyectos?
- Por supuesto que no, pero la coincidencia sigue siendo extraña.
- No puedo luchar contra su prejuicio, mi general, encuéntrenos un local suficientemente grande, que responda a nuestras necesidades con las mismas ventajas; y nos mudaremos en el acto.
- Sabe que es imposible.
- Se lo iba a precisar, es imposible, y es motivo de urgencia totalmente legal. Es para los niños, mi general y nada más.

Dudó un momento, acabó su chocolate y se decidió:

- Vuestro punto de vista puede admitirse. Pero nos la han jugado. ¿Verdad?

Exasperado me estaba poniendo nervioso, pero con tono vehemente pude decir:

- ¡Un juego!, mi general. Conseguir adaptar el lugar como refugio para los niños que ya no tienen casa y a menudo ni padres.
- ¡No exagere, caballero!
- Pregúnteselo a los niños del "Havre" y "Dunkerque" que están aquí, si dramatizo...
- ¿De ahí vienen?

- Sí, mi general, usted está bien situado para saber como quedaron esas ciudades. ¿Qué espíritu pueden tener si añadimos que estaban dirigidas por la administración alemana de Bruselas? Que sea el azar o no, su Führer que tanto predica la unidad europea desea que estén aquí mejor que en los cuarteles.

- Yo soy militar y tengo la orden de ocupar estos locales. No puedo hacerlo ya que usted está aquí.

Tomé un tiempo para tranquilizarme, pensando en no dejarme intimidar.

- Mi general, usted no ignora que niños alemanes salen para Suiza en las mismas condiciones. Como neutrales salvaremos a todos los que podamos, grandes, y sobre todo pequeños, deben ser tratados por igual. Son víctimas inocentes.

- Ya lo sé. Sé todo lo que hacéis por todos.

- No sé cuales son las condiciones que tienen nuestros colegios de Berlín en sus centros de acogida de la Cruz Roja, ni lo que deben hacer para realizar el mismo trabajo pero, si yo estuviese allí, lucharía de igual forma para conseguir un centro como éste.

Von Stülpnagel suspiró profundamente, y añadí:

- ¿No cedería usted un cuartel por la misma causa?

El general asintió con la cabeza, se volvió a echar chocolate, dándose un tiempo de reflexión.

Olvidando que me dirigía a un general, con la inconsciencia de mi edad, seguí:

- Mis colegas en Berlín se desviven por vuestros hijos, no es un juego para ellos, hacen lo que nosotros en su compromiso de ayudar a todos los niños mientras que sus mayores juegan a la guerra en nombre de no sé qué libertad...

Me estaba calentando y cada palabra provocaba el enunciado de mis quejas. Tuve miedo de ir demasiado lejos. El general soltó brutalmente su tazón.

- ¡Es la guerra!, caballero, la libertad personal no tiene nada que ver. Únicamente la liberación de Europa y del mundo es lo que importa.

- ¡Sí, es la guerra! Y si los hombres están lo bastante locos para matarse en nombre de qué libertad, eso les concierne, pero para los niños su tierra se ha convertido en un infierno, al menos déjenos salvarlos en paz.

Von Stülpnagel se quedó mudo. Y yo aún más persuasivo dije:

- Que sean alemanes o franceses no cambia nada. Estos niños serán la Francia y la Alemania de mañana. Debemos contar con ellos y no con los adultos de hoy. Sus recuerdos serán los motores de su comportamiento. Debemos conservar este centro para salvar el máximo número posible. Más adelante, quizás realmente puedan vivir hombro con hombro.

Mis mejillas enrojecidas reflejaban el estado de mi alma. Ya no pude detenerme. Frente al silencio que sentía menos hostil proseguí:

- Es la guerra y en vuestro espíritu, mi general, ¿ello basta para cubrir todos los abusos? Los vencidos solo podrán callarse y aceptar, pero somos suizos, neutrales, país que acoge ampliamente sus niños.
- Eres muy joven para hablarme de este modo.

Suspiré, pensando no recibir, pero perseveraría hasta el final:

- Hace poco, yo mismo estaba sentado en los bancos de la escuela. Estudiaba clásicas, y me sentía atraído por la cultura greco-latina. Estudié la actitud bárbara de los romanos de hace 2.000 años. Nuestro profesor no hizo memorizar la frase de Tácito en boca de Galgacos estigmatizando la guerra: "Ahí donde han dejado un desierto, dicen que han hecho la paz".
- ¡Conozco esa frase!
- ¿Será ese vuestro título de gloria dentro de 2.000 años, sustituyendo Romanos por Germanos?

Acababa de pasarme. Olvidando que frente a mí estaba el general en jefe de las tropas de ocupación. Volví a suspirar... y añadí:

- Perdóneme, mi general, no debía decirle lo que me pesaba en el corazón.
- ¿Por qué?... eres neutral... pero demasiado joven. ¿Qué edad tienes?
- Eh... 23 años.

Se puso a pensar y murmuró en tono lejano:
- Ubi solitudinem faciunt, pacem appellant... Estudié a Tácito en la escuela, en Colonia. ¡Qué lejos queda todo!

El general pareció envejecer y me miró con más gentileza.
- Soy militar, joven caballero. Mis responsabilidades son grandes. Obedezco órdenes. Los problemas de la historia no son los míos. Los historiadores ya la contarán. Como digno militar de este nombre, se podrá hablar de mí como general jefe de estado mayor. ¿Quién hará de Europa un desierto? La historia lo dirá.
- Es verdad, mi general, únicamente el presente y los niños me preocupan. Si en la posteridad se supiese lo que ha ocurrido aquí entre usted y los niños, ocupando la Cruz Roja para expulsar a mil niños, ¿cree que le harán una corona de laureles?
- No tengo orden para expulsaros. Sólo debía ocupar la Escuela Politécnica esta mañana a las 8, nada más.
- Pero estamos nosotros con un permiso legal y firmado. ¿Qué piensa hacer, mi general?
- Solicitar instrucciones, Oberg no estará contento, le complacía hospedarse aquí.
- Lo que quiere decir, si bien lo comprendo que hoy nos quedamos
- Probablemente. Y después quizás también, necesitamos a Suiza. Preocúpese de la reacción de Oberg, es muy poderoso. Nosotros los militares no lo apreciamos demasiado. En mi informe no hablaré de los tejemanejes del mariscal y de sus manipulaciones.

Esta advertencia enfrió mi alegría, ¡pero nos quedábamos! Recuperé mi tranquilidad. Hablé pausadamente para poder preguntar acerca del coronel *Oberg*:

- Mi general, él sabía que llevábamos dos días aquí.
- No lo entiendo...

Miré a *Madeleine*. Y le solicité:

- ¿Puedes pedir a la señora Robelin la lista firmada de los niños, la que le entregó la señora Micheli?

Accedió, haciéndome signo de moderarme, guiñándome un ojo. Esa era mi intención. El general parecía en buena disposición. Sonreí diciendo:

- Me sorprende, ya que el coronel Oberg lo sabía.
- No me lo creo. Me hubiera evitado esta ridícula situación. De todos modos, no se lo perdono. Él no usa la Gestapo para estos asuntos. Él no lo sabía. No podía saber que estabais aquí.
- Lo más sencillo es verlo, mi general. Nuestra presidenta le hizo firmar ayer por la mañana la lista de los niños que se iban. La dirección de la acogida estaba escrita. Debería haberlo sabido. La señora Micheli le especificó que había conseguido el centro en el último minuto.
- No.
- Sí, mi general. Dos ejemplares están archivados, como siempre, todo se hace a plena luz. Mi secretaria os traerá un ejemplar firmado por el coronel.
- Mein Gott! (¡Dios mío!).
La presidenta actuó de buena fe al venir a este lugar con los niños. Si el coronel firmó es que estaba de acuerdo.

Von Stülpnagel se cayó, en su silencio, añadí:

- Para mí, todo estaba en orden y al llegar no vimos ningún militar que nos prohibiera la entrada. ¿Cómo podría pensar que no se haya verificado la disponibilidad del edificio la víspera?
- Es una buena observación, caballero, ya pediré explicaciones.

El general frunció el ceño. Se acercaba la tormenta en el estado mayor. El coronel haría pasar un mal rato a unos cuantos, añadí inocentemente:

- Incluso con el permiso, si hubiese habido algún soldado apostado en la puerta, no hubiésemos entrado.

El general me volvió a mirar fijamente, seguramente vio la malicia en mis ojos. Se detuvo y sonrió. *Madeleine* volvió en este momento, lo que me permitió recuperar mis pensamientos después de esta ducha escocesa. Ya sabía que nos quedábamos, eso era lo importante. Al no conocer la solución conseguida, ella me dio la lista que ofrecí al general y para tranquilizarla dije:

- Nos quedamos, Madeleine, el general está de acuerdo.

Ella cayó siguiendo con los ojos los movimientos del general. En la última página de la lista cubierta de sellos con el águila nazi estaba la firma del coronel, que lo dejó asombrado. Estalló de risa y cuando acabó tranquilamente el chocolate dijo:

- Siento haber dado este espectáculo, pero será un placer poner al coronel Oberg en su sitio. Me llevaré este requerimiento con su firma decorada de sus visas.

Y cambiando su tono me indicó:

- Para los próximos envíos, aténgase a los reglamentos. Presente su informe en el Lutétia al menos con 20 días de antelación. Deseo evitar que se repita cualquier incidente y se comunicará directamente conmigo. ¿Está claro?
- Perfectamente, mi general.

Recuperando su prestancia, se puso la gorra y me hizo signo de acompañarlo. Dando un suspiro me dijo:

- Veamos a Oberg, escuchemos con atención, en el futuro será vuestro enemigo.

Por supuesto que no contesté nada. Enemigo o no yo no iba a confiar.

Se giró hacia mí y añadió:

- Le felicito, es usted un ardiente defensor de la causa.
- ¿Qué causa, mi general?
- Buena o mala, según su elección.

Salimos por la entrada de honor. El general se enderezó, volvió a recuperar su aire marcial y con pasos medidos se dirigió a uno de los Mercedes. Todos los militares estaban firmes a nuestro paso. El conductor abrió la puerta, el coronel *Oberg* estaba sentado delante. Deseó bajar pero su jefe lo detuvo. El general personalmente le entregó los papeles.

Hablaron con dureza. *Oberg,* enrojeciendo hizo grandes gestos señalándome con el dedo. Mis zapatos me resultaron estrechos y mi nerviosismo aumentó. El pánico me atenazó en este patio lleno de uniformes color caqui. Había seis camiones, cuatros coches, dos *chenillettes*[4], tres Mercedes. Además, sidecars y motos por doquier. Todos esperaban las órdenes.

El coronel salió bruscamente, me fulminó con la mirada negra y se dirigió a los demás oficiales. Dio con rabia algunas órdenes antes de volver a ocupar su lugar. Atónitos, todos se precipitaron gritando para subir a los vehículos.

Los niños se dispersaron asustados, llamados por las enfermeras. El general me llamó y me entregó los papeles, y con voz fuerte indicó:

- Quedaos aquí y nunca más tendrá problema alguno con los servicios del coronel Oberg, ni con los míos, caballero.

Me incliné. Von Stüpnagel subió al vehículo y el conductor arrancó de inmediato. El coche del oficial intérprete, en cabeza, arrancó seguido de todos los demás vehículos. Los vecinos del barrio miraban sin comprender este éxodo de la Alemania no vencida. Dueños del lugar, los niños inocentemente gritaron tres veces "hurra". Se sentían victoriosos y yo también.

---

[4] Vehículo tipo oruga con cadenas.

3

¿EL DESTINO TAMBIÉN ESTÁ ESCRITO?

> *Hay una gran diferencia entre una serie de causas naturales que, desde toda la eternidad, hacen seguro un acontecimiento futuro, y el conocimiento fortuito que podemos tener de antemano de la certeza de un hecho, sin que por ello se conecte a una serie infinita de causas naturales.*
>
> Cicerón, *Tratado del destino*, cap. XIV

La Escuela Politécnica se había salvado de las botas alemanas y conservaría sus trofeos intactos en sus sótanos. Pero lo más importante era que permitía recibir y enviar aún más niños a Suiza. Como se necesitaba un personal considerable, además del que la Cruz Roja francesa, y del Socorro nacional proveían, cerca de trescientos, en varias ocasiones tuvimos que incluir a personas que tenían problemas con el ocupante. De esta forma conocí a *Francis Mazière*, entre otros jóvenes que venían a buscar refugio bajo el ala protectora de la Escuela Politécnica convertida en anexo a la Cruz Roja Suiza.

Si nunca más volví a ver al general von Stülpnagel, no fue lo mismo con el coronel Oberg, que fue el instigador de mi castigo en la Gestapo de *Dole* dos años más tarde.

Un destino implacable parece haber tejido una multitud de azares para llegar a este acontecimiento en el que poco faltó para que sucumbiera bajo los golpes y las más diversas torturas. Pero en definitiva, Oberg murió tal como lo merecía, y el general tuvo una muerte aún más horrible. Efectivamente, él participó en el complot del 20 de julio contra Hitler. De madrugada, se ordenó el arresto de todos los esbirros de la Gestapo de París, que encarceló, pero desgraciadamente, el Führer escapó, al saberlo von Stülpnagel montó solo en su Mercedes. Dejó clandestinamente el *Hotel Meurice* donde estaba el cuartel general para dirigirse a *Verdun*. En el cementerio de los héroes de la guerra 14-18, se pegó un tiro en la cabeza que le quitó el ojo derecho pero no lo mató. Los S.S. lanzados en su busca lo encontraron desmayado en una tumba, lo llevaron a Berlín donde con otros condenados fue ahorcado en la *Potsdammerplatz*. De este modo acabó el comandante en jefe del ejército alemán en Francia.

El destino es así, debemos esperar varios años antes de conocer realmente a los seguidores y a los triunfadores. ¿Quién me hubiera dicho, en realidad, a la hora de nuestro encuentro en la Politécnica, lo que le pasaría al general y lo que me ocurriría a mí? Nadie hubiera podido pronosticar nuestros respectivos futuros.

Como sólo me interesaba el mío, no tuve tiempo por entonces de profundizar en este problema, ya que en lo que restaba de 1.943 se prepararon salidas con progresión intensiva, debido al ritmo de bombardeos angloamericanos en Francia. La idea de un desembarco en las costas francesas recorría su camino en los espíritus, cambiando la estrategia alemana en Francia, perturbando hasta el trabajo social de la Cruz Roja Suiza. Efectivamente, ésta ya se había convertido absolutamente en persona non grata, y las partidas hacia el lago Leman en Suiza se limitaban cada vez más.

Así que se tuvieron que buscar en Francia a partir de febrero de 1.944, lugares susceptibles de recibir a los niños que seguían afluyendo a la Politécnica. Dos puntos fueron claves: los departamentos limítrofes de la frontera Suiza, con un cuartel general y una casa de acogida en *Saint-Laurent-du-Jura*, cerca de las *Rousses*, a 20 kilómetros de la frontera franco-suiza, y en Normandía, con *Louvigné-du-Désert* como centro principal, cerca de ¡*Avranches*!

¿Y quién iba a decir en ese momento que el Desembarco se haría por este lugar del Canal de la Mancha? *Francis Mazière* vivió esa epopeya extraordinaria, de la que quizás un día dará cuenta. Ya que estando a principios de julio de 1.944 con la señora Micheli, realizando una evacuación de niños refugiados en Normandía, para llevarlos a la capital en autobuses parisinos con los techos pintados con inmensas cruces rojas, eran el blanco de los aviones que ametrallaban indistintamente todo lo que se movía.

Los autobuses eran el punto de mira de los *Spitfire* que pensaban que quizás eran caravanas alemanas camufladas, al igual que el de los *Messerschmitt* enrabiados por deber abandonar puestos estratégicos. Lo que los llevó un día a verse sin saber cómo en las líneas de defensa canadienses y estar bajo el mando del general *Clark*, ¡que no podía creer lo que sus ojos veían!

Respecto a mí, había establecido mi cuartel general en *Saint-Laurent-du-Jura,* donde la conexión entre las diversas casas de acogida era más fácil. Como además, la zona prohibida impedía cualquier contacto con París, a menudo realizaba viajes a Suiza para traer avituallamiento y medicamentos de Ginebra lo más oficialmente posible.

Pero con 19 años la juventud no tiene preocupaciones, y poco me preocupaba el peligro cada vez mayor que me cernía. Nuestro centro de *Saint-Laurent* estaba dirigido por una pareja francesa, en la que el hombre se había convertido en el jefe de la clandestinidad de la región. El puesto oficial seguro que era el mío le servía de tapadera ideal. Este hombre se sentía aún más "cómodo" ya que supo que yo había pasado por el bosque de forma fraudulenta varias veces a Suiza, no para esconder lo que fuera en Suiza, sino porque era mucho más rápido que bajar por la carretera nacional hasta Ginebra. Debía pasar por el cuello de *Faucille,* fortificado por los alemanes, siempre con colas interminables para franquear el puesto fronterizo de *Cure.*

Con la mentalidad de 19 años que me había forjado la presidenta, no admitía que este director se beneficiara de su doble situación para realizar mercado negro con la carne conseguida a través de "requisición" en las granjas cercanas, evidentemente sin pagar. Muy lucrativa esta profesión, por cierto. Me molestaba verlo en la casa de acogida de la Cruz Roja Suiza. Por ello me opuse a él en un vivo altercado y le anuncié que iba a informar a la presidenta en mi próxima estancia en Suiza.

Y esta ocasión se programó por la visita de un hombre buscado por la Gestapo que deseaba urgentemente pasar al otro lado de la frontera. Lo llevé el mismo día y dejé un mensaje para Micheli antes de regresar con medicamentos que me había solicitado la resistencia de F.T.P. de *Savoie.* A menudo llevaba paquetes de productos farmacéuticos para uno u otro bando de estas tropas de la resistencia. Era una forma de ayudar la Resistencia a la vez que mantenía mi trabajo. Franqueando la zona fronteriza en *Brassus,* a cuatro kilómetros de *Cure,* fui interceptado por una patrulla de la S.S. alertada, me llevaron al fuerte de *Rousses* antes de ser evacuado al cuartel general de la Gestapo, bajo la prefectura de *Dole.*

El primer episodio trágico se sitúa ahí, ya que ocurrió durante la famosa noche en la que los *Rousses-en-bas* fueron incendiados por las S.S. y un centenar de presos fueron encarcelados en el Fuerte de *Rousses,* debido a un atentado que había costado la vida a dos motoristas alemanes.

En el momento de mi llegada al Fuerte, el alcalde, el cura, el dentista y otros miembros del consejo municipal se habían ofrecido como garantes para la liberación de los prisioneros, y al alba siguiente, todos fueron ahorcados en el trampolín de saltos de esta cuidad, que sigue siendo una famosa estación de ski del Jura.

Llevado esa misma mañana por la Gestapo de *Dole* bajo las órdenes expresas del general Oberg, para ser interrogado con más seriedad y... ¡donde me retuvieron seis días!, sin olvidar que el director del centro de *Saint-Laurent,* que había conseguido hacer contactar, no hizo nada para avisar a la señora Micheli. Pero otra buena alma, sí lo hizo, y fui liberado.

La presidenta había ido a ver al general von Stülpnagel y le había contado que si no era liberado de inmediato, todas las caravanas de niños saliendo de Alemania serían detenidas en el acto, ayuda que los alemanes necesitaban tanto. Además, solicitó que fuese llevado hasta la frontera de *Cure,* donde una ambulancia suiza me esperaba. Pasé cuatro meses en una clínica de *Lausanne* para restablecerme de ese "interrogatorio" más que penoso debido a las precisas órdenes telefónicas de Oberg, como supe más adelante.

La "Liberación" llegó entre tanto y no deseaba usar mis papeles falsos. Así que decidí volver a Francia clandestinamente, regresar a París y retomar mi antigua identidad. De nuevo fui arrestado, pero esta vez, por los servicios franceses del Segundo *Bureau* establecido en el *Jura,* que no desearon admitir mi versión de los hechos. Ya que encontraron una ficha de un "comandante" de la resistencia que me calificaba como "desertor frente al enemigo". Por supuesto que se trataba del antiguo director del centro, convertido en nuevo jefe de la resistencia. Debido a su temor por las represalias del informe a la presidenta sobre su actitud, encontró la forma de ponerme fuera de juego.

¿Lo hizo antes o después de saber que los alemanes me habían torturado? El hecho es que aún hoy me lo pregunto, ya que nunca más tuve noticias suyas. Sin embargo, esta vez, sufrí mi primera desgracia, ya que Micheli no estaba ahí para dar testimonio. Tenía una gran depresión y estaba en una clínica especializada, donde la completa tranquilidad le era impuesta.

Con veinte años cada uno se hace una idea personal de su rectitud moral y de su conciencia. No me defendí de esta acusación de deserción, a pesar de no haber llevado jamás un uniforme, y de que nunca me llamaron a filas. En mi autobiografía informaré con más detalle el calvario de la cárcel de *Dijon* esperando la corte marcial.

Como consecuencia de este juicio me expatrié a Camerún. Debo añadir que la justicia militar, fuerza de los ejércitos, me entregó más tarde en *Douala* donde residía, y sin que yo haya realizado reclamación alguna, un magnífico librillo militar agradeciéndome los 18 meses de lucha activa como "*comprometido voluntariamente en el ejército francés*". Acompañado de un mandato impresionante para la época que sumaba el sueldo de 18 meses como contratado voluntario, prima de la desmovilización, y varias primas más.

Como dije, para acabar con este primer lamentable episodio, me fui a Camerún para realizar otro trabajo, donde la compañía de los misioneros, moralmente, me sentó muy bien.

Momentáneamente recuperé un equilibrio que tenía muy perturbado. Fue así que me uní en amistad con este viejo retirado que me subió a la montaña; mi juventud y mis aventuras, de las que no me había escondido, lo habían apasionado. Fue él quien me permitió conocer la secta de los brujos de *Fako*, que me enseñaron más adelante las primicias de lo que más tarde me fue de gran utilidad en Egipto. Pero en aquel momento poco podía sospechar de ello.

Los siete años que pasé en Camerún formarán también parte de otro de los tomos de mi biografía. Si ahora no soy más extenso es porque forma parte de un melodrama histórico del tipo *Los Tambores de bronce, de Jean Lartéguy*. La única diferencia es que se desarrolla en la África negra en lugar de en la ex indochina donde el héroe, yo en este caso, pierde a su mujer en condiciones dramáticas, ya que había esposado a la pequeña *Madeleine* de la Escuela Politécnica, y nos metimos los dos, borrachos de vida, en esta aventura en Camerún.

Para acabar este período, cuando supe acerca del juicio contra el mariscal *Pétain*, no pude hacer nada para testificar lo ocurrido en la Escuela Politécnica, y Micheli había muerto mientras tanto. Yo no deseaba hablar de mí, ni de lo ocurrido. Además la muerte de esta gran señora se había producido en el mismo sentido, ya que el cansancio, las fuertes presiones, todos los acontecimientos de guerra habían podido con su gran personalidad y su dinamismo. Había desaparecido ignorada prácticamente por todos.

Por estos mismos motivos obviaré por el momento otros episodios fuertes de mi vida, ya que necesitaría varios centenares de páginas para dar las oportunas explicaciones debido a mi mayor deseo de comprender y poder situar los eventos en el tiempo exacto en el que el "destino" los hizo intervenir.

Saltaremos, pues, varios años para llegar al campamento secreto donde trabajaba para los americanos: una base de radares en las montañas. Me ocupaba sencillamente de asuntos de seguridad civil: protección de los obreros, seguridad contra incendios, etc. Era responsable del servicio con el grado de capitán, y acababa de tener 31 años, lo que nos lleva hasta 1.956. Recibía a las personalidades militares de relevancia en el aeropuerto de la base. Las palas del helicóptero se soltaron a cincuenta metros del suelo. El aparato cayó como una piedra, explotó al tocar el suelo. Se trataba de un *Sikorski,* y no de un pequeño *Alouette.* Los daños materiales y en hombres fueron importantes, fui gravemente quemado, como muchos de los que estábamos en el suelo, y sobre todo tragué abundantemente los productos de extinción tóxicos que inundaban el lugar de la catástrofe. Fue, pues, el interior de mi cuerpo el que sufrió las mayores secuelas que aún padezco, ya que acabo de ser sometido a dos operaciones quirúrgicas de los ojos, a consecuencia de las quemaduras y de las proyecciones de tetracloruro de carbono.

De hospital en hospital, llegué a París al servicio de los tuberculosos de *Bichat* que a pesar de su buena fama seguía siendo un establecimiento hospitalario de lo más arcaico. No había por entonces sala alguna para albergar a los quemados. Como al sumar, yo era el total de un sólo "civil", tuvieron que acogerme en algún lugar, y ello, en condiciones de higiene y de asepsia total. El único lugar idóneo estaba situado cerca de la sala que contenía a treinta enfermos pulmonares, y donde había un pequeño espacio acristalado con dos camas, llamado con justicia el acuario.

Así que estuve solo, parecía una momia, envuelto en múltiples vendas, con fiebre perpetua, inyecciones de todo tipo incluyendo morfina, ya que supuestamente se me debía "aliviar" estando cerca de la muerte. Era 1.956, lo recuerdo, un gran acontecimiento se produjo con el anuncio de la cortisona como reconstituyente de la carne. Serví de conejillo de indias a gran dosis con esta pomada aún natural. Hoy se produce de forma sintética y no posee las molestias que poseía en estado natural. Dos días después fui declarado muerto sin más a las dos de la mañana. El depósito de cadáveres del hospital no pudo recibirme de inmediato, fue entrada la mañana que vinieron a buscarme.

Por suerte, el interno al servicio esa mañana, realizando unas prácticas en el establecimiento, ya que normalmente trabajaba en *Val-de-Grâce*, tuvo la curiosidad de levantar la sábana que me cubría, para observar ese "civil" que trabajaba para el ejército americano.

Levantó mi brazo izquierdo para darse cuenta de que no tenía la rigidez de cadáver y que mi muñeca aún estaba tibia, con un pulso casi normal. ¿Sería el efecto de la cortisona en las drogas? Nadie sabrá la causa del fallecimiento cardíaco. Ni si fue eso.

Una primera estancia de once meses me permitió salir de esta peligrosa situación, después fui enviado para una cura de desintoxicación a *Divonne-les-Bains* donde al tiempo que mis nervios se restablecían, volví a encontrar una vida más normal como nuevo en este lugar y administrado por pastillas, seis al menos cada día, al cabo de cuatro meses me acostumbré. Entonces me devolvieron al hospital *Bichat* donde recuperé la misma *"habitación"* otros quince meses más. Todo mi organismo estaba por reconstituir y ello llevó su tiempo.

Después de mi convalecencia, al salir, la situación había cambiado mucho, ya que el general de Gaulle, jefe del gobierno, había devuelto las tropas de la OTAN⁵ siendo las bases americanas las que hubieran podido emplearme de nuevo. Como para nada deseaba ir a Bélgica, o a Alemania, solicité ser reciclado en un campo particular que había conocido en la base de los radares, donde tuvo lugar mi desgraciado accidente.

Efectivamente, esta base fue la primera en recibir un ordenador, un "Computer", ahí descubrí que esta máquina aún no se había comercializado y que estaba en estado experimental. Siendo jefe de seguridad me habían permitido seguir con toda curiosidad su funcionamiento aterrador, en 1.955 este ordenador en lenguaje binario efectuaba 100.000 operaciones por segundo gracias a todo un equipo de cables eléctricos y bombillas, en un conjunto traqueteante en un espacio de ocho a diez metros cúbicos. Los especialistas hoy me comprenderán fácilmente, y los lectores notarán la diferencia, sabiendo que ahora una pequeña caja de medio metro cúbico es capaz de realizar doce mil millones de operaciones por segundo en lenguaje ultrarápido y más sofisticado.⁶

Pero en ese momento yo había admirado la rapidez de los cálculos que permitían modificar algunas piezas de interferencias en el espacio de tres horas, cuando para realizarlo, previamente eran necesarias unas enormes calculadoras y cerca de cuatro meses de trabajo de veinte ingenieros. Fue hacia esa especialidad llena de futuro hacia la que me orienté sin dudar. Sólo era necesario un doctorado para acabar los estudios y conseguir un puesto de profesor en Ginebra donde aún no había ninguna universidad francesa que enseñara informática. Mi camino fue sencillo, por supuesto, pero aún ahí, parece haber algún tipo de predestinación que hace surgir en mí un tipo de reminiscencia.

Para poder comprenderlo, es necesario volver un momento a la señora Micheli, que vivía en la calle *Bonaparte,* y a la que visitaba a menudo, en este lugar, coquetamente amueblado, había una importante biblioteca donde la mayoría de libros eran traducciones de

---

⁵ La Organización del Tratado del Atlántico Norte, también denominada la Alianza Atlántica, es una alianza militar intergubernamental que se rige por el Tratado del Atlántico Norte o Tratado de Washington, firmado el 4 de abril de 1949.

⁶ Conviene tener en mente que el autor habla de los dispositivos existentes en la década de los 70 del siglo XX.

autores griegos antiguos que hablaban de filosofía y de religiones. Numerosas fueron las discusiones que nos animaron y nos relajaban en los pocos momentos de ocio. Ahí fue donde devoré, en esa época todo lo referente a Pitágoras, antes de sumergirme en Egipto.

En el sistema binario en lenguaje de programación informatizada en uso en esta época, únicamente el uno y el cero representan simbólicamente el paso o la interrupción de la electricidad que magnetiza los octetos. Fue así que doce años más tarde, recordé la famosa cita de Pitágoras grabada en el frontón de la escuela de filosofía de Crotona: "*Dios sacó la Tierra de la Nada, como sacó el uno del cero para crear la multitud*".

Esta representación me inspiró, no sólo para el inicio de mi tesis, sino para su conjunto, ya que se podía realizar con estos sencillos números cualquier cálculo, y muy rápidamente sin preocuparse. Para mejorar el lenguaje de la programación, fui a Egipto por primera vez para conocer el lugar donde Pitágoras había sido iniciado, y qué había podido inspirarlo en ese país. Ya he hablado ampliamente de ello en el libro ya publicado de: "*La extraordinaria vida de Pitágoras*".

De esta forma inicié una nueva senda en la informática que me reinsertó en una condición aparentemente normal, ya que ninguna de las secuelas de mi accidente eran visibles exteriormente. Pero, normalmente, yo siempre estaba en espera de un nuevo cataclismo personal debido al constante y cambiante azar de mi destino.

Y lo que debía ocurrir, ocurrió un sábado por la tarde, cuando regresaba desde Ginebra a mi residencia francesa. En la carretera de *Bonneville*, solo en el coche y adelantando un camión que iba rápido, en medio de la calzada, aceleré. Y al cruzar por delante, con rabia pité para que volviera a su derecha... fue un error. El conductor dormía al volante y lo acabé de despertar, por puro reflejo giró el volante a izquierdas, y como un brusco látigo me percutó enviándome a la cuneta cinco metros por debajo. Mi columna vertebral se rompió entre la cuarta y la cinta vértebra cervical.

Cuando cinco meses más tarde los gendarmes pudieron venir a verme al hospital para que firmase la denuncia, me dijeron que el test de alcohol no había dado nada y que el conductor había reconocido haberse dormido al volante. Si no lo hubiese despertado y lo hubiese adelantado, sencillamente él se hubiera ido a la cuneta en mi lugar. Le habían retirado su permiso de conducir y su jefe había pagado una gran multa ya que debían ser dos los conductores en ese camión que venía de París sin haberse detenido. Pero todo ello no me devolvía el uso de mi lado izquierdo ni de los tres años perdidos. Los bomberos que me sacaron de los escombros de mi coche ya tenían cierto hábito en este tipo de accidente y me depositaron sobre una tabla sin moverme dándose cuenta de que estaba paralizado, sin estar totalmente muerto.

A mi llegada al hospital la hemiplejía ya era evidente, mi corazón aún latía y nada hubiera podido hacer por mover ni tan siquiera los párpados. Se realizaron cuatro agujeros en mi cabeza, sin necesidad de dormirme ya que no sentía nada, me engancharon cuatro pesas de un kilo cada una, que debían volver a enderezarme y mantener la columna vertebral alineada en la postura ideal de apoyo.

Un mes de tratamiento debía permitir poner un yeso provisional. Si es que aún no había muerto, luego se estudiaría la manera de enyesarme hasta la cintura. Pasaron cuatro meses cuando una mañana abrí los ojos, moví el brazo derecho y exclamé a mi enfermera que por poco se desmaya: ¡*Tengo hambre!*

Los médicos observaron que mi contacto con la vida diaria era definitivo, ya era demasiado tarde para enderezar la columna vertebral a su estado primitivo. El yeso provisional había permitido a la cuarta y quinta vértebra soldarse la una a la otra, aplastando el disco intermedio y sobre todo pinzando la médula espinal lo que impidió mi lado izquierdo recuperar su elasticidad.

¿Qué se puede hacer encamado, enyesado hasta la cintura, y con un sólo brazo disponible, sin poder dejar el hospital, excepto comer y escribir? Fue lo que hice. Primero detallé con precisión mi vida bajo la "Ocupación", lo que me llevó varios meses de trabajo creando un tipo de aprendizaje en el arte de rellenar unos centenares de librillos, estos manuscritos ya forman un interesante conjunto que en aquella época confié al periodista de "*La Suisse*", muy conocido por la crónica diaria, hace poco los recuperé.

Hablando a varios amigos que vinieron a visitarme acerca de mis estudios sobre Pitágoras y mi descubrimiento de Egipto, me formaba poco a poco la idea de escribir un esbozo de la historia de las religiones egipcias y de sus dioses. Inicié entonces el esbozo de un plano de trabajo general del conjunto, ¡ennegrecía las páginas una tras otra sin ver el fin! Pasaron las semanas, luego los meses, reservando cada momento para planificar los diferentes libros que proyectaba escribir sobre esta historia acerca las religiones egipcias.

De esta forma nació en mi espíritu la necesidad de compilar todos los conocimientos adquiridos a lo largo de mi vida hasta este momento. Si había conservado íntegramente el uso del brazo derecho al igual que todas mis facultades, sólo era con vistas a escribir estos libros.

Ningún trabajo similar había sido realizado con anterioridad, y me tocaba a mí hacerlo. Tenía todas las coordenadas para conseguir la empresa que me impusieron los acontecimientos a través de los viajes realizados a Egipto a cada oportunidad que se ofrecía. Por entonces, ya sospechaba que la jeroglífica no se había traducido tan claramente como pretendían los egiptólogos y ello me hacía dudar sobre la actitud que debía mantener frente a la composición de mis propios textos. Además, tuve la confirmación de la "nublada" comprensión de los papiros faraónicos compulsando en el Cairo en el colegio jesuita de la Santa-Familia, los diferentes diccionarios "franco-jeroglíficos" de los pioneros "desencriptadores" de los textos sagrados, ya que ninguno de ellos daba un significado idéntico para un mismo ideograma, estando a menudo en posturas totalmente opuestas; así que me propuse verificar yo mismo, los escritos que trataban del tema que me apasionaba y del que tuve una espléndida visión e introducción al visitar Dendera, a 800 kilómetros al sur del Cairo pudiendo discernir "la astronomía y las combinaciones matemáticas que se derivaban".

Pero conforme avanzaba en este trabajo me di cuenta que éste me llevaba lejos de la meta que me había propuesto en un inicio, ya que cuanto más avanzaba, tanto más observaba que en un principio, no había en las orillas del Nilo más que una religión monoteísta y una escisión idólatra surgida del hermano menor de Osiris: Set.

Me apasioné en esta investigación pidiendo que me trajeran varios libros al hospital, incluyendo el *Manuel d'Archéologie* en diez volúmenes de J. Vandier, y la *Histoire ancienne de l'Afrique du Nord* de Stéphane Gsell. Estas obras fueron una revelación ya que me confirmaron el hecho de que los antepasados, los primeros faraones venían de *otro lugar*, probablemente de la Atlántida, es decir, de Occidente.

De forma inconsciente esta idea ya se me había ocurrido a través los diferentes diálogos que resurgían de mis recuerdos en Camerún. El Dios del *Origen* vivió allí para vigilar a sus criaturas que vivían ahí donde hoy sólo hay un océano. Por este motivo se me ocurrió que era necesario ir a Marruecos y visitar algunos lugares, donde la toponimia de los nombres se parecían extrañamente a los empleados en la jeroglífica del *Libro de los Muertos:* la *Douat, Ta Mana*, y muchos más que no dejaban de repetirse. "Coincidencia", "azar", o bien nueva predestinación del Cielo.

Después de que me quitaran el yeso, y después de otra nueva estancia en el hospital *Bichat* para ver que ya no había posibilidad alguna de volver a educar los miembros de mi lado izquierdo que tardaban en responder a mis deseos aunque fuesen los más mínimos movimientos, tuve la oportunidad de pasar mi convalecencia en Marruecos donde me volvería a reponer físicamente gracias al magnífico sol de ese país, al tiempo que podría asistir a seminarios de informática y realizar las investigaciones oportunas para la empresa que me había propuesto.

Y todo se encadenó para facilitarme la tarea, como si el destino deseara indicarme que mantuviese ese rumbo. Unos geólogos marroquíes me llevaron al sur de Erdfoud, en el Sahara, para ver el lugar geodésico del antiguo polo norte, hecho que demostraba que en un momento dado hubo un balanceo de la Tierra. Además, alrededor del lugar, los *tells* representaban por su textura geológica, glaciares literalmente reventados bajo el efecto de un calor súbito que los había alcanzado.

Es en esta misma región, en *Taouz*, donde descubrí un lugar tremendamente impresionante en medio de un espacio funerario sagrado muy extraño. Los bereberes, que por amistad me llevaron hasta este lugar santo, me explicaron que ahí murió un "gigante" hijo del Dios Uno, con todos los soldados que lo defendieron contra otro gigante, hermano de sangre, pero traidor al Padre y que lo había asesinado a golpes de lanza.

Si *Ta Mana*, en los textos jeroglíficos significa "el lugar de Poniente" y por extensión, el "lugar de los Bienaventurados", *Ta Ouz* significaría "lugar de Osiris", es decir el lugar consagrado a Osiris. Tamanar se sitúa a 60 kilómetros al norte de Agadir, de la que hablaremos en un próximo capítulo.

Ta Ouz, en la entrada del desierto del Sahara, ¡al fin estaba frente a mis ojos! Yo estaba en un lugar histórico por pura providencia. Desde hace años este lugar se ha mantenido fuera de los circuitos turísticos, estando cerca del puesto fronterizo entre Argelia y Marruecos es considerado poco seguro. Incluso hoy está en la zona prohibida, el Frente Polisario de Marruecos, ex-español, hacía incursiones a menudo.

Fue en este momento cuando brotó certeza en mi mente: ¡en el fondo sólo había un Dios en Egipto! Y yo escribiría una historia acerca del monoteísmo. Todos mis trabajos deberían tener este punto en común: la supervivencia de las criaturas de Dios. La historia que los bereberes me habían contado acerca de su propio origen me fortificó en esta dirección, ya que generación tras generación informaban de su origen "divino". Venían de un lugar idílico que se perdió en la noche de los tiempos, creían en ese Dios justo y bueno que les regía pero que les había castigado por su desobediencia.

Así este viaje fructífero en todos los puntos de vista me permitió revisar el orden y el contenido de los libros que había planteado escribir a mi regreso. Pero ¿cómo conseguiría juntar las piezas?

¿Cómo comprender esta jeroglífica tan tenebrosa? Y fue a lo largo de un nuevo viaje a Egipto que las posibilidades surgieron al conseguir los papiros matemáticos, llamados de *Rhind*. Fue mi formación en informática la que en seguida permitió ver las importantes lagunas, las pifias; verdaderos pozos de incomprensión contenidos en los diccionarios al uso. Todo esto será ampliamente detallado en una obra que publicaré más adelante.

Siguiendo la cadena de reacciones, mi regreso me llevó al gran centro de los jesuitas de Francia en *Chantilly*. Ahí acabé mi convalecencia aún perturbado por los esfuerzos realizados en Marruecos, al tiempo que trabajaba con regularidad en la más importante biblioteca privada de Europa que contiene cerca de 800.000 volúmenes religiosos, filosóficos, científicos y ¡arqueológicos! Lo que me permitió avanzar rápidamente en mis investigaciones sobre todo en los puntos acerca del monoteísmo original.

Pasaron tres años de forma apasionante, en el sentido en que la fiebre por leer y escribir no me dejó. Sólo cortas estancias en Egipto o en Israel interrumpían mis estudios. Además algunos padres jesuitas habían adquirido interés hacia mis trabajos y me ayudaban mucho, a pesar de que a menudo no estuviésemos de acuerdo sobre el sentido que yo daba a algunos acontecimientos vitales acerca de la cristiandad.

Efectivamente, lo que estaba escribiendo trataba de una "Historia del Monoteísmo desde los orígenes al fin del mundo", deseando demostrar que el Dios de los cristianos era el mismo que el Dios Creador original. El Eterno era Yahvé, pero también Ptah. Dios era el de Jesús, el de Moisés, el de Abraham, pero también el de Osiris. Y este Dios-Uno ya había sido el "Único Hacedor de la Creación", el que inspiró la Ley a sus criaturas. En cada era celeste correspondía un Hijo de Dios: un Mesías. ¡Tal era el resultado de mis trabajos!

En 1.975, el primer libro estaba listo, el hábito se había creado; la rotativa permanecía a pesar de todos los agujeros negros que sembraban esta eclosión. ¿Será siempre tanto el oscurantismo humano? ¿Habrá siempre tanta oscuridad en mi corazón que grita su pesimismo? ¿Lo negro se convertirá en apocalíptico a la entrada del Sol en Acuario a partir de 2.016?

El conjunto de la historia del Monoteísmo permitirá a cada uno contestar a esta angustiosa pregunta. Tres trilogías formarán lo esencial bajo la denominación genérica de: "La Eternidad sólo pertenece a Dios". Con el objetivo de facilitar las posteriores explicaciones y evitar tener que recordar, o añadir extensas notas fastidiosas, cada uno de los libros se verá nombrado en el propio texto, con su sigla correspondiente.

A) LA TRILOGIE DES ORIGINES:

1. Le Grand Cataclysme - (paru en 1976): livre A-1
2. Les Survivants de l'Atlantide - (paru en 1978): livre A-2
3. Et Dieu ressuscita à Dendérah - (paru en 1980): livre A-3

A. Triología de los Orígenes:

1. El Gran Cataclismo. Traducido al español.
2. Los Supervivientes de la Atlántida Traducido al español.
3. Y Dios resucitó en Dendera. Traducido al español.

B) LA TRILOGIE DU PASSÉ:

1. Moïse l'Égyptien - (paru en 1981): livre B-1
2. Akhenaton le Divin Mortel - (à paraître): livre B-2
3. Et Dieu oublia l'Égypte - (à paraître): livre B-3

C) LA TRILOGIE DU FUTUR:

1. Jésus-le-Christ - (à paraître): livre C-1
2. L'Apocalypse de la 8e vision- (à paraître): livre C-2
3. L'Éternité n'appartient qu'à Dieu- (à paraître): livre C-3

D) LA TÉTRALOGIE DU SAVOIR:

1. L'Astronomie selon les Égyptiens - (à paraître): livre D-1
La Astronomía según los egipcios. Traducido al español.
2. La Mathématique selon les Égyptiens - (à paraître): livre D-2
3. La Médecine selon les Égyptiens - (à paraître): livre D-3.
4. L'Évangile selon les Égyptiens - (à paraître): livre D-4.

4

EL GRAN CATACLISMO

> Trataba del mayor acontecimiento, que hubiese merecido justamente ser el más ilustre de todos los que esta ciudad jamás haya realizado. Pero por efecto del tiempo y de la muerte de los actores, el relato no llegó hasta nosotros.
>
> Platón, Critias
>
> Quizás habéis oído pronunciar el nombre de Atlas y el de la raza que descendía de él en sus numerosas generaciones. Se dice también que de él descendieron las numerosas familias que componían nuestra raza. ¡Desgraciados!, ellos fueron antaño una nación feliz y querida de los dioses mientras que honró al cielo.
>
> Jérôme Frascator, Syphilidis, canto III

Centenares de obras, por no decir miles, han tratado acerca de la Atlántida de forma más o menos seria. La historia del Monoteísmo que me propongo redactar detalla el contenido preciso de los textos. Pone de manifiesto un continente hundido debido a una alteración cataclísmica.[7] No se tratará de polemizar sobre su existencia. Y nada más natural que llamar esta tierra "Atlántida" al igual que Platón lo hizo después del sabio Solon que intentaba traducirlo en prosa.

Su nombre, que en jeroglífica es: Ahâ-Men-Ptah, o "Primogénito-Durmiente-de-Dios", ofreció más tarde una contracción dentro de los textos adjuntos a la obra impropiamente llamada: "Libro de los Muertos": Amenta, este nombre sin embargo conservó un significado

---

[7] libros A1 y A2.

original del "País de los Muertos", "País de los Bienaventurados", o, "País del Más-allá".

Antes de que este continente desapareciese y antes de convertirse en Atlántida, o Ahâ-Men-Ptah, e incluso Amenta, era el símbolo del Edén terrestre descrito por la Biblia. Los sucesivos monarcas de este país encantador y apacible eran tradicionalmente los "Ptah-Ahâ", es decir en jeroglífico: los "Primogénitos-de-Dios". Efectivamente, todos los monarcas descendían en línea directa del primer Hijo de Dios, es decir, el Primogénito. Pronunciando estas palabras se realiza una comprensión lógica del resto, **Ahâ** se dice **Ahan** que por extensión fue **Adam**, que también significa Primogénito. **Ptah** se escribe también **Phtah** debido a una fonetización griega donde Pi se convierte en Phi. De modo que Phtah-Ahan se pronunció "Faraón", es decir, se transformó en: "Hijo-de-Dios".

De esta forma se puede explicar los nombres de Ahâ-Men-Ptah (Primogénito-Durmiente-de-Dios) y Ath-Kâ-Ptah (Segundo-Corazón-de-Dios) que los griegos pronunciaron: "Aeguyptos", Egipto.

Ahâ-Men-Ptah fue pues el Edén original donde vivieron los Hijos de la Luz o los Hijos de Dios, antes de que la cólera divina los llevase al total hundimiento de su continente para no llamarse más que Amenta. Por ello, el primer tomo del mosaico histórico cuyo título sirve de encabezamiento al capítulo que inicia la introducción[8]: El "Origen", con "O" mayúscula, es el "Origen" de cada uno de nosotros, de todos, de todo. Del cielo, de la tierra, de sus contenedores y de sus contenidos.

Que seamos ateos o que nuestros pensamientos tengan algún tipo de fe, aunque sólo haya sido una vez, todos en algún momento nos hemos dirigido hacia este "Origen" común, único, y a su Creador, sea cual fuere el nombre con que se le llame: "Dios" o sencillamente "azar", tal como lo puede decretar el que desea vivir únicamente una parte de su vida sin absorber la otra. ¿Y quién es el más apropiado para hablar acerca de este Origen? Los mismos que lo vivieron y se lo contaron a sus descendientes grabándolo en piedra para la Eternidad.

Para remontar hasta este Origen, conviene retroceder en la cronología analítica del continente hundido. Y si parece complejo volver

---

[8] Libro A1.

tan atrás en el pasado, la tarea no es insuperable, ya que muchos escritos permanecen remontándonos a la más increíble antigüedad, que cuenta, aunque sea en jeroglíficos anaglíficos, los Anales de Ahâ-Men-Ptah.

Estos textos, de los que algunos se pierden en la noche de los tiempos, son legión ya que todos los muros de los edificios religiosos están cubiertos por sus inscripciones antes de que la jeroglífica tomase su derecho sagrado, y un libro no bastaría para clasificar toda esta santa escritura, sin embargo, todos coinciden en una única glorificación: la de "*Ptah*", o "*Dios*", y todos acaban en forma de advertencia, una señal avisadora para intentar evitar a las futuras generaciones el advenimiento de otro gran cataclismo.

La metafísica tan sorprendente por su claridad litúrgica como teológica, que se desprende de este conocimiento predinástico egipcio, hace que sea perfectamente lógico decir que los autores representaban una civilización superior, llegada al lugar debido a un éxodo, descendiente de un pueblo infinitamente más antiguo que vivió en una madre patria desaparecida, pero donde la humanidad vivía feliz.

Los supervivientes de este otro lugar desearon grabar en piedra imperecedera sus desgracias con el fin de mejor advertir a los que vendrían más tarde de las consecuencias que la desobediencia conllevaría de forma irremediable. Esta noción de la divinidad, tal y como existía en esta remota época, por supuesto necesitó un ciclo de pensamientos abstractos tan dominantes como determinantes, formados por una larga suma de observaciones, de reflexiones, y de meditaciones extendiéndose a lo largo de varios milenios.

Ello explica, en cierto sentido, que el día en el que fue alcanzado el máximo de intensidad en la espiritualidad, se implantó una cierta fuerza de inercia muy humana, alcanzando a todas las cosas y a todo acto repetido de la vida cotidiana. Sin embargo, los pensamientos elevados de los antiguos de "*unir el alma a su Dios*" se perdieron desde ese preciso instante, cediendo el lugar a un espíritu totalmente "*razonador*" y de lo "*más materialista*". Al menos es en este sentido que traduzco los textos jeroglíficos.

Bien, para poder comprender la preocupación esencial que animaba los supervivientes del antiguo pueblo del continente perdido, debemos sumergirnos no sólo en el significado primitivo de la espiritualidad, sino también en un análisis retrospectivo de su psicología.

Efectivamente, si observamos la actualidad, mucha gente está obsesionada, por no decir atenazada por la angustiosa llegada del año 2.000, hablan del fin de un tiempo, o sencillamente del fin del mundo. ¿Cómo no pensar, que estos ancestros que vivieron un Gran Cataclismo no advirtieran por todos los medios que disponían, a las generaciones de "menores" por nacer?

Todo un pueblo vivió hace muchos milenios antes que nosotros, en un tiempo previsto y predicho para que se volcara hacia un mejor comportamiento espiritual en su modo de vivir, lo que no ocurrió por no reconocer un concepto más sano: el de la ética divina.

En los textos anaglíficos jeroglíficos, es decir, con doble y hermético sentido, que sólo se dirigían a neófitos, ello es evidente ya que sólo los antiguos egipcios lo repetían día tras día para memorizarlo hasta el fondo de sus almas para poder contárselo a sus hijos. Se observa que todos los textos anuncian prácticamente las mismas fórmulas litúrgicas. He elegido los que hay grabados en Dendera, y los he agrupado en el *Evangelio según los egipcios* (aún por aparecer). Este libro estará consagrado a lo que fue la *espiritualidad primitiva*. Lo he llamado la teología Tentirita, de Tentyris, pronunciación griega de Dendera, porque es paralela a la desarrollada para el culto de Amon, el dios solar.

El lugar es un templo, del que vemos la sexta reconstrucción siguiendo los planos originales, a este lugar llegaron precisamente los tataranietos de los supervivientes. De ello se hablará en su momento en este libro, gracias a los textos grabados volveremos a vivir los inicios de este pueblo:

"Al inicio estas palabras enseñaron a los Antepasados, estos Bienaventurados de la Tierra primera: Ahâ-Men-Ptah. Ellos vivían como imágenes del Corazón-Amado, en El Corazón-Primogénito."
Así fueron las primeras Palabras: Yo soy el Muy Alto, El Primero, el Creador del Cielo y de la Tierra, soy el modelador de las envolturas carnales, y el que provee las Parcelas divinas. He situado el Sol en el nuevo horizonte como signo de benevolencia y en compromiso de Alianza. He hecho elevar el Astro del Día sobre el horizonte de mi Corazón, para hacerlo he instituido la

Ley de la Creación que actúa sobre las Parcelas de mi corazón con el fin de animarlas en las de mis Criaturas. Y ello fue."

Desde el principio se habla de nociones primordiales. El Eterno es Dios y está en el Origen de todo. Transmite no sólo la vida, sino su modo de vida por una predeterminación que permitirá elegir entre las nociones del bien y del mal y que predestinará por este hecho los ciclos de la tierra hasta que el mal sea eliminado, quizá con las criaturas que son las causantes.

Estos engranajes de la mecánica celeste llevan el nombre ilustrado de: "Combinaciones-Matemáticas-Divinas" que son los principales motores que representan las figuras geométricas y los cálculos matemáticos de los movimientos celestes, de "las errantes" en relación a las "fijas luminosas". A partir de estas combinaciones, no estimadas, sino dependientes de una única ley que forma el universo se realiza la armonía cósmica.

Ellas forman la base fundamental de la acción celeste sobre las Parcelas Divinas, estas almas insufladas por Dios a las envolturas carnales humanas por medio de las "Doce" que son los "Doce Soles" de las doce constelaciones ecuatoriales celestes. Sus radiaciones llegan a la tierra a la velocidad de la luz (300.000 km/s) para formar la trama del esquema de los doce influjos celestes (las Doce) que alcanzarán el córtex del recién nacido para imprimir en su cerebro, la Parcela divina, o el alma pensante humana, que será esencialmente diferente para cada uno, gracias a dos principios:

> **A.** Las Doce, al llegar a la tierra, tendrán una posición propia instantánea debido a la velocidad de contacto. Formarán las "Combinaciones-Matemáticas" que serán la asignación de una predeterminación de nacimiento en un destino global de los humanos previsto por el Creador para sus criaturas.
> **B.** Estos Doce Influjos formarán el ecuador celeste de 360 grados, se denominarán a partir de ahora en el texto como el Cinturón, con la imagen que incluye sin ser necesario explicarla ampliamente. De este "cinturón" surgen los Cuatro Primogénitos, que son los cuatro Influjos que alcanzan los puntos cardinales: los *Maestros*, personificados por los cuatro Hijos que se repiten en varios versículos bajo sus nombres propios. Son ellos los que imprimen el esquema principal del alma viviente.

Fue en Dendera donde este preámbulo escolástico[9] sagrado y secreto se enseñaba a los sucesivos pontífices a lo largo de milenios en la *Casa-de-Vida* adjunta al *"Templo-de-la-Dama-del-Cielo"* con parsimonia y únicamente a los Grandes Sacerdotes.

Esta antigua "escuela", cuyo origen remonta a la llegada misma de los primeros supervivientes, es autentificada no sólo por los textos, sino, además, por las sepulturas descubiertas bajo la colina de los Pontífices a menos de tres kilómetros del templo. Ahí "descansan" los "Sabios entre los Sabios", los Bienaventurados que tuvieron el Conocimiento de la voluntad divina. Uno de ellos enseñaba bajo un maestro de la II dinastía en el cuarto milenio antes de nuestra era, otro bajo Khufu, el famoso Keops. Y el escriba real de este faraón indica que el templo fue reconstruido por su maestro siguiendo las indicaciones encontradas en los propios cimientos originales, escritos sobre rollos de cuero de gacela por los "Seguidores de Horus", es decir por los mismos Primogénitos, mucho antes de que el primer rey de la primera dinastía subiese al trono. Y esto nos lleva tan lejos en el tiempo que podría dar vértigo a los que conocen mal esta cronología egipcia.

Fue, pues, a través de sus descendientes directos, como se transmitió la "Ley Divina", es decir, las "Combinaciones-Matemáticas" que debían permitir a los humanos dirigirse ellos mismos hacia la Justicia y la Bondad. Para comprender estos datos, es bueno recordar ese tiempo antes de la segunda patria, unos veinte mil años antes, lo que nos lleva a Ahâ-Men-Ptah a su trágico y fatal final.

Los antepasados también escribieron:

"Yo soy Yo, nacido de él mismo para convertirme en el Creador de las Imágenes que le serán semejantes después de salir del Caos. Ellas serán las contenedoras las Parcelas divinas que harán de ellas, eternamente, los "Bienaventurados" del Sol que se elevan si mantienen la estricta obediencia de mi Ley. Porque

---

[9] Filosofía medieval que se caracteriza por sintetizar la doctrina de la Iglesia católica y la filosofía de Aristóteles. Filosofía movimiento teológico que intentó comprender la revelación cristiana a través de la razón La escolástica alcanzó su culminación con la obra de santo Tomás de Aquino.

Yo soy el Pasado del Ayer que prepara el Futuro del Sol gracias a las Doce".

Para los antiguos sabios, estas influencias formaban el hilo conductor divino personalizando cada alma, que era calculable con precisión ya que el esquema de base era exactamente reproducido siguiendo las mismas coordenadas que las que habían sido impresas en el córtex. El alma humana podía de esta forma estar en perpetúa conexión con el alma celeste creadora si no rompía ella misma el acuerdo preestablecido desde el nacimiento.

De forma que la concisa frase: "Yo soy el Pasado que prepara el Futuro" es igualmente un tipo de ultimátum que no conviene tomarse a la ligera.

Los pontífices de Ahâ-Men-Ptah habían delimitado el problema con precisión al discernir con exactitud los poderes directos que concedían las diferentes soluciones combinatorias, habiendo remontado muy lejos en el tiempo, para apuntalar sólidamente sus observaciones. De ahí la precisa acumulación del conocimiento del poder de las Doce.

Partimos pues de una época anterior a diez milenios al Gran Cataclismo y para poder explicarlo de forma resumida, conviene en primer lugar representarse el Edén, viéndolo en su inmensidad en medio del Atlántico. Digamos que en este tiempo remontamos al 25 milenio. El continente de Ahâ-Men-Ptah era mucho más cálido en su extremo norte de que lo son ahora esas mismas regiones, como Groenlandia en la actualidad. Espesos bosques cubrían esta parte del territorio donde aún no había hielo y donde la nieve sólo aparecía de forma tímida.

La trilogía platónica ya daba muchos detalles. Una exuberante vegetación crecía todo el año, en unas praderas que eran habitadas no sólo por humanos sino también por grandes monos de un tipo extinguido, su tamaño se parecía al gorila actual, pero sus rasgos no eran chatos. Coexistían con mamuts vegetarianos y apacibles, con rinocerontes de cuatro metros y de cuatro dedos: los aceratheriums, y también con algunos especímenes de un gigantismo extinguido en vía de desaparición que aún disputaban entre ellos su derecho a sobrevivir.

En el sur del inmenso continente, la naturaleza había expuesto sus más preciados tesoros: montañas y muchas llanuras, campos fértiles donde nacían espontáneamente todo lo que podía hacer las "delicias" para una humanidad tranquila. Estas vastas extensiones eran propicias a la población y a la meditación de una raza que sólo deseaba elevarse hacia su Creador beneficiándose a cambio de una abundancia sin igual.

En el horizonte de las cadenas montañosas nada había por temer de los conos piramidales de los pocos volcanes que desde hacía tiempo estaban extinguidos y la memoria del hombre había perdido su recuerdo. Los habitantes ya sólo veían en ellos pendientes cubiertas de árboles siempre verdes, y algunos cargados de jugosas frutas todo el año.

De forma que se edificaron verdaderas ciudades, los muros eran hechos de troncos de árboles apenas desbastados, el barro secado servía para rellenar los agujeros de los espacios y las hojas secas eran dispuestas en gruesas capas asegurando la estanqueidad del tejado, cuando Ahâ-Men-Ptah sufrió un primer cataclismo volcánico que provocó el importante hundimiento de la tierra que formo el mar del Norte tallando numerosas brechas hasta la actual Islandia.

Un período de fuertes heladas se aposentó en esta parte del mundo, acumulando las nieves en un casco polar uniforme. Siberia misma, que por entonces era una región bastante cálida, vio arder toda la vegetación y asistió a la aniquilación de los mastodontes que no huyeron a tiempo del hielo.

La historia de Ahâ-Men-Ptah empezó en realidad después de esta advertencia, y a partir de esta fecha la cronología lógicamente se utilizó en los anales. Este cataclismo marcó la memoria humana e indicó el característico inicio de los Anales. Efectivamente, los eruditos de aquel tiempo comprendían mejor los movimientos, las combinaciones celestes al igual que los fenómenos benéficos y maléficos que se desprendían de ellos. Desde el día en el que un método gráfico figurativo fue elaborado, se observó con atención, y anotó meticulosamente el movimiento de los planetas, del sol, de la luna, sus representaciones y sus configuraciones, así como las formas geométricas de las doce constelaciones de la eclíptica ecuatorial celeste y también las más alejadas como Orión y Sirio, con sus singulares particularidades. Las repercusiones de las Combinaciones sobre la Tierra se derivaron en conocimiento referido tanto al comportamiento de los hombres como a la evolución de la naturaleza.

Después del pequeño cataclismo, la vida se trasladó más al sur, los pueblos se volvieron a reconstruir rápidamente, primero como cabañas de troncos de árboles sustituidas en poco tiempo por unas mucho más cómodas de ladrillo crudo que resistían mejor el empuje animal que el cataclismo había desplazado a esta zona hospitalaria. Los osos abundaban tanto como los ciervos y los elefantes, sin olvidar los lobos. Otro cuadrúpedo apareció y en seguida se convirtió en la más noble conquista del hombre: el caballo. Lo que promovió la idea de domesticar otras razas incluyendo a los renos, los alces, los glotones y los bueyes almizcleros.

En cuanto a la caza, en los mismos tiempos, el sílex desapareció en los proyectiles, aparecieron los arcos y las flechas que rápidamente fueron realizadas con puntas metálicas afiladas con sílex. El hierro fue descubierto a ras de suelo, de color marrón, en placas con formas variadas hinchadas más o menos gruesas, motivando la búsqueda de materiales semejantes. Así la hematita de superficie se convirtió realmente en hierro. Provenía de una mina que cubría varios kilómetros de terreno en el extremo sur, hasta la orilla del mar.

El descubrimiento de otros minerales y sobre todo su utilización racional después de varios intentos, cambió completamente la fisionomía de la vida de los habitantes de este país. Una nueva era empezó con la modelación de herramientas para tallar piedras y montarlas, como se hacía con los ladrillos. Las habitaciones en piedra no pulida, ensamblada aún de forma rudimentaria se convirtieron rápidamente en muy acogedoras y motivaron la idea de construir edificios religiosos monumentales, de forma que Dios se sintiese cómodo y viniese él mismo a cobijarse, al menos en espíritu.

La población permaneció en paz por espacio de cincuenta siglos, sobre todo la que vivía en el campo. Para ella las intenciones de la Divinidad eran evidentes: todas sus libertades estaban expuestas a su alcance, sólo debían cosechar y disfrutar. Cada uno cogía según sus necesidades, sin preocuparse si otro tomaba más que él. Los viajeros llegaban sintiéndose atraídos por lo que se decía acerca de este país de celebración, y cuando lo hacían, apagaban su sed en cualquier fuente fresca, sin complejos, incluso ayudados por los autóctonos que les ofrecían jarras llenas de buen vino.

A lo largo de estos largos siglos, esta dulce nación ignoró el odio, la guerra, la venganza y, sencillamente, el desprecio. Expresaba su alegría lo más a menudo posible en fiestas populares donde los cantos se exteriorizaban armónicamente después de haber ingerido frutas y verduras que las frecuentes cosechas no dejaban de amontonar en gran cantidad. Cada uno cogía a placer sin tener que rendir cuentas a nadie.

En ese momento bendito nació el primer *Ahâ*, el *Primogénito*: el *Adán*. ¿Cómo? Los textos no lo dicen, probablemente porque aún estaba lejos el cataclismo que sería el objetivo de todos los exhaustivos informes al igual que las causas que lo desencadenaron. Pero es seguro que la historia de la pareja real de esta tierra edénica, Nut y Geb referida como en la que concebió el último Ahâ, Osiris, o Ousir, el exacto reflejo del nacimiento del primer Adán. Es en definitiva el único tema del libro A-1. La prosperidad reinaba cada vez más en este país desde la llegada del Ahâ original, donde no quedaba nada por enseñar a los hombres para que usaran su inteligencia y se forjaran una alma a imagen de Dios.

Los cereales y los cultivos abundaban, los metales del suelo como el cobre y el plomo se extraían a cielo abierto; el estaño y el antimonio, en las galerías a ras de tierra; el hierro, la plata y el oro eran extraídos de forma racional a mayor profundidad. Las piedras finas eran buscadas por las mujeres y se tallaban artísticamente después de haber sido recogidas en los huecos de los valles fácilmente accesibles. En cuanto a las piedras llamadas preciosas, no lo eran por un valor financiero, sino por su poder benéfico, eran portadoras de las radiaciones que provenían, para cada una de las doce piedras, de cada uno de los doce soles de las constelaciones zodiacales de las únicamente ellas son receptoras de sus emanaciones: "*las respiraciones*". La mayoría provenían de vetas oblicuas verticales a algunos suelos característicos pero menos áridos, y sobre los que pastaban apaciblemente rebaños de ovejas, uros y bisontes.

Por último, había algunos minerales raros, muy buscados por sus propiedades simbólicas, como el oricalco con reflejos verdosos iridiscentes en su seno donde se veía enrojecer el "Brasero Ardiente", símbolo de Ath-Mer, donde se renovaba la eterna juventud del corazón.

Los numerosos bosques también ofrecían todo tipo de maderas necesarias para la vida en sociedad. Carpinteros, ebanistas y artistas usaban las maderas duras al igual que las raras esencias, transformándolas en delicados muebles o en galeras y embarcaciones de todas las categorías.

Únicamente el sicomoro, del tipo del "arce", era formalmente prohibido tanto para el uso particular como para su tala, excepto después de un ritual de bendiciones muy estrictas. El sicomoro era el árbol sagrado: el "*An-Auhi*", que únicamente un sacerdote siempre puro podía tocar, y "quitarle la vida" después de un complejo ritual para poder extraer el "corazón" en toda su longitud para tallar los 16 "*Tan-Auhi*" que por contracción se convirtieron en los "Tau" o Cruces-de-Vida, llamadas también "cruz ansada". Era de notoriedad pública que los poseedores de estos "tabús" personificando la Vida, sólo eran propiedad de personas "de voz justa" dotadas de los dones del Dios Todo Poderoso.

Un territorio especial, delimitado por la oblicuidad y el grado en el que se reflejaban los rayos solares era consagrado al crecimiento del sicomoro. Este enclave sagrado se llamaba el "Naji" y únicamente el Ahâ en título, además de los sacerdotes puros podían acceder para dialogar tranquilamente, cara a cara con su Padre.

La población generalmente indolente teniendo todas sus comodidades no se preocupaba para nada de los desacuerdos intestinos que oponían el Ahâ a sus vecinos. En aquel tiempo el descendiente de Dios era suficientemente fuerte para poder restablecer la situación si se viera enturbiada, lo que además, no era reflejado en la vida cotidiana para el común de los mortales que tenía tendencia a reírse de buen grado frente a esta oposición, sin darse cuenta de que sería el primero en sufrir si un ajuste de cuentas eventual llegara.

La situación aún empeoró poco a poco hasta que nació el que sería el último soberano antes del Gran Cataclismo. Geb fue el antepenúltimo Ahâ de este Edén. Su historia por extraña que parezca recuerda mucho la de la Biblia en dos momentos. El primero se refiere a Eva, castigada por su curiosidad al morder la manzana, y el segundo con María engendrada por Dios, ya que Nut, esposa de Geb dio a luz a su hijo Osiris en unas condiciones análogas a las que se cuentan para la esposa de José.

Cuando el pontífice fijó la fecha de boda de Geb y Nut, sólo quedaban 51 años a la tierra de Ahâ-Men-Ptah para permanecer por encima del mar. Pero la víspera del día previsto, Nut, que se había instalado en el Palacio real, y que se paseaba en los jardines son sus criadas, llegó frente al recinto del sicomoro sagrado dedicado al diálogo del Hijo con el Padre. Curiosa, y pensando que su título de esposa del Hijo, a partir del día siguiente la protegería de las represalias y la princesa penetró sola, para "ver". Algo cansada y distraída por su fuga, Nut se sentó contra la corteza del sicomoro.

Los Anales que han llegado hasta nosotros por medio de los textos sagrados de Dendera, al igual que por la simbología de los acontecimientos grabados en los templos consagrados a Ptah dicen:

"La princesa Nut apoyó suavemente su cabellera contra la corteza del magnífico tronco, tan viejo y tan acogedor. Al tiempo que descansó su cabeza también y toda ella, cuerpo y alma, conoció instantáneamente la Paz con el mundo exterior, sus ojos se cerraron sin que se diera cuenta"

"Cayó en un sueño irreal, Nut no tuvo tiempo de analizar lo que ocurría, ya que su sorpresa cambió en temor cuando una claridad cegadora, radiante, la rodeó entera, la penetró por todas partes a la vez. Teniendo la impresión se consumirse, el mayor terror se apoderó de ella, pero no pudo abrir la boca para gritar. Se reducía a cenizas, se licuaba, a la vez que vivía el día más radiante que la Tierra hubiese conocido desde su Origen"

"A pesar de la tranquila curiosa que sentía, intentó abrir los párpados, pero no podía ni mover las pestañas. Preocupada por sentirse paralizada, se sintió caer inconsciente cuando una voz en su interior muy firme pero infinitamente dulce y consoladora le dijo claramente: Mi hijo Osiris está desde ahora en tu seno, no temas nada sobre ello, ya que tu eres hija de mi primer hijo: tú eres la que he elegido para ayudarme a salvar otra vez a los hombres a pesar de ellos mismos. Osiris será el signo de mi Poder y de mi Bondad. Tú Nut, serás la madre venerada, tú le enseñarás a Osiris, por las palabras que pronunciarás, que mi corazón está en él, y que mi Alma siempre estará con la suya para que ejerza su poder soberano. Que así sea"

Al mismo tiempo Geb fue avisado por Dios para casarse a pesar de todo con Nut, y recibir a *Ousir* antes de concebir otro hijo que nacería de la "tierra", por lo que debería llamarse *Ousit*. De tal forma nació Ousir, sietemesino, y luego Ousit, el menor. Uno era hijo de Dios y el otro hijo de Geb. De ahí el antagonismo evidente cuando Ousir fue declarado rey, sucesor de Geb, mientras que el verdadero hijo soberano que era Ousit dando nombre a la rebelión que inició bajo el nombre de Sit, es decir Seth en griego. Para que todos los peones de la familia estén al completo nombraremos a las gemelas que nacieron después: Nek-Bet e Iset, es decir: Nephtys e Isis.

Isis se casó por amor con Ousir. Los augurios anunciaron que el hijo que nacería de la pareja sería el generador de la nueva multitud surgida de los supervivientes del Gran Cataclismo. El hijo que nació, era efectivamente un niño y se llamó Hor, Horus. Poco antes que tomase la sucesión de su padre Ousit atacó la capital Ahâ-Men-Ptah con las tropas rebeldes erigidas para este propósito desencadenando el proceso de hundimiento del continente, ya que Ousir aparentemente muerto a golpes de lanza por Ousit, provocó la cólera de Dios y ella se desencadenó sobre sus criaturas y su Creación.

Aquella mañana, el astro del día parecía ausente del firmamento, al igual que el mismo cielo, ya que una espesa niebla de claridad difusa y rojiza oprimía por su espesor ahogándolo todo. No sólo absorbía los ruidos sino también la claridad del día y del aire, lo que hacía que la respiración fuese como un difícil silbido. Y flotaba un olor amargo picante parecido al natrón con el que se embalsamaba a los cuerpos de los difuntos, y haciendo temblar a los vivos que reconocían esta atmósfera fétida.

En la capital, donde nadie había pegado ojo a lo largo de la sangrienta noche, cada uno supo que el día había llegado para rendir cuentas a Dios, y que nada se omitiría a esta humanidad inconsciente y despreocupada. El sacrilegio fraticida de la noche iba a tener su castigo divino.

El pánico que siguió fue prácticamente indescriptible. Los Anales lo cuentan detenidamente. En realidad, es similar a cualquier otro terror engendrado por unas circunstancias tan terroríficas. Gran parte de la población corrió hacia el Palacio real para refugiarse cerca del "Maestro" para el que todo era posible. La pobre gente ni siquiera recordaba que hacía poco se burlaban abiertamente del que ahora buscaban su protección, cuando en la víspera éste les rogaba acelerar los preparativos del éxodo.

Los tiempos se habían cumplido.

Dentro de su super poder, el Dios de la Eternidad iba a castigar a sus numerosas criaturas por los pecados realizados, y él que no había podido impedirlo, padecería la misma suerte. Crujidos siniestros subieron desde las profundidades haciendo temblar los pies, luego amplificándose a todo el cuerpo. Llantos, gritos de piedad, chillidos de angustia de toda una muchedumbre, que intentaba rogar de quien habían blasfemado y renegado, fueron totalmente en vano.

Crujidos aún más sordos crearon perturbaciones en la luz rojiza que tenía tendencia a esclarecerse por encima de las cabezas. Sus vibraciones pusieron a prueba los tímpanos, aunque algunos reventaron. Geb apareció cansado y encorvado en ese momento, pero con el deseo de hacer acto de presencia en ausencia de su hijo, el Maestro, para socorrer un pueblo que estaba a la espera.

Clamores de satisfacción se elevaron a su vista, ya que aparecía de nuevo como un Hijo de Dios, es decir, como el Salvador. Pero no se sentía con fuerzas de retomar la autoridad que ya no era suya, sino únicamente de un dios en cólera. La situación hubiera parecido increíble si su desarrollo trágico no hubiese sido predicho tan a menudo y tantas veces madurado antes de su realización.

En la ensenada del puerto real, miles de barcas "Mandjit", con fama de insumergibles, habían sigo almacenadas de forma rigurosa, guardadas con el equipamiento completo para sobrevivir: hogazas de cebada, trozos de carne seca y salada renovados cada año, cántaros de agua impermeabilizados. El viejo rey envió en el acto emisarios a los cuatros arsenales marítimos para que de inmediato abriesen las puertas de par en par y que los militares tomasen posición para que las salidas fuesen con el mayor orden posible. El pueblo bajaba a empujones, corría intentando acarrear sus trastos llenos de utensilios. El pánico se apoderó de esta pobre gente que de pronto vio la realidad tantas veces anunciada, y por ello tomada como nimiedad, les era imposible comprender el alcance real del hecho.

A un centenar de kilómetros de allí, los volcanes dormidos desde milenios se despertaron con contracciones. Los fuegos subterráneos se hicieron poderosos y vieron el día, su presión fue tal que lanzaron en el cielo una verdadera lluvia de tierra pulverizada que juntándose con la niebla caía en Ath-Mer. Esta lluvia solidificada formada de pequeñas rocas y desechos de todo tipo cayó sobre la muchedumbre en camino hacia el puerto, aplastando a unos y desmayando a otros. El infierno se desencadenó.

Fue una avalancha hacia la ensenada, cada uno abandonó todo lo más preciado para poder correr más rápidamente. En el puerto, un miedo irracional barrió cualquier sentimiento humano, los militares que ya resistían difícilmente el empuje de su propio miedo, se vieron superados, aplastados por los pies de una jauría que asaltaba las frágiles embarcaciones de papiro trenzado extremadamente apretado y calafateado de resina y alquitrán para que no se pudriesen las indestructibles naves.

El terror que se cernía sobre esta muchedumbre, el horror del increíble acontecimiento que estaba teniendo lugar, hizo perder a este gentío cualquier sentido de seguridad. En lugar de subir diez personas, a lo sumo quince, los que huían asaltando las primeras "Mandjit" lucharon hasta la muerte, para llegar a quedarse veinte o treinta. La primera flotilla se hundió con todos sus ocupantes en el mismo puerto, algunos miles más murieron antes de poder zarpar.

Los volcanes, de nuevo activos, escupían la cólera divina cubriendo de lava los pueblos cercanos, cuyos aterrorizados habitantes se habían encerrado en sus casas en pocos segundos fueron enterrados por un río incandescente. Miles de toneladas fueron vomitadas en pocos segundos por una decena de cráteres recién abiertos, dibujando miles nuevas sendas en cada crujido. Las montañas sólidas no resistieron las sacudidas del suelo, sus flancos se rompieron, las laderas reventaron y se volatizaron.

Ocurrió lo mismo en el puerto real, el tumulto alcanzó su paroxismo, ya que quedaban miles de personas aterrorizadas, además otros centenares de miles se dirigían también ahí. De misma forma se aplastaron, se debatieron, se asfixiaron, se mataron entre ellos, ya que ningún soldado podía asegurar la menor protección de los bienes públicos, es decir de las embarcaciones. La falta total de visibilidad mantenía a la muchedumbre estupefacta pero no por ello dejaban de caer desde los muelles debido al empuje irresistible que se producía y que tiraba al agua a las personas en primera fila, ya que las "Mandjit" se habían hundido por el exceso de pasajeros. Otros conseguían vencer la marea humana y embarcaron lejos del cuello de botella del puerto, asegurándose no hundirse antes de desatar las amarras. Era el fin de todo y de todos. La capital y el continente entero se hundían rápidamente bajo el agua.

Fue el 27 de julio de 9.792 antes de nuestra era, y esta fecha es certera gracias a la carta del cielo grabada en el techo de una sala del templo de Dendera, más conocido con el nombre de Zodíaco desde el momento de su descubrimiento por los sabios que acompañaban al general Desaix y a su ejército al sur durante la campaña de Egipto llevada acabo por Bonaparte. Pero volvamos al orden cronológico para llegar al éxodo de los supervivientes de Ahâ-Men-Ptah. Desde ahora sería el país eternamente dormido del Primogénito de Dios: Amenta, convertida en la Atlántida platónica.

5

EL ALMA ATLANTE NO SE HA PERDIDO

> *Flamand asimilaba los carneros al esferoide de Amón-Râ de los egipcios, ya que hay parentesco seguro con las figuras grabadas en el Sahara. Pero Amón es también el dios-Carnero del agua en toda la Berbería, donde la palabra bereber para decir agua es amón, al igual que para los guanches de las Canarias.*
>
> Raymond Furon, Manual de prehistoria general

> *Se exagera la ausencia de cambios materiales algunas veces, pero la identidad del alma bereber, a través de todas las vicisitudes, es ciertamente una fuerza de la naturaleza.*
>
> J. Célérier, Historia de Marruecos

No siendo un superviviente de Ahâ-Men-Ptah no había establecido la relación entre la Amenta del libro llamado de los *Muertos* y este país hundido cuando llegué a Marruecos en 1.973, convaleciente de una larga inmovilización debida a mi accidente. La muerte no quiso llevarme dos años antes. Y nada indicaba entonces que realizaría unos descubrimientos de tal importancia que influenciarían el rumbo tomado por mis investigaciones egiptológicas.

¿Cómo podría haber imaginado que de alguna forma había sido "dirigido" a este maravilloso país en búsqueda de los supervivientes de ese *Gran Cataclismo* de hace 12.000 años? El contenido de algunos textos de las orillas del Nilo se referían al "Lugar del Poniente", o "Ta Mana" en jeroglífico, lo que me dejó entrever que esa tierra era Marruecos ya que este nombre sólo se le daba en francés manteniendo su significado árabe: "Moghreb el-Aqsa" o "El País del Poniente".

A la vez que recibía masajes cuidadosos por mi lado izquierdo aún paralizado en parte, preparaba para el Centro cultural de Rabat una exposición sobre informática para los jóvenes marroquíes, al tiempo que me convertí en lector de la biblioteca del ministerio de las "Mines", muy cerca. Tenía a mi disposición todos los libros complementarios que me faltaron a la hora de mis lecturas de los textos faraónicos, tanto desde el punto de vista de la geología como de la mineralogía y de la estructura geofísica de ciertos terrenos colindantes como los de las Islas Canarias: estas famosas "Islas Afortunadas". Por otra parte, disponía de centenares de textos referentes a los bereberes, que me enseñaron a conocer mejor este pueblo tan diferente de los árabes, tanto que podría preparar una filología comparada del idioma bereber y de la jeroglífica para resolver ciertas dificultades semánticas.

Ahí fue donde oí hablar en primer lugar de las particularidades esenciales de Tamanar, un pueblo situado a unos sesenta kilómetros al norte de *Agadir*, y famoso por un patriarca muy anciano y profeta de renombre en Marruecos entero.

Este lugar despertó en mi un enorme interés, ¿era donde los supervivientes de Ahâ-Men-Ptah habrían atracado? y ¿nadie había tomado consciencia de ello? En este pueblo situado a unas decenas de kilómetros más adentro de la costa oceánica, pero con un suelo arenoso, lleno de millones de conchas no fosilizadas, no era imposible que varios milenios antes este lugar se situase a orillas del mar y sirviese de lugar para tocar tierra albergando a los supervivientes de un naufragio ocurrido unos 10.000 años antes de nuestra era.

Para *Ta Ouz*, ocurrió lo mismo, y los geólogos autóctonos al explicar lo que era este lugar me dieron, literalmente, la clave del pasado más remoto. *Ta Ouz*, situada en los confines del desierto algero-marroquí, servía de punto extremo a la frontera flexible en aquella época entre los dos países.

El lugar no sólo era un yacimiento mineral excepcional donde el hierro tenía un gran papel, y donde el estado del suelo demostraba que hubo un enorme cataclismo geológico, sino que también era un "lugar sagrado" donde había centenares de montículos, que en realidad eran mastabas, o bien necrópolis funerarias y cuya antigüedad se perdía en la noche de los tiempos. Si *Ta Mana* había conservado su significado primitivo hasta Egipto, no fue el caso para *Ta Ouz*.

En *Ta Mana*, mi investigación fue precisa desde el primer momento, y fue accidentalmente que oí hablar de *Ta Ouz* por los geólogos, efectivamente, era un lugar donde un equipo de aventureros alemanes en una camioneta equipada con material sofisticado, incluyendo un grupo electrógeno, habían sido interceptados mientras cortaban un trozo de pared cubierto de grabados rupestres de una antigüedad más que remota. Profundizando en mis lecturas, investigué sobre esta localidad y sus alrededores, mi interés se despertó aún más y mi espíritu ya galopaba de antemano a esos lugares donde todo indicaba ser de gran predilección para mi curiosidad y también para el recogimiento.

Naturalmente, el itinerario para conseguir llegar a ese lugar, estaba sembrado de otros puntos interesantes a lo largo del camino por varios motivos, como *Midlet*, en el Atlas-Medio, entre *Meknes* y *Ksar-es-Souk*, donde pude ver la vanidad de la simple "palabra" en relación a los hechos en sí.

Empezaré a hablar de este lugar ya que es significativo por la diferencia que existe entre la realidad y el mito. Me detuve ahí por el sencillo motivo que los geólogos me explicaron que en todo tiempo en *Midlet* se había extraído del subsuelo plomo y cobre en grandes cantidades, como el oricalco, este material me interesaba por ser usado por los Grandes Sacerdotes de Ptah y pensé que podía existir una afinidad suplementaria con la auricalcita marroquí, nombre actual de este derivado del cobre, que se encontraba en gran cantidad en las minas de la región.

En *Midlet*, conocí a varias familias bereberes que comerciaban con estos minerales, y una en especial parecía conocer bien las "leyendas" tradicionales. Necesité mucho tiempo y una paciencia a toda prueba para poder entrar en su verdadera intimidad, tuve que alojarme con ellas y vivir siguiendo sus costumbres; pasaron más de dos meses antes de conseguir hablar de otra cosa que no fuera el valor mercantil de lo que para los demás no eran más que "piedras".

Después de un año de investigaciones y de un largo camino plagado de montículos grabados y rupestres, discutiendo con los especialistas y los autóctonos que se transmitían fielmente las tradiciones ancestrales, conseguí esbozar un trazado válido del éxodo del los rescatados de Ahâ-Men-Ptah. Me pareció lógico, ya que era confirmado por los textos y los hechos del país que se convirtió en Marruecos y que era, en la remota época anti-cataclísmica, un tipo de colonia atlante, al ser esa tierra más cercana al continente perdido, convirtiéndose en *Ta Mana*, vean el mapa de la página siguiente para visualizarlo mejor.

Los minerales tenían un papel primordial en la vida de Ahâ-Men-Ptah para todas las construcciones y las herramientas necesarias al uso doméstico. El plomo y el cobre, sobre todo, estaban muy cotizados en el territorio marroquí, ya que eran casi inexistentes en el de la madre patria. Lo mismo ocurría para ciertos minerales protectores contra las influencias maléficas de las radiaciones astrales durante los aspectos opuestos de las Combinaciones-Matemáticas-divinas que provenían de las Doce.

Estos minerales se vuelven a encontrar, además, en la Biblia en referencia al pectoral llevado por Moisés que le permitía, gracias a las radiaciones desprendidas, conservar la unificación de las doce tribus de Israel. Pero, si en esta época, Moisés no había podido recuperar en Egipto más que algunas "piedras" benéficas originales, las otras no eran más que sucedáneos, lo que no ocurría en tiempos de Ahâ-Men-Ptah.

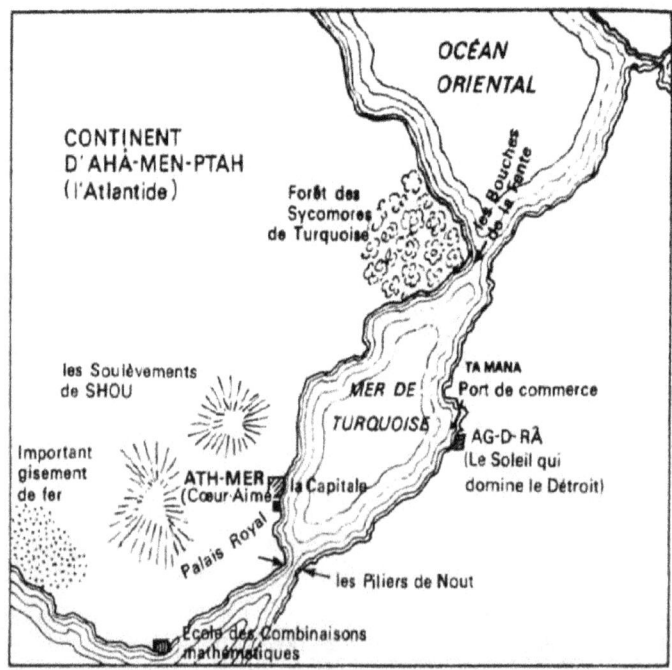

Continente de Ahâ-Men-Ptah *(El Atlántida)*

Los doce minerales tenían realmente cada uno una influencia precisa cuya unión aportaba "Larga Vida, Fuerza, y Salud" tal y como lo precisan todos los papiros cuando hablan de un faraón, añadiendo a sus títulos esta fórmula lapidaria de "Larga Vida, Fuerza, y Salud" que le era acordada al llevar las gemas en el pectoral. No sólo los de Ptah conservaban su uso, a la vez religioso y político, también los de Râ que lo habían aceptado bajo otra forma, como Ramsés el Grande gracias a otros minerales.

Encontré yo mismo una de estas piedras por casualidad en *Midlet* precisamente, gracias a la perseverancia digna de mi lógica informática que me permitió alejar toda solución irracional e ilógica. Lo que me hizo permanecer en esta dirección. He aquí como ocurrieron las cosas, en un contexto seguramente duro para mi condición ya que mi físico estaba parcialmente enyesado a la época.

Midlet está situado en el Atlas-Medio, en una meseta de 1 a 500 metros de altitud, delimitado por altas montañas. Sólo dos gargantas, en el norte y en el sur, de más de 2.000 metros permiten el acceso al lugar. Y si actualmente en invierno los quitanieves forman un paso constante en un espesor de dos a tres metros de nieve, es evidente que hace dos o tres milenios, por no decir aún más, los caminos estaban inutilizables. Veamos en esta otra carta la situación de *Midelt* entre las cadenas del Atlas, así como algunos lugares que nos interesan:

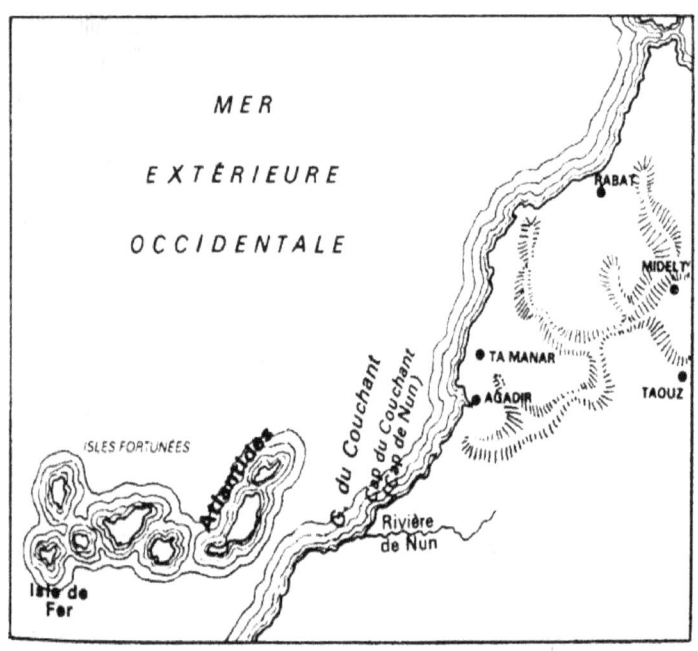

Cuando al fin me aceptó la familia bereber, pude empezar a investigar mi propósito, me enseñaron por mis preguntas cosas interesantes, pero no fue más que poco a poco, demostrando en cada respuesta que no era "tonto" frente a la evidente sencillez.

¿De qué se trata? Pues de conocer el origen de las minas de plomo y de cobre. En efecto, los franceses habían perforado pozos de explotación de minerales, pero era evidente que en el siglo XIX los investigadores no llegaron al lugar por puro azar diciendo "aquí es donde se tiene que cavar". Manifiestamente antes ya hubo extracciones en el mismo lugar. Admitiéndolo, por fin me llevaron a un lugar algo alejado de las actuales minas, escondido detrás de una montaña. Allí otros pozos inutilizados mucho más antiguos demostraban que los españoles habían pasado por el lugar para iniciar una explotación racional de plomo, entre otros. Sin embargo tuve que volver a realizar el mismo análisis lógico y sencillo como con los franceses preguntando que además de los españoles ¿quién había podido llegar a este lugar desértico y encontrar minerales justamente en este lugar?

Una nueva confianza se establecía y me enseñaron que efectivamente hubo predecesores, y que estos habían sido romanos...

visité pues sus vestigios, que eran interesantes, y aún más interesante en la ruta de *Meknes*, a tres kilómetros de *Midelt*, muy atrás, totalmente invisibles desde la gran carretera. Había unos pozos de la época de los césares, tanto por el diseño de la bóveda como por la arquitectura de las galerías subterráneas. También había depósitos importantes de minerales aún amontonados, como si no tuviesen valor alguno al no ser plomo. Sin embargo ahí hay una fortuna para los coleccionistas contemporáneos que abrirían unos ojos bien grandes al no poder creer la realidad de lo que verían.

Pero no era ese el objetivo de mi investigación, mi preocupación permaneció, siendo el punto de interrogación: ¿quién llevó a los romanos al lugar para extraer el mineral? Ya estaba progresando en mi remontada en el tiempo, pero aún no lo suficiente para satisfacer mis investigaciones.

Sólo después de muchas tergiversaciones, dudas, y un miedo irracional por atraer hacía sí una maldición de las más graves, fue cuando mis amigos bereberes que dijeron al fin que en el origen, es decir, antes de los romanos estaban los *"Gigantes"*, ellos organizaban la extracción. De ahí el nombre de Atlas dado a las montañas, ya que su rey era tan alto como ellas. Y el mito de Atlas, jefe de los Atlantes, volvió a aparecer, y yo quería saber más...

Después de nuevas prórrogas y retrasos sin nombre, a menudo mezclados al límite de un furor que hubiera podido estropearlo todo, me llevaron lejos del lugar, en la carretera de *Meknes*. A una quincena de kilómetros de *Midelt*, el jeep y mis dos pilotos tomaron un camino que nos llevó frente a una enorme meseta que tardamos dos horas en rodear antes de llegar frente a un paisaje infernal y lunar: *la mina de los Gigantes*.

Se trataba de una llanura sembrada de inmensos agujeros y pequeños montículos, el conjunto tenía un tinte gris sobre fondo negro. Me pareció haber cambiado de planeta, y recuerdo haber sentido escalofríos a pesar de todo. En el fondo de cada uno de estos cráteres excavados por la mano de hombre, de seres en tiempos tan remotos, mientras que otros vivían en Francia en cuevas ahumadas comiendo carne cruda, vestidos con pieles no curtidas, ellos extraían minerales para realizar herramientas y joyas cinceladas. Me encontré frente a los vestigios de una raza extinta: la de los supervivientes de Ahâ-Men-Ptah, cada montículo era prueba evidente y palpable. ¿Pero eran realmente "*Gigantes*" sus autores?

Mi voluntad se hizo realidad instantáneamente: visitaría el fondo de uno de estos pozos que en apariencia tenía unos cincuenta metros de profundidad. Para que mis dudas cesaran, tuve que discutir durante una larga semana. El tiempo me urgía ya que no podía esperar más tenía que volver hasta *Ta Ouz*, donde todo estaba preparado para mi llegada. Y no fue más que el último día de mi búsqueda en *Midelt*, frente a mi tristeza a lo largo de mi la última palabrería consiguí sacar una decisión favorable. Un tipo de canasta fue trenzada en menos de una hora y atada sólidamente a la extremidad de un grueso rollo de resistente cordaje. Todo estuvo dispuesto para mi bajada.

El equipo fue fácil y el resultado muy decepcionante, en este sentido de que en el fondo del pozo se abría una galería de una altura de 1,70 metros, aproximadamente, ya que tuve que bajar mi cabeza para realizar algunos pasos en ella. Un gigante no hubiera podido avanzar más de una zancada. Manifiestamente, los autores de estos trabajos no eran los hijos de Hércules o de Titanes, incluso si su inteligencia era superior a la nuestra, debían parecernos físicamente en todos los puntos. Pero esto merecía una visita y ya la había hecho con lo que me sentí totalmente satisfecho, desde ahora en adelante podría basarme en hechos sólidos que me permitirían abordar el tema de los Supervivientes de la Atlántida.

En *Ta Ouz*, todo era diferente, estábamos en pleno desierto donde la arena lo cubría todo con su abrigo polvoriento. Un pequeño pueblo fortificado albergaba una compañía del ejército al tiempo que indicaba el punto extremo suroeste de la frontera algero-marroquí. Unas zanjas de arena marcaban la línea invisible que separaba los dos países. Y a medida que nos adentrábamos en estos caminos, el paisaje cambiaba, al principio pedregoso pero pronto dejó ver bloques de roca negra, de apariencia incontestablemente metálica: era hierro en estado puro en sus diferentes formas mineralizadas: hematita, magnetita, siderita, etc.

En este lugar donde la brújula se volvía loca y no servía para nada, la atmósfera era muy extraña. Por supuesto, teníamos cerca de 60° bajo el sol y no había sombra alguna, el olor también era muy particular, ya que todo este metal calentado desde milenios devolvía la radiación a la superficie, pero había algo aún más indefinible.

Ahí los geólogos que me acompañaban me hablaron de un lugar funerario que se situaba en el extremo de un cauce seco paralelo al nuestro y que daba paso al lugar donde había centenares de grabados rupestres, ahí mismo fue donde una patrulla militar había interceptado a unos ladrones que cortaban la roca para llevársela.

Llegamos al lugar con muchas dificultades, y allí otra vez tuve la sensación de penetrar en otro mundo. Ahora no había piedras, sino una arena que lo cubría todo. Colinas más o menos grandes hasta perderse en el horizonte, en apariencia compuestas de arena aglomerada. En el centro de este lugar, una colina mucho más alta me llamó la atención inconscientemente, los dos geólogos y nuestro guía berebere bajaron el tono de voz.

Al igual que ellos susurré muy impresionado. Estábamos en el lugar funerario, el recinto tres veces sagrado en el que todavía no se podía penetrar, ya que los tiempos aún no habían llegado. Y para demostrarme que cada una de las colinas era una tumba, nuestro guía cogió una pala del jeep y cavó más de un metro antes de que apareciese un cúmulo de rocas y de piedras dispuestas indudablemente por humanos. Después volvió a taparlo todo y se apresuró en devolver la pala al coche. Sólo entonces me dí cuenta de un fenómeno añadido a mi preocupación: empecé a espantar las inoportunas moscas que se habían multiplicado por decenas de miles. Sin embargo en todo el tiempo que habíamos estado en el lugar funerario, ningún insecto estuvo presente en el lugar.

Rodeamos el recinto para llegar al este de este panorama excepcional, ahí mismo donde los supervivientes de esta lucha habían huido después de haber grabado en las rocas cercanas extraños dibujos y algunos textos. Los hay por centenares, estos grabados existen por doquier, incluso sobre el suelo donde las rocas emergen a la superficie, y ahí mismo fue donde los vándalos decidieron sacar rocas enteras de la historia más antigua de este país.

No había duda alguna que si *Ta Mana* significaba el "País del Poniente", *Ta Ouz* significaba el "*País de Osiris*"; sin embargo el Hijo de Dios lleva el nombre de Osiris fonéticamente en griego. El círculo de nuevo se cerraba. No me quedaba más que llegar a *Tamanar*, en el norte de *Agadir*, para verificar si se trataba realmente de la antigua *Ta Mana*, la de los textos egipcios, lugar donde habrían atracado los supervivientes de Ahâ-Men-Ptah.

Por problemas de salud ocurridos a lo largo de este largo viaje, tuve que descansar algunas semanas en *Rabat*, a lo largo de este tiempo puse en pie una exposición mineralógica con los especímenes traídos. Para hacer las cosas bien, incluso hice venir de Rumania unos minerales preciosos muy bien explotados en ese país, mientras que no tenían valor alguno en Marruecos. Esta exposición tuvo gran éxito por su curiosidad, donde se mezclaba la envidia y la codicia, ya que presenté las doce "piedras" que los antiguos aseguraban ser benéficas a los que las portaban en armonía con su fecha de nacimiento. Sin embargo estos minerales del pectoral de Moisés que volvió a poner en uso esta antigua costumbre faraónica que aseguraba la protección divina a su portador, eran desconocidos en su mayoría.

Con este propósito llamé la atención gubernamental, a través de una entrevista decisiva publicada en dos páginas enteras en el "*Maroc-Soir Hebdo*" del domingo 17 de febrero 1.974 con el título de "*Des réserves inépuisables de minéraux précieux dans la région de Midelt*".

Esto molestó enormemente a todos los que ya querían organizar un tráfico comercial, pero me curé en salud, ya que me fui hacia *Tamanar*, al norte de *Agadir*, sin preocuparme de los posibles actos de los oportunistas demasiados ávidos e incultos en el conocimiento de los materiales benéficos; ya que la poca e imprecisa información divulgada en cuanto a los lugares de extracción, provocaron que las excavaciones se hicieran en los lugares más inesperados.

Marruecos es un país maravilloso, donde cada panorama difiere del anterior. Pero el litoral tiene un encanto particular y vivificador en este "País del Poniente". *Agadir* es tristemente célebre por el terremoto que destrozó la ciudad casi al cien por cien. Pero en 1.974 volvía a ser una localidad agradable, donde los hoteles de lujo competían en opulencia ofreciendo las mejores playas de la Costa de Azur. Únicamente las moscas subsistían, ya que las conservas de pescado seco siempre las atraen. Me albergué algunos días cerca de la nueva municipalidad para conocer a las personas que me iban a presentar. Ahí aprendí hechos importantes antes de que me llevaran por fin a *Tamanar*, situada a una hora en coche más al norte.

El recuerdo del reciente terremoto favoreció con más intensidad las lenguas de mis compañeros. Así supe por casualidad el contenido de las leyendas que se transmiten los indígenas. Hablaban de otro terrible seísmo y el acontecimiento que tanto les había marcado porque había cambiado la faz del mundo miles de años antes, ya que el mismo sol, en lugar de amanecer en el oeste, se puso súbitamente para volver a aparecer por el este. De ahí la definición de "País de Poniente" para Marruecos, dado por los supervivientes de esta aventura, después de haber amarrado "ahí" el cordaje en la tierra. Ese "ahí" era sin duda toda la región de *Agadir* y, en particular, en el norte, donde *Tamanar* aparecía como el verdadero punto central.

Lo sorprendente es que los "ancianos" marroquíes contaban este relato idéntico al de los textos egipcios sin conocerlos, porque sus ancestros los perpetuaron oralmente de padre a hijo desde tiempos inmemoriales. Cuando me decidí a salir para *Tamanar*, uno de mis nuevos amigos me susurró de forma particular que debería ver al "Padre de todos". Ya había oído hablar en *Rabat* de un profeta, un patriarca muy anciano, que conocía tan bien el pasado como el futuro, pero al que era muy difícil acercarse. Únicamente algunos familiares o personalidades de gran fama, como el rey Hassan II, podían verlo y hablar con él. Yo conseguí su dirección y con una ligera sonrisa contesté que si tenía que conocerlo, así sería.

Fue con cierta aprensión que llegué a este lugar encantador, con muchas colinas y exuberante vegetación que me recordaba un paisaje conocido, ya recorrido a pesar de que nunca antes había pisado el lugar. A pesar de situarse a unos diez kilómetros del litoral, el aspecto de este pueblo era indudablemente marino y salino. Desde que salí del jeep en el aparcamiento de la carretera alquitranada, la arena fina sembrada de conchas no fosilizadas se deja pisar de forma agradable. Unos autóctonos me miraron con una oscura expresión, según me pareció, pero la presencia de los geólogos marroquíes me tranquilizó.

Era evidente la clara oposición de esta gente para aceptar las investigaciones que yo deseaba realizar acerca de los orígenes del poblado. No era ni el miedo, ni la malicia lo que parecía perturbarles, sino una animosidad silenciosa, casi palpable, y lo sentí de forma instantánea hasta el fondo de mi alma. ¿Por qué era considerado como enemigo, cuando aún no había hablado con nadie? No tardaría en saberlo.

La única persona susceptible de informarme sobre la antigüedad del lugar era el jefe de una familia bereber, cuyas arrugas en la frente demostraban una edad muy avanzada. Pero era perfectamente consciente de lo que decía. Desgraciadamente, no hablaba francés y tenía que pasar por mis jóvenes amigos los geólogos para comprender sus palabras, lo que provocó que no perdiese nada del sentido primordial del conjunto de la conversación.

Para simplificarlo ahora, ya que todo ha sido detallado en el segundo tomo de la trilogía (A-2), recordaremos que es incontestable que la tribu de los bereberes es la descendiente de los que, milenios antes, habían llegado a la costa a dicho lugar aún a orillas del mar. Por motivos evidentes, algunas familias se habían implantado sobre este territorio y habían echado raíces para asegurar a los retrasados del grupo de los supervivientes que salían en busca de "*Ta Meri*" [10], el "*Corazón-Amado*", ya que era necesario que los metales y el avituallamiento siguieran. Y cuando ya fue inútil enviar avituallamiento, un segundo punto[11] fijo se estableció mucho más adelante. No sólo porque el clima era sano y el cultivo más cómodo, sino porque la extracción de los metales y de los minerales debía proseguir. El tercer lugar, más espiritual, era el lugar funerario de *Ta Ouz* que siempre debía ser protegido, hasta que llegasen los tiempos de revelar la Verdad antes de que un nuevo cataclismo, aún más radical que el anterior, destrozase la tierra entera.

La persona que iba a conocer sabía que volvía de la tierra, tres veces sagrada, donde aún yacía el Primogénito, y no me hizo ninguna revelación, sino que sencillamente confirmó el conjunto de lo que yo ya sabía. Decenas de preguntas me ardían en los labios, pero desconocía cómo abordarlas y formularlas para que la traducción no las deformara demasiado. Pero el viejo hombre se adelantó, indicándome que otro, más iluminado que él, descendiente de los "Grandes Videntes" de sus antepasados, me explicaría con gran detalle lo que necesitaba saber para profundizar en mis investigaciones. Él no era más que un alma reencontrada entre todas las que se habían perdido.

Después de haberme servido un tradicional té a la menta y haberle explicado al conductor, geólogo, el camino a seguir para llegar al

---

[10] Ta Meri, como Ta Mana, son objeto de varias citaciones en los papiros de los escribas Ani y Nebseni que por error ha sido titulado el *Libro de los Muertos*. Se trata del Lugar Prometido.

[11] Este lugar se convirtió en sedentario y dio lugar al nacimiento de la tribu de los Kabilas.

patriarca, salimos en esa dirección. Mis aprensiones se detuvieron. Ya no había duda alguna, todo estaba dirigido por una potencia superior a fin de mantenerme en el camino que se abría ante mí, sin que sufriera ningún contratiempo. Mi situación de convaleciente como consecuencia de un grave accidente, cuyas secuelas aún eran perfectamente visibles y evidentes sin necesidad de ser médico para apreciarlas, sin duda permitieron este acercamiento al hombre fuera de lo común que iba a conocer, ya que mis terribles dolores, sufridos a lo largo de más de dos años me habían permitido desarrollar algunas capacidades mentales y espirituales.

En poco tiempo llegamos al final de la carretera asfaltada, luego seguimos el camino de tierra que subía una colina. Aún tuvimos que andar para ascender por un sendero hasta el montículo donde "Él" nos esperaba en el quicio de la puerta de su casa, apoyado en una gruesa caña. Con un francés perfectamente comprensible, me dijo con sencillez: "*Entrez*", a la vez que con la mano indicó a mis acompañantes el gesto de esperar fuera. Lo que ocurrió ahí a lo largo de más de tres cuartos de hora, es probablemente la cosa la más extraordinaria que he vivido: mis dos accidentes y las torturas que los alemanes me infringieron no fueron comparativamente más que acontecimientos banales...

El inicio de la entrevista me situó de inmediato en un ambiente tan particular que me pareció ser testigo de una escena vivida hacía doce milenios. Efectivamente, a penas acoplados en dos canapés bajos al estilo marroquí, el patriarca, que dejó de escrudiñarme, dijo sin preámbulo:

>- Tú estás en el lugar donde el Hijo fue resucitado por sus dos hermanas con la ayuda de Dios, a fin de que vuelva a nacer la multitud, para volver a vivir en la armonía, en la obediencia de la Ley del Eterno. Dios siendo Dios, su cólera es la única en temer cuando intentamos traspasar algunos misterios que se refieren al futuro. ¿Estás dispuesto a pagar tu tributo a esta dura ley de la existencia humana?
>
>- ¿Aún no he pagado lo suficiente?
>
>- El Hijo resucitó aquí hace 12.000 años porque era el Hijo. Lo que no es tu caso, sea cual sea la tarea que asumes. Así que no soy yo el que contestará a tu pregunta, sino Él, el mismo que

buscas para interpretar sus acciones. Puede ser peor desvelar el futuro que mantenerlo escondido.
- ¡Pero no busco leer en el futuro! Todo parece estar fijado para que pueda comprender la vida pasada de un pueblo. Si es así, es para que pueda repetirlo a los que serían felices de tener este conocimiento esencial para su supervivencia.
- En ese caso preciso, conocer el pasado es actuar sobre el futuro. Únicamente Dios es Dueño de lo Eterno, y con ese título, bien podrás atraerte celos, odios y problemas. ¿Te crees suficientemente fuerte para enfrentarte a ello?
- Ya que usted me ha recibido, me parece que debo serlo, de otro modo no perdería su tiempo en esta conversación.
- La dificultad no está ahí, reside en ti, ya que los tiempos no han llegado para aportar todas estas revelaciones. Deberías dosificar con lentitud las publicaciones con el fin de que todo esté preparado cuando sea el momento.
- En tal caso no hay problema, me será fácil ya que aún no he consultado editor alguno.
- Al contrario; te será difícil, los principios serán lentos y llenos de vicisitudes en relación a los resultados que habrás conseguido, y será en ese momento cuando deberás tener la voluntad y la fuerza necesaria para frenar la divulgación del Conocimiento.
- ¿Pero por qué?
- Cada cosa debe llegar a su tiempo: con el ciclo que permite coordinarse a la armonía divina. Cada era tiene su ritmo particular. La de Tauro tuvo Osiris, como la del Carnero tomó al Sol para desolidarizarse de la Creación del Creador. La era de Piscis acabará en el Caos a menos que haya un revulsivo en el Alma de los humanos, con un nuevo Hijo que será un nuevo Salvador...
- Varios profetas ya lo anuncian, y no serán los libros que yo publique los que cambiarán algo en ello.
- No seas demasiado modesto. La reacción a tus escritos puede ser muy codiciosa, pero también fuertemente capaz de rechazar a los falsos profetas que habrán predicho catástrofes que no se habrán producido. Ya fue el caso en varias ocasiones desde que el hombre existe, y tú te darás cuenta de ello. Después de Osiris, cuando los sacerdotes del Sol elevaron al Carnero como un dios

coronándolo con el globo en la cabeza, los ídolos fueron aniquilados por otros aún más salvajes que ellos.

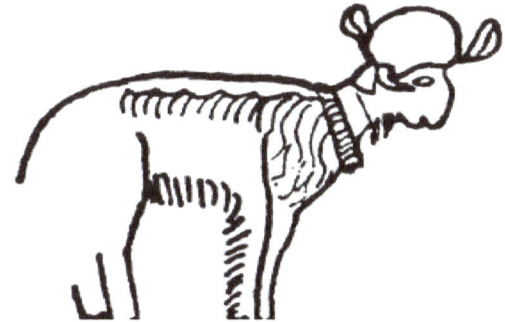

Y Amón desde tiempos inolvidables se convirtió en el dios del agua en toda la Berbería, ya que "amon" en bereber significa "agua", es decir la esperanza de vida y la prioridad de conservar eternamente el agua para sus necesidades, pero también la esperanza en el corazón de no tener nunca más que volver a ver el simbolismo del carnero como ídolo en lugar de Dios. Esto ha ocurrido en el orden de las cosas, ya que un Mesías llegó a finales de la era de Aries. Ocurrirá igualmente en pocos años con la desaparición de la era de Piscis. Dios será negado profundamente y llegado el momento todo el mundo le suplicará para que resucite con un nuevo Hijo.

- ¿Y cuándo será eso?
- Ya lo descubrirás a lo largo de tus investigaciones. Pero no adelantes el tiempo demasiado.
- Dime por qué, tú que lo sabes todo...
- Seres sin fe ni ley, empujados siempre por la codicia hacia el mal intentarán utilizar este Conocimiento para desnaturalizarlo de su Sabiduría en su propio beneficio. Entonces deberás desconfiar mucho.
- Eres un verdadero profeta y sólo dices la Verdad. Yo no he venido por nada...
-Me queda poco tiempo por vivir, y no seré yo el que infrinja la Voluntad de Él, que te ha traído hasta aquí. Te voy a dejar sólo en la habitación de al lado durante el tiempo que tú estimes necesario para que medites. Podrás aprender grandes cosas si te lo mereces, pero también sufrir si por lo contrario eres indigno. ¿Deseas entrar?
- ¿Que habitación?

- Una habitación desnuda, donde deberás permanecer en el suelo. Pero en ese lugar preciso resucitó Osiris. Él habla a los que son dignos, pero castiga a los demás. ¿Tienes el valor de afrontar al Hijo?

- Llévame...

Ahora no es el momento de describir las extrañas horas que pasé, casi sobrenaturales. La narración de la *Trilogía de los Orígenes* es una reminiscencia de ello. Fue muy criticada por los "especialistas" como diálogo bien inventado ya que ningún texto podía ofrecer tal lujo de detalles ni de precisiones. Si bien, es verdad que los papiros ofrecen la verdadera trama y lo esencial de la historia narrada en la trología: la del continente hundido y el éxodo hacia el Segundo Corazón, es decir Egipto, no es menos verdad que esta publicación ha sido posible gracias a la forma dada a la obra.

Y el lujo de precisiones no han sido invenciones de un cerebro deshilachado, sino el resultado de una unión entre dos espíritus que se unieron un día en *Ta Mana*, en el lugar preciso de la resurrección de Osiris. Mis intensas investigaciones bibliográficas, proseguidas luego en *Chantilly,* en Francia, sólo aposentaron el cúmulo de detalles que iban en la misma dirección del monoteísmo para la Eternidad, que sólo es un eterno reinicio cíclico, que pertenece sólo a Dios.

Esto es un resumen acelerado, que los lectores interesados podrán ampliar leyendo los *Supervivientes de la Atlántida.* Abordemos lo que ocurrió después de la Resurrección de Osiris a los rescatados de Ahâ-Men-Ptah después de haber llegado a la costa de *Ta Mana* donde desembarcaron de sus "Mandijt", esas barcas insumergibles que los habían llevado hasta ahí.

6

LOS RESCATADOS DE AHÂ-MEN-PTAH

> *Otro supuesto quizás quimérico, pero por ello igualmente seductor, asocia los Bereberes a la Atlántida, lo que implicaría una subida de Oeste a Este y ¡no al contrario!*
> E.F. Gautier, *El Pasado de África del Norte*
>
> *¿Quién puede negar que seáis los cómplices de los que Dios hizo morir en el Cataclismo? ¡Sois de esa raza de los faraones que fueron los reyes de Egipto! ¡Sois de la raza de Sodoma y Gomorra y de todos los lucharon contra Dios por incredulidad desde el inicio!*
> Shenouda El Místico, *Papiro copto del siglo V*

Después de las primeras semanas de estupor, de sufrimiento, de investigaciones para poder encontrar otros miembros de familias de supervivientes como ellos, los rescatados de lo que fue Ahâ-Men-Ptah empezaron a organizarse en *Ta Mana* para sobrevivir. La primera idea que brotó después del cataclismo era vivir el tiempo para poder advertir como se debía a las generaciones por venir ya que tal desgracia podía ocurrir de nuevo por falta de obediencia al Creador sobre todas las cosas, incluidos a los seres humanos que somos.

Así que los primeros Consejos de Ancianos que se reunían de los que habían escapado en sus Mandjit, gracias a Dios, buscaron los medios más sencillos y eficaces para recordar la lección del pasado y preparar un futuro mejor. El Pontífice del Colegio de los Grandes Sacerdotes ciertamente había predicho lo ocurrido, ahora debían meditar acerca de su egoísmo y su falta de piedad.

Los signos divinos no fueron seguidos, y ello debía servir de experiencia tanto a los rescatados como a su descendencia para toda la eternidad. Cualquier castigo divino podía ser "desagraviado", y pensaron que se debía calmar la cólera por una obediencia ciega. Para ellos, esta fue la primera realidad palpable: estaban en total "abominación, desconsolados", y era porque Dios deseaba que los supervivientes comprendiesen al fin, que Dios era el único Creador de la Creación. Pero ya no era tiempo de desesperación, el "Renacimiento" se vislumbraba en el horizonte de cada aurora con la aparición del Sol que se levantaba en "*oriente, y no en el oeste*", como eterno recuerdo del renacer que había ocurrido en la misma región de las Doce, en la constelación de Leo.

Osiris-el-resucitado había permanecido durante 42 días, para poder asentar la nueva multitud en la obediencia de los mandamientos de la Ley divina, representado por su hijo Hor que se convertiría en el primer descendiente del Primogénito. Sería seguido por una lista ininterrumpida de Pêr-Ahâ, si éstos permanecían siendo los Hijos-de-Dios a lo largo del extenso y penoso éxodo que se preparaba hacia una "Tierra prometida": "*Ta Meri*". Cuando este lugar fuese alcanzado se convertiría en el horizonte del este que se uniría al de los dormidos: *Ath-Kâ-Ptah*; el *Segundo Corazón de Dios*.

Se uniría entonces la Tierra de los *Menores* al cielo de los *Primogénitos*, pudiendo de esta forma renacer de sus cenizas y del polvo. ¿Pero la fe no se volvería a perder destrozando todos los esfuerzos de los que sabían que el hombre corría a su perdición? La fuerza divina a pesar de seguir impregnando a las almas, en el caso en que éstas se rebelasen y siguieran arrodillándose frente al Sol, haría que nadie sobreviviese a la discordia que resultaría de ello.

Antes de partir en busca de un nuevo Edén, y con el fin de evitar el retorno de las calamidades, los Ancianos decidieron dar una forma general a la nueva religión que sería la del éxodo. Para ello debían sobrevolar con Horus decenas de siglos venideros de contínua marcha y aventura, debían prevenir el futuro de las nuevas generaciones en *Ta Meri*. ¿Qué sería de ellas? Probablemente olvidarían por completo el trágico pasado que tanto obnubilaba a los Ancianos que vivían en aquel presente. Era obvio que el Consejo de ancianos deseaba abandonar su objetivo. Pero Horus supo dar moral a todos, ya que era fundamental para la raza humana sobrevivir, porque la Tierra era su posesión.

Era necesario que desde el día después, cada ser se sintiese vigilado por Dios en cada uno de sus actos, y ello en la variedad de las múltiples facetas del universo representando la Creación y que serían los reflejos característicos de cada variante de la imagen divina. Así a lo largo de toda su vida, el alma se sentiría espiada en cada uno de sus actos malévolos o benévolos, juzgada implacablemente por ellos al final de su vida terrestre, y si había fallado sería irremediablemente rechazada, pero si era pura sobreviviría eternamente.

Poco a poco una ética reguló estrictamente los mandamientos de la Ley para que el pueblo de los supervivientes pudiera multiplicarse a lo largo de la ruta y conservara su rectitud y su fe en Dios tanto en el presente como en el futuro. Cuando la multitud llegara al Segundo-Corazón-de-Dios se debería volver a revisar todo ya que en ese mismo momento la humanidad sería sedentaria y debería poseer otros criterios de creencias con el fin de seguir temiendo la cólera divina.

La gran salida se hizo en el momento previsto por las configuraciones celestes, calculadas por los Maestros de la Medida y del Número que estaban entre los supervivientes. Desde la primera mañana, una gran ceremonia de agradecimiento se realizó frente a ocho sacerdotes que llevaban una *Mandjit* sobre unos largueros al hombro. Un santuario fue construido para contener una reliquia de Osiris aportada de *Ta Ouz* al igual que sus vestiduras.

Simbólicamente los sacerdotes miraban hacia el oeste, ahí donde yacían los "Bienaventurados dormidos" de Ahâ-Men-Ptah. En cuanto al pontífice que estaba frente a ellos, frente a la multitud arrodillada en acción de agradecimiento, tenía en sus manos una vasija simbólica que contenía las cenizas de una *Mandjit*, cuya llama jamás se extinguiría hasta llegar a Ath-Kâ-Ptah: el Segundo Corazón de Dios, y su futura segunda patria.

Así fue cuando cada mañana Ptah hacía aparecer a Râ en todo su esplendor con sus rayos dorados luminosos en el este, obligando a todos los que rezaban a cerrar los ojos para no quedar cegados. Este fervor sería el más saludable para afrontar los terribles días que el éxodo traería a través de accidentados territorios que se estaban secando irreversiblemente. Se haría lo mismo, cada noche, antes de que el sol se pusiese más allá del mar que había borrado con su lienzo líquido la madre patria. La ferviente invocación a Ptah debería permitir a Râ que desparecía por encima de millones de muertos, calentarlos, a la vez que permitiría a los vivos descansar sus almas en paz con Dios.

Por supuesto que a lo largo de la oración nocturna, el pontífice y sus sacerdotes ya no mirarían el punto ideal donde estaba la tierra prometida, sino que miraban al antiguo continente, presentándoles preciosamente las cenizas de los Ancestros, vueltos a ser animados por la nueva llama que no se apagaría más que cuando la nueva Alianza con Ptah los hubiera llevado a la tierra que sería su segunda patria.

De esta forma, el recuerdo siempre estaría vivo, conservando el acontecimiento, el temor en el corazón mismo de los rescatados hasta lo más profundo de sus almas. Como podemos ver en el segundo dibujo en la posición del pontífice mirando a izquierdas para ofrecer la urna funeraria con su llama renaciente.

Sin embargo, la desgracia rondaba alrededor de los que se consideraban, con justicia, detentar el título de descendientes de Ptah. Los rebeldes surgidos de Set también habían conseguido escapar en parte al Gran Cataclismo, ellos formaron un clan, más al sur, e igualmente se preparaban para ir hacia el este en busca de una nueva tierra que los profetas aseguraban era bendecida por el Sol y sus satélites expresamente para ellos. Las luchas entre las dos tribus fraticidas volvieron de pleno.

Las huellas de las tremendas luchas aún se pueden ver a todo lo largo de la ruta que he recorrido y que he llamado: "*La vía Sagrada de los Grabados rupestres*". Efectivamente, como en Ta Ouz, no son sólo unos pocos grabados en la piedra lo que vemos, sino centenares, miles a todo lo largo de la imaginaria línea que hoy llamamos el paralelo 35.

De esta forma, llegaron a los albores de una zona montañosa desértica cuyo único paso es la frontera con Algeria: la garganta de *Zenaga*.

Ahí los dos clanes se encontraron y lucharon sangrientamente, dejando notables grabados rupestres como recuerdo de su paso y de sus luchas. El siguiente mapa muestra mejor esta ruta recorrida por los de Ousir-Ptah y los Seth-Râ. Gracias a esto, fue bastante fácil seguir el relato de las titánicas luchas que tuvieron lugar, volviendo a nacer desde lo más profundo de las eras conocidas para dar testimonio cruel de este duelo fraticida y de la violencia de los acontecimientos que opusieron los de Set a los de Osiris, es decir a los "Manistiu" o los "Herreros de Horus" contra los "Râ-Sit-U", o los "Rebeldes de Set".

En las zonas de combates, los grabados son significativos, y en varios lugares se superponen a los anteriores, demostrando que los primeros habitantes fueron desposeídos por los invasores que rascaron la arenisca, llenándola de surcos con rabia para luego grabar con sus manos los dibujos, más rústicos, con otro concepto.

Estas superproducciones son casi de tamaño natural superando a menudo el metro de altura. Todos los cuerpos humanos llevan cabezas de animales, de carneros o de pájaros. La zona del *Hoggar* es prolífica y permite una reconstitución exacta de algunos combates y de su entorno. Así, hacía varios decenios que los "Rebeldes" se habían implantado con firmeza un poco más al norte del lugar donde se dirigía la multitud. Era el lugar hacia donde se encaminarían los descendientes de Horus, la multitud en éxodo.

Efectivamente, los Seguidores de Set, bajo el reinado de un rey sabio llamado An-Sit-Râ, habían proliferado en un lugar donde cultivaban en paz. Sin embargo, su sucesor, Bak-Râ, tiránico y sanguinario, buscó la oportunidad de una venganza guerrera.

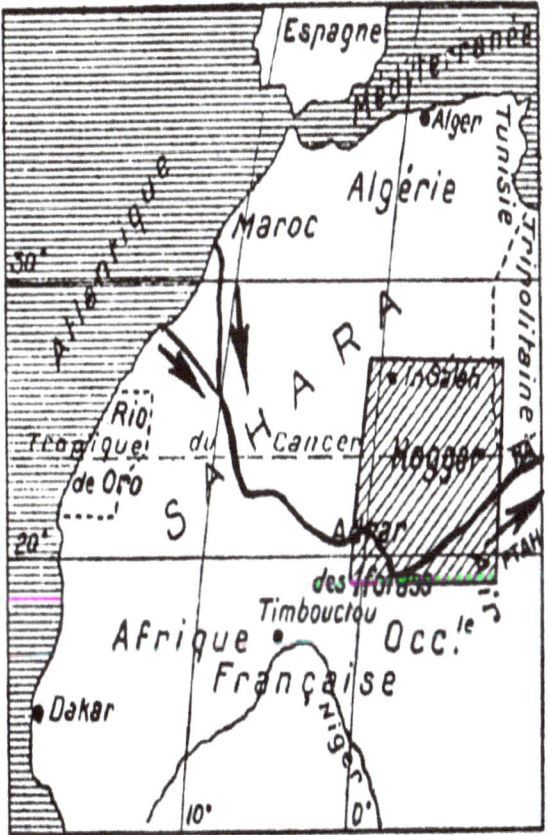

Ésta se le presentó cuando avistaron la avanzadilla enemiga, que según, él venía a destruirles. Se propuso un doble objetivo: restablecer la lucha y dirigirse a la tierra prometida por el "Sol" que se convertiría en la "Tierra de Luz". Él fue el primero en elegir el gavilán, cuyo símbolo era evidente para todos; siempre dispuesto a lanzarse sobre su presa localizada con sus penetrantes ojos para atraparla con sus garras tan potentes como tenazas que lo trituraban todo. El pueblo del jefe y toda su población se habían establecido en el sur de la "*Sa-U-Râ*", o "Agua-quemada-por-el-Sol", cuando una avanzadilla de Ptah descansaba en la otra orilla a pocos días de marcha, al norte del río y del campamento de los rebeldes.

A partir de ahí, dos tipos de grabados primitivos permiten hacerse una justa idea de los acontecimientos. Los de Horus indican que ocurrió por la noche, cuando el pueblo estuvo satisfecho con carne de búfalo, y ya puesto el Sol detrás de *Ta Mana* hacia el lugar donde descansaban los "Bienfelices", en "*Amenta*".

Esto permitió al pontífice indicar el lugar del que provenían: "*Ta Mentit*", el "Lugar-Esperado-en-el-Poniente", que mezclaba el lugar de donde provenían y hacia donde se dirigían: *Ta Merit*. Por eso, este río impetuoso y bullicioso se llamaría en los futuros Anales, *Sâ-U-Râ*: "Agua-Quemada-por-el-Sol", que era una sutileza del idioma, ya que este líquido parecía sufrir una fiebre desbordante después de la desesperante sequía del *Sâ-Ahâ-Râ*. Este agua representaba simbólicamente al nuevo Sol que se convertía en Dueño de la Naturaleza e inundaba con su benevolencia la nueva población.[12]

Desde el día siguiente, el Per-Ahâ demostró su don de organización. La clarividencia del pontífice había sido vivificada, y tomó decisiones útiles que se imponían. Diseminó los grandes clanes de su inmensa familia a todo lo largo del río, subiendo hacia el nacimiento. De esta forma su avanzadilla se toparía con la retaguardia de los otros. El enfrentamiento tuvo lugar, pero el combate fue bastante desigual, la fuerza de las armas fue de los *Manistiou*. A pesar de que las armas de los rebeldes se habían convertido en primitivas por falta de metal, el sílex y la cuarcita con los que daban sus golpes mataban las bestias más grandes, y la robustez de sus brazos sumada a la astucia desarrollada por la de caza animales rápidos como la avestruz y la jirafa los conviertieron en adversarios temibles.

Los heridos en ambos bandos volvían a sus campamentos para contar el poder del que disponía el adversario. Los Herreros de Horus fortificaron su campamento, y a la hora del contraataque, gracias a estos dibujos, pudimos restablecer la cronología mucho más tarde, ya que cabezas de hombres son superpuestas, realizadas en un tercer grabado sobre los dos anteriores, y a modo de firma esta tercera mano añadió una cola de león alrededor de la cintura. Es fácil pues restablecer los actos de propiedad del lugar: en primer lugar, fue un

---

[12] Estos territorios situados entre el 0° y 4° de longitud a altura del paralelo del trópico de Cáncer, llevan todos nombres bereberes que se escriben fácilmente a través de jeroglíficos, cosa fácil de verificar.

"Seguidor de Hor", luego hubo un "Râ-Sit-Ou" adorador del Sol, y por fin, un justo regreso de nuevo de los "Manistiou".

Incluso en *Ta Mentit* se encontraron varias estatuas talladas en las rocas basálticas del lugar, que agradecían a Râ la victoria de los "Rebeldes de Sit". Una cabeza de carnero esculpida sobre un saliente cilíndrico es visible en el museo de Alger.

Para comprender bien el enredo jeroglífico-bereber, debemos saber que el nombre sagrado de Sit, muerto en el poniente, fue Amen, de Ahâ-Men, el Anciano-del-Poniente. Denominación dada al carnero que, por sus golpes bruscos y violentos, simbolizaba al primer "Rebelde" y sus victorias sobre Osiris y Hor, como si la fuerza viva de Sit se hubiese reencarnado en todos los carneros.

"*Amen*" se convirtió en la esperanza y la fe del poder del Sol para todos los "Râ-Sit-U", agregando a lo largo de los siglos la denominación "agua" por el mismo doble sonido silábico. Ya que fue Râ quien protegió los ríos del desierto para que cada uno pudiese beber hasta la saciedad. Toda Berbería conserva actualmente esta palabra "amen", para designar el agua. Al igual que en la *Cabilia* [13] y entre los Touaregs.

---

[13] La Cabilia es una región histórica del norte de Argelia, poblada mayoritariamente por bereberes. Sus habitantes la llaman Tamurt n Iqbaylyen o Tamurt Idurar. Forma parte de los montes Atlas y se sitúa a orillas del mar Mediterráneo.

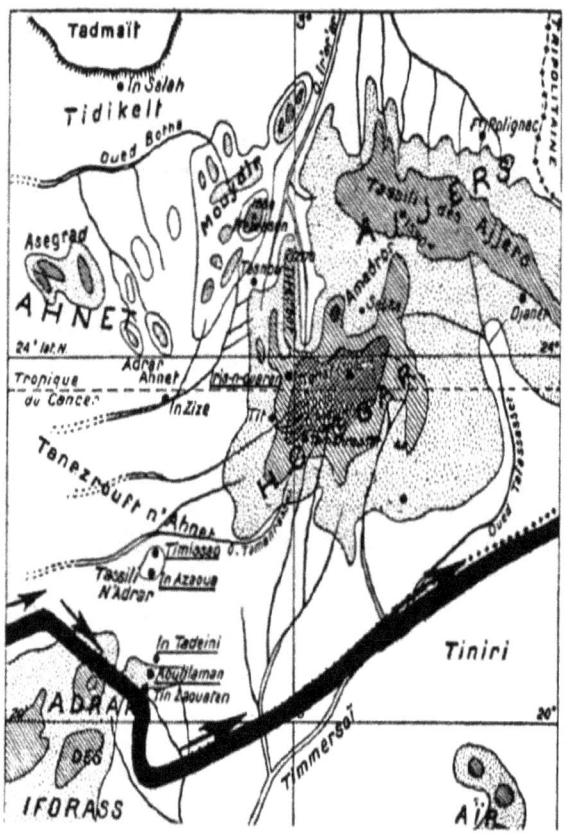

Yo mismo tracé esta ruta sinuosa escrupulosamente gracia a los miles de dibujos que forman la "Vía sagrada de los Grabados rupestres" tal como se dibuja a continuación.

Los combates de los portadores de lanzas y hachas contra los honderos o los carros lanzados sobre hombres desnudos también se ven detallados en las rocas de *Tassili n'Ajjer*, demostrando con toda sobriedad estos grabados la revancha que tomaron posteriormente los "Masnitiou" sobre los "Râ-Sit-U". Esta segunda batalla fue muy sangrienta ya que los dos clanes estaban igualmente armados, ya que los Rebeldes robaron una gran cantidad de picos y hachas durante su anterior invasión.

Después de este mortífero choque, los adoradores de Râ fueron rechazados hacia el este, en otro desierto. Mientras, la marcha de la multitud de Ptah también se dirigía hacia oriente donde las implantaciones actuales de cabileños y targuis (poblaciones nómadas del Sahara) son los justos retoños de los Primogénitos al mismo título que los Bereberes. Así nacieron los célebres "*Serk-Kers*", los "abridores de cráneos". Esta corporación de trepanadores se estableció en el *Aurès*[14] donde aún ejerce actualmente, con la misma práctica e instrumentos de diez milenios.

En este lugar la población nacida de Osiris se asentó más tiempo para recuperar fuerzas, los grabados son más finos y más profundos. La tranquilidad permitió sin duda desarrollar este arte, ya que los Rebeldes habían huido hasta los contrafuertes de *Fez* para instalarse e igualmente recuperar el aliento.

Sólo hubo un pequeño acontecimiento que pareció insignificante en esa época, pero que más adelante tomó una importancia primordial. Hor-Vencedor consiguió domesticar un halcón. En broma, tomó el título de Hor-Dos-Veces-Vencedor, ya que su halcón había matado un gavilán. El halcón se convirtió, pues, a partir de entonces en el emblema del "Descendiente". Estaba en el orden eterno de las cosas, uniéndose a la Armonía celeste.

Beneficiándose de este prolongado descanso, los diferentes grupos escolares orales se pusieron a trabajar, repitiendo sin cesar la parte del Conocimiento que habían almacenado concienzudamente en el fondo de sus espíritus, sin omitir nada, sin cambiar nada, a pesar de que no comprendiesen ya el conjunto de las frases repetidas que habían perdido su significado original en la espesa bruma de los nuevos días. El pontífice, que exclusivamente se dedicaba a la clase de los iniciados adultos, formaría a los que legarían a las generaciones posteriores los elementos sagrados destinados a restablecer el Colegio de formación de los Grandes-Sacerdotes, y repetía constantemente a sus alumnos las mismas frases acompañadas de los mismos argumentos y comentarios, habiéndolas él mismo aprendido de su padre.

Sólo se reservaba el último capítulo para su propio hijo primogénito, en exclusividad de cualquier otra persona, como se había hecho

---

[14] El Aurés u Orés hace referencia a una extensión de la cordillera del Atlas y a una región sociolingüística en el este de Argelia que limita con el este del Atlas sahariano, en el este de Argelia y noroeste de Túnez.

anteriormente desde *Ta Mana*. La enseñanza prodigada no valía la de los tiempos heroicos, ciertamente, pero los que llevaban la túnica blanca y tenían la cabeza rasurada estaban resignados a su ingrata tarea de la formación espiritual de los espíritus, desgraciadamente cansados, y demasiado preocupados por el paso alucinante de los días que parecían interminables antes de desear ocuparse de la vida futura del Más-allá-de-la-Vida, sin embargo más importante.

Así que el único elemento secreto consistía en guiar esta inmensa población, siguiendo un eje oeste-este intangible del que siempre se debía conservar el rumbo, y volver a esta orientación después de rodear las mesetas montañosas para conseguir llegar al lugar prometido por Dios.

Se trataba de un sencillo aparato, reconstruido en *Ta Mana* en cuanto la idea del éxodo se había establecido. Estaba encerrado en un carro escrupulosamente custodiado y en el que nadie podía penetrar excepto el pontífice. Y consistía en una amplia copa, que llamaríamos hoy cubeta, llena de agua, en la que flotaba un "objeto" de madera de sicomoro: el "gô-men" o gnomon[15]. Este pequeño cilindro permitía seguir una orientación calculada de antemano sin riesgo de desvío. Detentaba, pues, el poder de conservar la senda de la segunda patria y la certeza de llegar un día u otro. El mecanismo era de una sencillez aplastante, ya que las hendiduras que estaban realizadas señalaban las infalibles localizaciones de todos los destinos del mundo conocido de la época. Un paralelo atravesado por un pequeño trozo de metal alargado permitía tener un punto fijo y según su sombra a medio día, indicaba esa línea imaginaria hoy se llama trópico de Cáncer.

Así, el sur de Argelia actual vivió la antigua implantación de una nueva escuela médica, encargada de operar los innumerables heridos de cráneo a lo largo de las violentas luchas, por golpes de maza, de lanza, o de hacha. La anatomía era honrada como ciencia y hoy poseemos un tratado de más de trescientas páginas, datadas del hijo de Menes, el segundo rey que reinó hace cuatro mil años antes de

---

[15] En origen, la palabra gnomon -en griego γνώμων: guía o maestro- hacía referencia a un objeto alargado cuya sombra se proyectaba sobre una escala graduada para medir el paso del tiempo.

nuestra era. La mitad de este papiro está en el museo de Berlín y la otra en el British Museum.

Operaciones como la trepanación y la cesárea son descritas con todo detalle, todos los gestos precisos a efectuar para poder salvar las vidas humanas cuyos cráneos fueron más o menos golpeados de gravedad, hendidos o rotos. Herramientas especiales fueron puestas a punto después de diversos ensayos realizados en los cadáveres "enemigos" de los rebeldes muertos en combate que no fueron recuperados por los suyos. Ello se convirtió rápidamente en una práctica habitual y de gran habilidad, de forma que los primeros "cirujanos" se transmitían el conocimiento de padre a hijo perpetuándose aún a principios de este siglo veinte, como lo certifica el escrito del Doctor *R. Verneau*: "*La Trépanation dans l'Aurès*", leamos el siguiente extracto:

> "Aún existe aún un pequeño pueblo de trepanadores con unas costumbres médicas extrañas que no sabemos de donde vienen; practican la singular operación de trepanación, y no sabemos desde cuándo, ¿Quién lo aprendió y de quién? Siendo el lugar siempre salvaje e inaccesible a las ideas modernas médicas, nos sorprendemos por la sutileza de la operación y por los éxitos conseguidos."

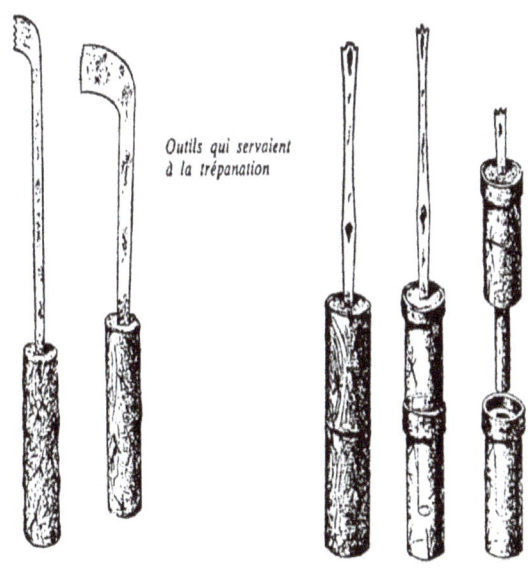

Outils qui servaient à la trépanation

Vemos los dibujos de diferentes instrumentos hallados por este médico, que no difieren mucho de los numerosos originales antiguos de diez milenios.

De esta primera escuela seguramente salió el gran principio de igualdad de todos los heridos frente al dolor. Los textos abundan para precisar que todos somos semejantes frente a la muerte. Sólo es a partir de este paso intermedio, que precede la entrada al "Más allá de la Vida terrestre", cuando el alma vuelve a tomar su valor primordial. En este acontecimiento se basan todos los grandes temas del monoteísmo. Sólo quien haya vivido plenamente en la Justicia, en la Bondad, y en toda pureza, irá directamente con los Bienaventurados, poseedores, sólo ellos, de la Vida eterna.

De esta especificación nació la "apertura de la crisma del cráneo", con el fin de preservar las envolturas carnales dotadas de una parcela divina, ya fueran de uno u otro clan, porque todas son susceptibles de seguir o de volver a empezar sus buenas acciones en la Tierra. Una vez sanadas, estas cabezas podrían volver a poner sus almas en orden con los Mandamientos Divinos. Así, sólo Dios es apto para juzgarlos.

Conforme pasaron los años, después los siglos, se precisaba la cercanía de la Tierra prometida, después de haber sembrado por aquí y allá, las familias que se convertirían en las importantes nuevas tribus. Cada una guarda aún hoy su propia originalidad en el conjunto de la nación árabe. Pero en otros lugares, como en el *Fezzan*, la lucha fue tal y el clima tan duro, que, exceptuando la bellísima serie de grabados rupestres, no quedó nada más que desierto.

Sin embargo actualmente un equipo de arqueólogos italianos sacaron tesoros incluyendo verdaderas momias, lo que demuestra que llegando a las puertas de Egipto, los supervivientes no sólo habían reintroducido la trepanación sino además el embalsamamiento. Los vestigios ya eran tan importantes a la época en la que yo estuve que fue fácil restablecer la historia.

La lucha se retomó, pues, en las puertas de Fezzan donde se habían refugiado las familias rebeldes después de su última mordaz derrota. Estas familias, reagrupadas en el fondo de un cañón dibujaban una mancha de tono claro en el gigantesco desierto pedregoso negro. Sólo fue en un extremo de esta tierra muerta que los exilados volvieron a respirar al encontrar un oasis fresco aún lleno de arena blanca muy fina. Animales de todo tipo aún vivían en buen equilibrio en el lugar, de pocos kilómetros de superficie. Desgraciadamente, los humanos eran muy numerosos y debían comer.

Esta etapa, que no era más que provisional en el espíritu de los guías, duró más tiempo de lo previsto, y los animales de todo tipo se volvieron escasos y desaparecieron de este oasis que acabó por secarse. Pero antes de dejar este lugar que había sido un paraíso, su nostalgia hizo reproducir en las paredes la multitud de animales que habían vivido ahí: elefantes, rinocerontes, jirafas, crocodilos, etc. Todos estos grabados tienen cerca de dos metros sobre tres.[16]

Pero ya era tiempo de alcanzar el Segundo Corazón para aquellos a los que únicamente les era prometido. Pero justamente en ese momento la avanzadilla de los Manistiou llegó a la entrada de *Fezzan* buscando un campamento para la siguiente etapa. De nuevo se originó un terrible enfrentamiento que se eternizó bloqueando a los dos clanes en sus respectivas posiciones, ambas incluidas en unos cincuenta kilómetros.

Los testimonios imperecederos son las masas rocosas que abundan en estos lugares aún hoy. En los grabados, los personajes se convierten en animales, y los dos Gigantes son definidos por un gavilán y un halcón. Los descendientes del primero son indudablemente "Adoradores del Sol" y los otros son los "Herreros de Hor". A partir de esta época, los emblemas de los dos clanes figuraron con esta denominación que pronto fue mítica.

Los espléndidos grabados esculpidos en las rocas y situados en las caras que reciben los rayos púrpuras del globo solar del poniente tienen la particularidad de carácter sagrado. Se sitúan, por consiguiente, justo en opuesto al horizonte occidental, y ello fue manifiestamente intencionado, ya que esta práctica se vuelve a encontrar en todos los lugares funerarios faraónicos a lo largo de los cuatro milenios en los que se expandieron en los diferentes lugares de la orilla occidental del

---

[16] Un desfiladero de 60 kilómetros, sinuoso y casi infranqueable, impide el acceso al nacimiento del *oued* Mathendous. Ahí fue donde los descendientes tomaron el nombre de Garamantes, mencionados por Herodoto. El lugar mismo. Garamara en dialecto local, ha mantenido su significado repetido por mi guía: "Doble lugar sagrado del Sol".

Nilo, ahí donde el sol se pone sobre las paredes rocosas que las rodean donde la precesión de los equinoccios trastocó los datos.

El motivo se comprende fácilmente cuando se admite que los Ancestros, los "Bienaventurados que descansan en Amenta", en el otro lado de la orilla occidental celeste, se despertaban cuando el astro del día desaparecía a los ojos de los que viven en el "Segundo Corazón" de Dios, y podían ver durante algunos minutos, cuando el astro llameante alumbra los dos hemisferios, los grabados que cobraban vida. Ya que se animan específicamente en ese momento con el objetivo de que el lazo armónico entre los dos mundos fuera constante. Por eso se dibuja la vida de cada día: los trabajos en los campos, la pesca, la caza, las luchas y victorias, de forma que los que estaban en el "Más Allá de la Vida" estuviesen de inmediato al día.

Lo extraño de nuestro siglo XX es que existe la posibilidad, como para mí mismo, de visitar el lugar y tener la suerte de poder asistir a esta extraordinaria puesta de sol en medio de una sorprendente soledad, y no podrá más que sentirse conmovido. Contemplando el círculo rojizo que aparece cada vez más enorme antes de hundirse detrás de los rocosos escarpados del desértico *Fezzan*, más allá de esta alta meseta perdida en la inmensidad, apuntando hacia adelante sus millones de flechas ensangrentadas como tantos trazos mágicos que alcanzan las siluetas grabadas, animándolas de pronto con otra vida.

Nuestros ojos contemporáneos se cierran varias veces de sorpresa, ya que al bajar el sol la movilidad hace evolucionar las sombras con una rapidez desconcertante sobre la arenisca, haciendo revivir, luchar y realmente salir victorioso, junto al ejército que resurge vivo más allá de la noche de los tiempos. Pero estos momentos inolvidables son demasiados breves, ya que cae la noche rápidamente bajo el trópico de Cáncer, no es por ello que la impresión sentida es menos extraordinaria.

Lo que sin embargo es muy difícil comprender en este barullo cronológico, es que esta lucha fraticida que opuso a dos miembros de una misma familia salida de Geb y de Nut, a lo largo de los milenios que precedieron su llegada a Egipto, se mantuviese a lo largo del tiempo, para detenerse sólo ante la total destrucción de los dos clanes por Cambises, rey persa en el año 525 antes de la era cristiana. En cuanto el mito de Sit y de Hor, totalmente integrado en la vida diaria, ya había sufrido cierta transformación como leyenda épica, cambiándose en el momento de la implantación en Ath-Kâ-Ptah por un simbolismo religioso que sin duda nos hará pensar en nuestro propio monoteísmo cristiano, en fase de convertirse en politeísmo.

Extrañamente y sin buscarlo, la religión de Path que se restableció desde el nacimiento del primer rey de la primera dinastía se acercó a la Verdad Ancestral Original. Pero obsesionó el espíritu de los dos grupos rivales, hasta tal punto que el universo de cada uno fue el concepto totalmente opuesto del otro.

La distancia que los separaba unos 800 kilómetros en las orillas del Nilo, *Dendera* para los de Ptah, y *Heliópolis* para los de Râ, no fueron suficientes ya que a lo largo de cuatro milenios siguieron manteniendo luchas fraticidas sin cesar. La latente oposición del norte contra el sur no dejó de enfrentar los nuevos descendientes de los Rebeldes de Sit a la familia que reinaba: los descendientes de los Seguidores de Hor. Este odio siempre mantenido rondó y ensangrentó a todas las familias en lucha por una ascensión al poder divino. Su eco aún resuena 2.000 años más tarde grabado en los muros de los templos de Karnak, Ombo, Abú Simbel y Dendera. Las pasiones se desencadenaron por Ramsés primero, usurpador del Per-Ahâ, que instituyó la XVIII dinastía según la cronología de Manetón. Su nombre era Seti, o descendiente de Set, Ramsés II fue su hijo, el primero de un largo linaje que incluyó a 13 soberanos que tuvieron el mismo patronímico.

¿No es sorprendente ver en todos los dominios un antagonismo tan claro que separó ambos bandos? Así fue desde el inicio. Cuando Menes, al unificar las dos tierras del Alto y del Bajo-Egipto, se instaló en la base del delta del Nilo, edificó en primer lugar Ath-Kâ-Ptah, el Segundo Corazón de Dios, alrededor del lugar se desarrolló la ciudad que los griegos llamaron más tarde Menfis. Sin embargo, en la siguiente dinastía un "Sit" al tomar el cetro, deseó mantener el mismo nombre, pero los sacerdotes del Sol lo envenenaron, aunque él escapó y ello jugó a su favor. Pero pocas décadas más tarde, cuando un "Hor" retomó el poder renegó de este nombre, que sin embargo era de su clan a cambio introdujo el nombre de *Ta-Nu-It*, el "Lugar-del-Sicomoro-de-Nut" que se convirtió en otro nombre para Egipto: la "Tierra de los Sicomoros" en la III dinastía. A partir de este nombre los griegos le dieron el famoso nombre de: "Danaos" que representa de otro modo el "naos", lugar donde se plantó el Sicomoro Sagrado, que antes había permitido la llegada de Osiris.

Con el paso del tiempo, ya no fue Ptah contra Râ, sino Amón luchando abiertamente contra Atón, alcanzando su apogeo con el envenenamiento de Amenofis IV, que con el nombre de Akh-en-Aton deseó destruir Amón construyendo otra capital y prohibiendo el culto idólatra al Dios Carnero.

Es por ello que la historia faraónica no fue más que un ir y venir donde se exteriorizaba sin más un espíritu vengador, superando lo grandioso, desde la XVIII dinastía, y que sólo acabó cuando llegó la invasión de los conquistadores de toda calaña con la destrucción no sólo de la civilización presente en aquel momento, sino igualmente de toda la de los tiempos pasados, nada sólido subsistiría, la arena lo engulliría para hacerlo desaparecer de las miradas.

Pero, mucho antes de esta prueba definitiva, la larga caminata que había durado quince siglos, salpicada de luchas fraticidas, permitió sin embargo el lento desarrollo de los usos y de las costumbres hasta casi llegar a la linde de Ath-Kâ-Ptah, donde tuvo lugar el último gran combate hasta el agotamiento generalizado de ambos campos.

Los Manistiou y los Râ-Sit-U se volvieron a encontrar prácticamente cara a cara a lo largo de la actual frontera egipcio-libia, frente a los contrafuertes que permitían el acceso hacía el último oasis del extremo sureste libio que representaba para cada clan la bendición del cielo y, sencillamente, debían asegurarse su propiedad en exclusiva, lo que cada uno intentó.

Lo consiguieron los "Herreros de Hor", gracias a su supremacía, equipados con mejores armas en la lucha. Rechazaron a los agotados Râ-Sit-Ou hacia el norte, donde otra cadena desértica formaba literalmente un muro en el camino hacia oriente. El oasis ahora ocupado cerraba la estratégica apertura del este por el sur, mientras los Rebeldes huían hacia el mar, donde se reagruparon, y ganaron a base de etapas cortas el delta del Nilo.

El último Descendiente que acampó en el extranjero fue una mujer. El Per-Ahâ, al no tener más que descendencia femenina, el primogénito llamado a reinar fue mujer, Mout-Pet-Ahâ o la "Hija-del-Antiguo-Escorpión". Ella ordenó un descanso bien merecido en este lugar tranquilo con un palmeral muy extenso donde el agua corría abundantemente.

Cuando por fin llegó el momento tan esperado, la inmensa muchedumbre se extendió detrás del carro en cabeza que para todos era el polo de atracción, estaba cubierto de lona y su interior tenía escondido "el que indicaba el camino". Contenía el último gnomon actualizado, y ciertamente mucho más perfeccionado que el anterior que tan bien los había guiado a través de largo de siglos.

El pontífice con mira política, y previsor para el futuro, se apresuró a enviar varios oficiales de enlace con el objetivo de explorar los mejores pasajes, esperaba su regreso antes de controlar la sombra del sol para emprender este último itinerario. El hecho era que el objetivo estaba en el mismo paralelo dirigiendo la caravana hacia el cuello de botella, ligeramente al sur del oasis, reconocido anteriormente como ser la puerta que se abría al valle desértico cuya travesía sólo duraría cuatro lunas.

Un día, a la caída del sol, el grupo en cabeza se vio situado en el borde de un barranco infranqueable, pero gratamente sembrado de palmeras y otros árboles diferentes, cerca había un nacimiento de agua. Sólo fue en el último momento cuando llegaron al borde del precipicio cuando los hombres gritaron de alegría, ya que a lo lejos, iluminado por el sol poniente, brillando como un ancho serpentín saliendo del horizonte norte y barriendo perpendicularmente todo el panorama hasta el sur vieron el don de Dios: el Nilo había sido alcanzado.

En pocos siglos, la civilización se implantó a lo largo de mil kilómetros en el "Río Celeste" claramente distinta bajo sus cetros. Las principales provincias surgieron casi simultáneamente en este plazo de tiempo. Fueron los "nomos[17]" resultado de la tan peculiar pronunciación helénica.

Este tiempo hizo pasar un sol regularmente retrógrado por el cénit de las *Fijas* llamadas gemelas, su diferenciada claridad parecía oponerlas en las noches claras, como sombrío presagio ellas atizaron unos siglos más los odios y las discordias que constituyeron la base del

---

[17] Nomo denomina a cada una de las subdivisiones territoriales del Antiguo Egipto. Este nombre es de origen griego; la palabra equivalente egipcia era hesp o sepat, que designaba la superficie cultivable de los territorios.

drama de estos dos descendientes enemigos: "los Gavilanes y los Halcones".

En cuanto al reino del Norte, ocupado por los Rebeldes de Sit, en el Bajo Egipto, en el delta del Nilo, la primera localidad cuyo nombre echó raíces desde la primera dinastía unificada fue *Pa-Ouet*, situada en la costa Mediterránea, muy apartada de la zona pantanosa. Se convirtió en la residencia de los primeros reyes "Junco" que en griego se pronunció *Bouto*.

La segunda fue *Pa-Asir*, cuya particularidad fue ante todo llamarse *Pa-Ousir* después de la unificación, y donde el templo del Sol se convirtió en el de Ptah. Su nombre actual es Abousir y a pesar de su templo data de las primeras dinastías, podemos observar tres pirámides tan célebres como las de Giza.

La tercera ciudad predinástica más importante fue Pa-An-Râ, sagrada localidad de los primeros sacerdotes oficiantes del Sol, cuyo Colegio fue sencillamente copiado del pontificado del Sur. Pero esta capital tomó un interés complementario cuando del "Rey del Norte" n°32 decidió instalarse en el lugar. Esta ciudad se llamó entonces Kemi, que los griegos pronunciaron Saïs. La desafección de Bouto viene de la nauseabunda presencia de las marismas, fuente de diferentes enfermedades infecciosas incluyendo la peste. También es cierto que el poder que adquirieron los sacerdotes en toda esta región más fértil motivó al rey a venir a vivir él mismo, y el último ofreció su sumisión a los "Manistiou" del Per-Ahâ Shesou-Hor.

Este fue el tratado de paz más importante de todos los tiempos, precediendo la entrada del Sol en Tauro en 217 años, "la era de la Resurrección de Osiris". Este período fue consagrado a realizar en honor al Dios Único Todo Poderoso, que permitió el pacto, por el Rey de las dos tierras, del norte y del sur, de Amenta en occidente y de Ath-Kâ-Ptah al este, es decir el Maestro de los Cuatro Tiempos de la Tierra y del Universo, unas obras colosales que, en prueba de agradecimiento hacia el Eterno por sus beneficios, uniría el cielo y la tierra, es decir la Humanidad a la Divinidad, en una alianza que debería ser indestructible.

La historia de este pueblo elegido empieza, pues, realmente en esta época unificada, cerca de dos siglos antes de que Menes instaurara la primera dinastía en el año 4.241 antes de Cristo.

Pero estas variadas mezclas no formarían más que una sola nación frente al Dios Único que a partir del día en el que el portador de un sólo cetro impondría su poder hereditario, surgido de Osiris. Esta monarquía teocrática espera con expectativa la confirmación imperativa de un "Descendiente" de un Per-Ahâ venido del sur para unificar el Segundo Corazón, reino privilegiado por la promesa mantenida desde la llegada a orillas del Nilo.

El pontífice y los sacerdotes en vista del enorme bucle realizado por la naturaleza en el curso del río como con "intención precisa por el Muy-Alto", reconocieron en el lugar tres veces sagrado la ubicación del Círculo de Oro que antaño desapareció hundido en el mar en Ahâ-Men-Ptah. Sus supervivientes estaban a pie de obra y todos sus hijos echaron una mano, de inmediato, para que renaciera en la gigantesca construcción dorada de las Combinaciones-Matemáticas-Divinas.

7

LA RESURRECCIÓN DE PTAH EN DENDERA

> *Nadie pretende que una estatua o un cuadro pueda ser creado sin escultor o pintor; y ¿esta Creación no tendría Creador? Guárdate, hijo mío de privar de su obra al obrero. Mejor da a Dios el nombre que más le conviene; llámalo el Padre de todas las cosas.*
>
> Hermes Trismégisto, Libro I, cap. V

> *De tantas ruinas, la más maravillosa es Tentyris.*[18] *Tiene 180 ventanas, y el Sol penetra cada mañana por una diferente hasta llegar a la última; después, vuelve en sentido contrario para realizar el mismo viaje.*
>
> El-Makrisi, *Descripción de Egipto*, 1.468

Miles de hombres, mujeres y niños en compactas generaciones pasaron centenares y centenares de años a través de la gigantesca extensión de arena. Debían llegar, después de haber superado el desierto de Libia a una meseta que dominaba a lo lejos esta inmensa curva del río, en cuyo interior se veía un oasis lleno de vegetación. Este milagro era el signo de Alianza con Ptah, y sería *Dendera*.

Para los grandes sacerdotes el significado de este acontecimiento no ofrecía duda alguna: era ahí donde se debía, implantar en primer lugar la Doble-Casa-de-Vida que sería poseedora de todos los Textos Sagrados, que se habían convertido difíciles de conservar oralmente íntegros en su totalidad. Los ancestros más cercanos, que no habían podido resistir hasta el final el enorme esfuerzo padecido para llegar a la Tierra prometida, enseñaron a los que desde la infancia aprendían

---

[18] Dendera.

uno o dos capítulos. Así, mucho antes de poder disfrutar de la fértil tierra y de su entorno apacible otro esfuerzo más fue requerido al prodigioso pueblo que debería erigir en este lugar, incontestablemente bendito por Dios, lo que volvería a ser la gloria del nuevo país después de haber sido la del continente hundido, ese gran complejo que de nuevo permitiría el cálculo de las Combinaciones-Matemáticas-Divinas.

El Círculo de Oro sería reconstruido metódicamente, siguiendo los planos vueltos a ser calculados según las disposiciones planetarias que se iniciarían en el momento de la siguiente conjunción Sol-Sirio. Así, sustituiría al que existió desde milenios, cerca del observatorio de la capital de Ahâ-Men-Ptah.

El primer día de los trabajos fue dedicado a la ceremonia de la consagración del lugar santo que tomó el nombre de *Ta Nut-Râ-Ptah* con el fin de situarlo bajo la protección de Dios y de la que había servido para traer al mundo su "Primogénito". De forma que esta morada divina, bien sería la Doble Morada del Cielo, ahí donde las Combinaciones Matemáticas Divinas delimitarían los cálculos nocturnos que eran relativos al día.

Rápidamente, un renacimiento poco imaginable para nuestra época, se apoderó del lugar, el papiro que crecía abundantemente en el río permitió trenzar gruesas cuerdas. Se delimitó el terreno con precisión y el contorno del muro del recinto exterior, después miles de manos aplanarían el lugar, mientras que otras ya extrajeron los bloques de arenisca, de granito y las más variadas piedras. Un tercer grupo, no menos numeroso, transportaba las cargas tiradas sobre trineos movidos con troncos.

La enorme excavación para construir los cimientos subterráneos del Círculo de Oro ya se podía iniciar, varias decenas de arquitectos se dividían la cimentación de la gran obra supervisada por el pontífice en persona, cuya principal preocupación era incluir en la cadena de la gran obra los innumerables puntos imprevistos que servirían de cerrojos infranqueables a los que intentaran desviarse del camino previsto para la enseñanza de los futuros iniciados. Todo estaba compartimentado y estructurado en los planos, sólo quedaba ensamblar cada una de las partes aparentemente desordenadas con las demás para que resurgiera el "Círculo de Oro".

Los enormes bloques de granito ya debían estar tallándose a pocos días de navegación río arriba. No sería el mismo jefe religioso el que estaría a la cabeza de la procesión del Colegio de los Grandes-Sacerdotes cuando estas masas de piedras llegaran a *Ta Nout-Râ-Ptah*, pero el pontífice sabía que desde ahora la marcha de los trabajos seguiría su curso a pesar de todo. Cerrando los ojos, ya veía las huellas dejadas por los pesados trineos de los equipos, siempre renovados, para realizar el trayecto entre la ribera y este lugar bendito, gracias a una calzaba bien lisa construida a propósito y que sería aún más resbaladiza con el limo graso del río que extendido sobre el suelo se pegaría a la arena al secarse.

El Círculo de Oro sería un inmenso bloque redondo de dos plantas de un radio de 7.200 codos,[19] como en Ahâ-Men-Ptah, ya que la curva del río lo permitía ampliamente. Incluiría la articulación global de la bóveda celeste con todos sus engranajes, sus mecanismos, su geometría variable, y sus cálculos combinatorios extremadamente precisos.

En el observatorio sobre la terraza del gran templo se construyó, además, una bóveda semejante, pero en miniatura, situada para advertir a las futuras generaciones acerca del Gran Cataclismo que había obligado a una multitud de supervivientes, por la cólera divina, a expatriarse a este Segundo-Corazón.

Era un planisferio con todo su desarrollo astronómico. Pero a su llegada a París, los científicos que lo estudiaron lo calificaron de "Zodíaco" sin valor alguno. La profunda causa de ello fue que en 1.820 la Santa Iglesia, aún todopoderosa en sus dogmas, había situado el nacimiento de Adán en 5.000 a.C. y la Tierra no existía un milenio antes. Así que ¿cómo hacer admitir en ese momento que la carta del cielo demostraba matemáticamente que un cataclismo tuvo lugar, efectivamente, en 9.792 antes de nuestra era?

Es bueno pues describir este grabado notable que permite comprender mejor el complejo conjunto del Círculo de Oro, cuyo simbolismo figurativo del León es la base y el centro de la interpretación que dará su clave. La catástrofe tuvo lugar con la presencia del Sol en

---

[19] 7.200 X 0,524 = 3.772,80 m. es decir un diámetro de 7.545,60 metros.

la constelación de Leo. El cataclismo fue de tal violencia que la tierra giró sobre su eje y el globo solar que avanzaba en el cielo, dejó de hacerlo, luego retrocedió, es decir que "pareció retroceder" cuando, al estar fijo, sólo fue la tierra la que cambió su rotación en el espacio.

Pero el fenómeno que recordaron los supervivientes de esta cólera divina, fue que el sol ya no se elevaba en el oeste, sino al este, y que se ponía sobre su país hundido en ese día. Hubo, pues, un fenómeno de fin de un mundo, seguido de un reinicio: una nueva creación en un espacio-tiempo en perpetuo devenir. La ronda celeste no será pues un círculo perfecto sino una espiral que es lo que se observa, en primer lugar, en el planisferio de Dendera,[20] visible en el museo del Louvre en París. El primer grabado es el de un león sobre una "Mandjit" (el barco salvador), el grabado número 12 es Cáncer, situado ligeramente por encima de la cabeza del felino real. Para comprender mejor la descripción de las doce constelaciones incluidas en este planisferio, veamos el grabado completo:

---

[20] Véase el dibujo pág. 161 del "Libro del Más Allá de la Vida", ed. René Beaudouin.

La primera representación es, pues, el "León" que se mantiene firmemente sobre una *Mandjit* simbolizada por la serpiente de la antigua multitud impía y llevando a su cola curva, agarrada a sus pelos, la imagen de una pequeña mujer representando a los menores rescatados, los supervivientes del cataclismo. Se trata por supuesto de Iset, madre de Horus, el Primogénito generador de todos los futuros llegados al Segundo-Corazón.

Luego viene Nut, la Reina-Virgen que dio a luz a Osiris y justificó por este hecho su entronización bajo el patronímico de la constelación de Virgo. Sujeta en su mano la espiga de trigo, simbolizando así el germen divino que lleva en ella, y que la sigue como una sombra, bajo una forma humana con cabeza de toro. La media luna del poniente de los "Bienaventurados" dormidos está sobre su cabeza, y tiene en su mano izquierda el bastón con la cara de chacal, símbolo de Set el asesino sometido en el último momento a su Primogénito.

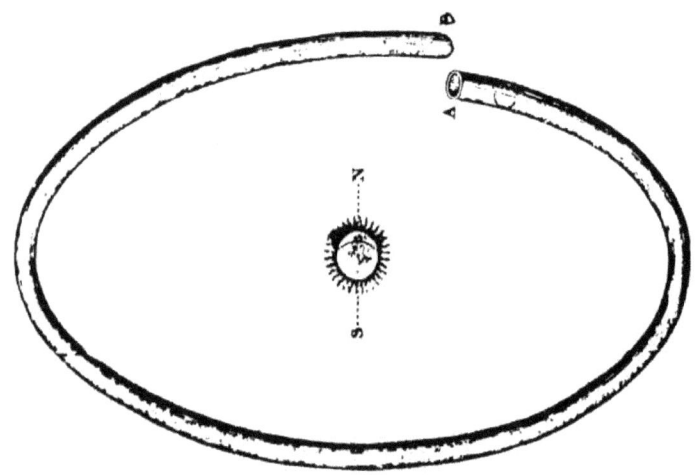

Este dibujo permite imaginar mejor lo que es el Círculo de Oro que abraza nuestro sistema solar. Teniendo en cuenta la escala, es imposible reproducir ni la Tierra ni ningún planeta cerca del Sol.

El tercer dibujo representa Libra, la Balanza de la Justicia divina. Ella sólo puede pesar los actos de cada uno con toda equidad. Fue gracias a ella que a lo largo de dos milenios, no hubo guerras, ya que cada conflicto se reglaba a lo largo del mes dedicado a Libra; frente a una piedra consagrada en la que se situaba una balanza de oro para este efecto, y alrededor de la que se sentaban 22 jueces.

Escorpión le sigue en el desarrollo de las Doce debe su nombre al rey *Nar-Mer* que permitió la unificación de los dos clanes fraticidas. Su tiempo fue uno de los más cortos del Gran Año, no hay mucho más que decir sobre esta constelación.

Sagitario, un monstruo mitad animal, mitad humano dispuesto a disparar una flecha con su arco, simboliza para la eternidad, la advertencia divina contra los actos de los adoradores del Sol, los descendientes de Set el asesino, sin fe alguna y su desobediencia hacia la Ley del Todo Poderoso, de la Eternidad.

Capricornio sigue acostado, pero a punto de erguirse, como es fácil ver por el porte de su cabeza rígida y por la tensión de una de sus patas que toma apoyo. Sobre su lomo se ve a Horus representado con su cabeza de halcón representado como vencedor, ya que tiene el bastón como insignia de su victoria sobre su tío Set.

El hombre que camina y llega justo detrás inclina en cada una de sus manos un jarrón de donde se ve salir agua representada con dientes de sierra. Es el que "Vierte-las-Aguas", o la constelación de "Acuario". Los Maestros de la Medida y del Número simbolizaron esta representación con la imagen del Creador abriendo las esclusas del cielo, bien para ahogar su Creación bajo un segundo cataclismo, bien para ahogar los pecados del mundo y traer una edad de oro accesible a todos los supervivientes.

¿Quienes serán? ¿Los descendientes de Osiris o los de Set? Los Dos Peces perfectamente idénticos vienen unidos por un cordón en el planisferio, pero separados por un ideograma jeroglífico representando tres líneas quebradas, es decir, el emblema del diluvio. Ofrecen una importante revelación: se sabrá los que habrán respetado el Conocimiento de la Ley ya que salvarán la vida, sean descendientes de Osiris o sencillamente seguidores de Set.

Aries es justamente el signo de los usurpadores adoradores del Sol, símbolo del odiado Amón, cuya capital fue Tebas durante casi dos milenios, está representado hacia atrás, tumbado en el sentido opuesto a la histórica marcha, es decir mirando a oriente y no al lugar de Ahâ-Men-Ptah y a los Primogénitos. Los dos personajes inmediatamente bajo su cuerpo no conseguirán hacerle superar las innumerables dificultades por venir.

Tauro, que caracolea a continuación, gira claramente su cabeza hacia oriente, presentando de esta forma la concavidad de sus cuernos hacia el poniente donde descansan los Primogénitos de Ahâ-Men-Ptah. Este Toro Celeste es de los más animados en el zodíaco, pareciendo lanzarse hacia el norte y fuera del círculo espiral de las Doce como si estuviese vivo en todos los mundos vivos y más allá.

Para Géminis, los Maestros encargados del simbolismo representaron un cuadro de cuatro personajes, los dos principales se dan la mano: son Osiris y su esposa Iset. Los gemelos, ellos, se ven relegados debajo del grabado de Aries, cuyo significado se precisó anteriormente. Debemos ver en esta sustitución una voluntad inquebrantable para recordar la vergüenza de los fraticidas que duró cerca de cinco milenios antes de llegar a la tierra de su segunda patria.

Por fin, como para terminar, aparece Cáncer justo encima del León, como ya se ha dicho. Lo que interesa saber igualmente, es que la primera representación de esta última constelación era un escarabajo; después se convirtió en un cangrejo, y no fue más que en la época greco-romano cuando tomó el nombre de Cáncer.

En el espacio inscrito por las Doce, se ven igualmente gran número de figuras. La más importante es el personaje central, un animal grueso parte cocodrilo, hipopótamo, animal que los egiptólogos han calificado de "dios Tifón" ya que simboliza el más apacible, pero también el más peligroso de los dioses: "Dios mismo": Ptah el Único. Está dibujado sujetando un gran cuchillo, el mismo que sirvió a Set, pero no es más que una representación de venganza de los grabadores, humanos ellos. Ya que en su buen hacer armónico, Ptah tenía en vista un equilibrio terrestre total para sus criaturas. Y es lo que precisa la representación central.

Otras dos series circulares de figuras jeroglíficas completan la descripción de las Doce para asegurar una fecha precisa, con Sep'ti, nuestra Sirio, el equivalente a Orión de la Osa Mayor, y su posición respectiva calculada con la ayuda de uno de los 36 decanos descompuestos bajo de la tercera serie.

En cuanto al gran círculo exterior, está soportado por cuatro grupos de hombres con cabeza de gavilán, simbolizando los descendientes de los cuatro hijos de Horus. En medio de cada uno de los intervalos, de un grupo a otro, Isis, de pie, sujeta el medallón.

La explicación en lengua sagrada se lee a lo largo de sus piernas, en varias líneas verticales. Lo interesante que hay que destacar es que para evitar un peso suplementario importante, a lo largo de su transporte a Francia, el señor *Lelorrain* recortó el planisferio, dejando en el mismo lugar la gigante representación de Nut, que daba la dirección astronómica exacta del monumento con la extensión de sus manos. Lelorrain tuvo igualmente que cortar las líneas en zigzag del dibujo que vemos a continuación por su poca importancia, tal y como lo explicó a su regreso a París, el original tenía la forma descrita en el dibujo siguiente.

Es fácil comprender lo que significan las líneas en zigzag. En efecto, la línea quebrada jeroglíficamente representa el agua, cuando hay tres, indican una crecida semejante a la del Nilo, con aguas altas. Cinco líneas quebradas anuncian un diluvio. Es evidente que ocho o nueve de estas líneas en zigzag describen una gran catástrofe por agua, es decir el Gran Cataclismo que enterró el *Corazón-Primogénito, Ahâ-Men-Ptah*, tal y como está descrito en la carta del cielo en Dendera.

Si admitimos esta representación en signo de advertencia destinada a las futuras generaciones, y que era, efectivamente, la sexta reproducción de un original, es incontestable que la ciencia astronómica de los promotores estaba a la altura de la elaboración del "Círculo de Oro" y de su complejo hermético.

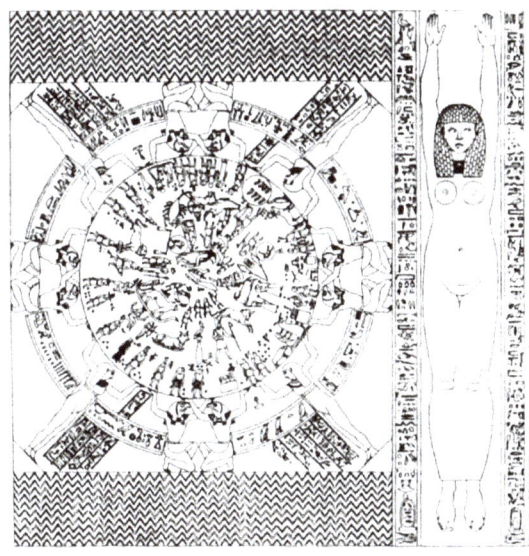

Todo el meandro del Nilo, orientado norte-sur, servía de base de preparación a la gigantesca construcción. En 72 años, es decir durante dos generaciones de sacerdotes, arquitectos y obreros, unidos en un mismo impulso para una misma causa habían cambiado totalmente el aspecto de este lugar sagrado.

El eje oeste-este unía los dos horizontes más sagrados: el que unía el "Pasado de Occidente" a la "Eternidad de Oriente" y estiraba sus mil codos[21] de Vía divina en medio de las superestructuras aparentes. Estas ya se dibujaban en el paisaje, dando buena idea de lo que sería el gigantesco complejo de esta "Casa del Universo", aún muy heterogénea por la diversidad sorprendente de los centenares de pequeños muros de diferentes alturas que aparecían por aquí y por ahí. El conjunto parecía estar edificado por azar, pero su menor detalle matemático y geométrico había sido sobradamente estudiado por todo un grupo de Maestros de la Medida y del Número. La mitad inferior de esta estructura antes de estar terminada era cubierta por la losa del techo, que formaría el suelo de la mitad superior, gracia al aporte de enormes piedras talladas, llevadas a pie de obra por excepcionales caravanas. Cada una consistía en cinco grupos de 16 hombres que penaban con cuerdas tan gruesas como una mano pasándolas por encima de sus hombros.[22]

Un jefe de trabajo marcaba el ritmo modulando dos notas, a la vez que golpeaba sobre una madera hueca en forma de caja de resonancia. Dos hombres corrían delante de la caravana para echar los cántaros llenos de agua, que eran constantemente renovados por otros portadores de este preciado líquido haciendo el recorrido hasta el río. Esta práctica tenía la doble ventaja de asegurar una mejor adherencia al suelo bajo los patines, y conseguir un mejor deslizamiento, a la vez que evitaban que se produjera calor que pudiese provocar la

---

[21] 1000 X 0,524 = 524 metros. No tiene nada de excepcional ya que a unos 60 km. de Dendera, se ubica la vía triunfal de los Carneros-Amon, el dios solar uniendo Karnak con Luxor, mide aproximadamente la misma distancia.

[22] Recordemos que estas cuerdas, de las que se han encontrado varias, son efectivamente más gruesas que el puño. Se componen de fibras de papiro estrechamente trenzadas. Su datación da una antigüedad de más de 7000 años, datación realizada por el Instituto de Egipto en el Cairo y confirmada por el Chicago Institute, con 240 años de diferencia.

combustión de los patines sobrecalentados por la fricción y carga de un peso de varios centenares de toneladas.

Gracias a estas enormes losas, las cámaras de las Combinaciones-Matemáticas-Nocturnas desaparecían en la noche supervisadas por la Luna. Cada uno de los aspectos astrales ocupaba una habitación diferente bajo el suelo unida a la siguiente por un pasillo, cambiando y moviéndose según las horas y los días. Múltiples subterráneos ya habían recibido su techo de bloques de granito negro, eran tapas y trampas para los que no observarían las estrictas leyes matemáticas. De forma que lo que ya se comentaba sobre el tema evitaría por supuesto que los curiosos se acercasen demasiado.

En el norte del complejo, el perímetro del Lago Sagrado ya se perfilaba, formaría la perspectiva que cerraría el horizonte occidental. Era casi tan importante como el Círculo de Oro en realización. Esa inmensa cubeta debía forma un mar interior cuyo nivel inferior ya se había alcanzado. Su asentamiento definitivo se consolidaría en los lugares previstos para reforzar las dos cimentaciones de los "*Amados-hacia-quienes-baja-la-Luz*"[23] con bases cuadradas. Ahí, también miles de obreros semejantes a hormigas concienzudas se afanaban con la única preocupación de realizar bien las tareas para las que se habían formado. Este mar interior completaría el verdadero panorama del lugar santo ofreciendo el aspecto antiguo de la civilización anterior, a la vez que le permitiría domesticar las aguas del gran río e irrigar las tierras en tiempo de sequía.

Todos estos trabajos fueron posibles gracias al renacimiento de la escritura sagrada, recreada siguiendo la tradición original que reapareció bajo forma de imágenes, más cerca de su Creador. Y no tardaría en ser reintroducida oficialmente en el momento de la entrada del Sol en Tauro, poco después de la conjunción Sol-Sirio. El Hijo se había convertido en Toro Celeste, era normal que el uso de la jeroglífica se iniciara en ese preciso momento para el grabado de los textos vitales. Los constructores y obreros encargados de esta obra sagrada se impregnaron pues en primer lugar del Conocimiento de esta Ley

---

[23] Se trata de la traducción real de la jeroglífica que recibió el nombre de "Pirámide", cuya palabra abstracta no significa nada, ni en griego, ni en hebreo, ni en ningún otro idioma.

sancionada por las señales de Dios, fácil traducir más allá de todos los ideogramas en un relato contemporáneo diciendo que los Primogénitos y su pueblo convertido en impíos fueron todos ahogados bajo la superficie de las aguas por este Creador todopoderoso animado por una justa cólera contra los corazones de sus criaturas terrestres, que luchaban para hacer sólo el mal.

Así, Ptah la emprendió con las envolturas carnales pero no con las Parcelas divinas. Las Almas fueron al Reino de los Bienaventurados, ya que no habían sido concebidas para tal desgracia. Pero los corazones no son más que órganos de carne como las orejas, los ojos, o los pies que nos llevan y deberían estar hechos para latir unísonos unidos los unos con los otros y no para matar.

El corazón del hombre es semejante al del carnero, al de una gacela o el de un toro. Todos tienen idéntica función y el mismo sentido irreversible: ritmar el desarrollo de la marcha de la Creación según el desarrollo del tiempo a lo largo de una vida sobre la Tierra, laten demasiado de prisa un día u otro, bajo el efecto de una alegría repentina, o bajo el impulso de un terror. Y, en ¿qué difieren el del hombre, del animal?

El vitalismo de los corazones viene de los espíritus, ahí también deberá haber un renacimiento de las almas para recordarles sus deberes. El ser humano posee la mente, pues, un alma, que es la única capaz de permitirle la supervivencia celeste. Es la única diferencia, ¡pero cuán enorme!, entre los bípedos humanos que somos y sus hermanos de cuatro patas. Cuando una envoltura carnal llega a su término y su corazón detiene sus latidos, su ritmo de vida. Únicamente quien posee una Parcela divina, un alma, ésta puede permitirle trazar un camino hacia el Reino de los Redimidos; y ello siguiendo unas pautas muy precisas y unas condiciones de paso rigurosas, viviendo según los mandamientos de la Ley del Creador permite sin duda alguna franquear sin daño la frontera del Más-allá de la Vida terrestre.

No fue por "nada" que los Primogénitos legaron el Conocimiento, y a través de este Saber inconmensurable, están en unión con las Almas actuales. Hay un verdadero lazo tangible que se creó uniendo las dos tierras: la "hundida" y la que pronto sería "Ath-Kâ-Ptah": el Segundo Corazón. Por este motivo se debe seguir la enseñanza de los ancestros, de los Primogénitos, ya que las palabras de sabiduría que han transmitido son fruto de las más bellas experiencias vividas antes de la terrible catástrofe por las mismas "Parcelas" divinas. Es por ello que se debe aplicar el mayor rigor en todos los preceptos de esta enseñanza no cambiando ni una sola palabra santa.

El Círculo de Oro será la garantía eterna ya que, imperecedero, se convertirá para las futuras generaciones en el polo de atracción en su búsqueda del Conocimiento. Incluso aquellos que no recuerdan más que un poco de verdad dudarían en poner en práctica todo el resto que sería solo mentira. Únicamente los espíritus malsanos podrán sembrar la confusión en las almas más débiles.

La sala de estudios propiamente dicha, donde todos los textos primordiales fueron enseñados a lo largo del período de los titánicos trabajos que duraron cerca de dos siglos hasta el día de la entrada del Sol en la constelación de Tauro, se amplió a lo largo de los decenios para poder albergar a todos los religiosos destinados a convertirse en "Maestros de la Medida y del Número".

Una gruesa puerta con un sólo batiente de madera de sicomoro cerraba el acceso a esta habitación, insonorizándola por completo. Se enmarcaba en un dintel rectangular, sobre el que estaban grabadas las tres escenas primordiales del renacimiento de los supervivientes del Primer-Corazón de Dios con las "Mandjit", las barcas sagradas en primer plano. La Tríada Divina estaba, pues, en lugar de honor por toda la abnegación que había demostrado para permitir el renacer de la multitud. Lo que consagró la inauguración del Círculo de Oro.

La última fase de los trabajos llegaba a su recta final. El Círculo totalmente de oro ya rodeaba los cuerpos de los principales edificios, los encarcelaba como lo hacía el Cinturón celeste de las doce constelaciones concentrando así, aún más, los influjos que irradiaban los doce "Corazones" de estas estrellas fijas que reinaban creando miles y miles de Combinaciones-Matemáticas-Divinas, uniendo así el cielo a la tierra.

Y los textos repiten sin cesar bajo miles de diferentes formas las mismas advertencias:

> Únicamente esta Alianza con el Eterno, sellada por la unificación, asegurará una vida universalmente buena y apacible. Ya que la felicidad y la perfección de las criaturas aquí abajo son necesarias al Creador para asegurar, a la hora del final de la envoltura carnal en su vida terrestre, el paso de su

parcela divina al más allá de la frontera invisible pero real, hacia el Reino de los Bienaventurados redimidos de Amenta.

El hombre dentro de millones de generaciones futuras seguirá dudando de su propio origen si no toma desde ahora todas las precauciones indispensables para mantenerse firmemente en la intangible realidad de los dogmas y de los mandamientos exigidos para conservar la armonía deseada por la Ley de la Creación creada por el Eterno, es el único lazo que mantiene viva con tanta fragilidad en la tierra esta humanidad que no subsistirá más que con esta única, pero vital condición celeste.

> *Porque Dios alimenta el Cielo con su radiación;*
> *Porque el Cielo alimenta a su vez a las Doce;*
> *Porque las Doce a su vez alimentan las Parcelas divinas;*
> *Porque las Almas del Oeste fueron las concedidas a la Humanidad.*[24]

En esta lejana época, un acceso directo a través de unos pasillos unía el templo primitivo al Círculo de Oro. Era aún más fastuoso que su sexta reconstrucción, que es la que el visitante aún puede contemplar hoy. Y nada lo une actualmente al monumento principal, más que el mito llamado "Gran Laberinto", y del que hablaremos ampliamente en el siguiente capítulo. Hoy la belleza de este templo primitivo puede imaginarse aún con facilidad.

El edificio consagrado a la "Buena Madre de Dios" aparecería entonces en todo su esplendor sagrado. Sólo con mirarlo cualquier humano se daría cuenta que había llegado al Santa Sanctórum original, a la primordialidad de Ptah, Señor Todopoderoso. Los seis pilares circulares de la entrada principal tienen un diámetro que triplica el de un ser humano, son coronados por la figura de la Reina-Virgen, convertida en protectora de este importante lugar de observación del cielo y de las combinaciones que se estudiaban.

La imponente masa apenas dejaba penetrar la claridad solar, sólo una tenua luz, exceptuando varias aperturas cuidadosamente

---

[24] Inscripción situada a la entrada de la actual cripta noreste que, debido al fenómeno equinoccial, se situaba en la primera construcción en la cripta oeste; la de los "Recostados". A razón de un grado retrógrado cada 72 años se explica el giro enorme producido en varios milenios.

calculadas, con el fin de que sus rayos hicieran resplandecer el blanco de las túnicas de los sacerdotes de camino hacia el Santo Sanctórum. Estos reflejos alumbraban las paredes de los pasillos oscuros abriendo la entrada de la escalera de Poniente cuyo acceso se hacía de esta forma cómodamente hacia la terraza superior que servía de observatorio, y cerca de la que estaba grabada la terrible advertencia: el del día de la Destrucción Total de Ahâ-Men-Ptah.

La previsión de todos los momentos relativos a los acontecimientos por venir demuestra perfectamente la formidable capacidad de cálculo de los diferentes aspectos geométricos de la "Ley" de estos maestros. Ya que no se trata de ninguna forma de "visiones" ni de vista interna, ni de "profecías" con frases simbólicas cuyo hermetismo permitía cualquier interpretación, sino que a través de simples cálculos utilizando las configuraciones celestes en sus relaciones de unas con otras, la jeroglífica las denomina con justicia las "Combinaciones-Matemáticas-Divinas".

Se debía enseñar al Alma de cada ser a controlarse ella misma únicamente con el Conocimiento del futuro, para autogestionarse en los límites del Bien. Toda la ética enseñada por los Primogénitos estaba contenida en esta limitación precisa deseada por Ptah. Así la Parcela divina, reforzada contra la parte maléfica de los acontecimientos previstos, era susceptible hacer evolucionar en el buen sentido el conjunto de los hechos. Ya que las paradas del destino no son inmutables cuando tienden a la necesidad del Bien y no del Mal, y la Ley que ha creado la Alianza entre el Creador y sus criaturas lo hace posible.

De ahí el axioma "*el destino dirige pero no obliga*", retomado bajo diferentes formas por los magos caldeos y babilónicos, que vieron en la "Astronomía según los egipcios" un buen negocio lucrativo para ellos, y así nació la astrología. Pero ésta ya no tenía nada que ver con las verdaderas Combinaciones-Matemáticas-Divinas.

En el Círculo de Oro ningún obstáculo, incluso el mayor, podía ser puesto como imposición frente a la absoluta necesidad del libre albedrío de las Parcelas divinas para volver con toda humildad a la vía quizás estrecha pero necesaria que durante un tiempo habían dejado para perderse en una senda demasiado aventurada. Y si se mantiene como constante que las acciones inferiores del hombre cambian en desorden cualquier orden preestablecido, tomando del propio cielo las primeras causas de sus cambios, la libertad adquirida en la vida terrestre permite restablecer una total armonía, quizás antes que el desequilibrio haya destrozado cualquier intento por restablecer el orden.

Además, por el hecho mismo de esta libertad terrestre, se producen muchos fenómenos imprevistos dentro de la constitución general corpórea del hombre, con todas sus complicaciones y todas sus imbricaciones por causas de sus actos naturales. Pero ahí también, la fatal necesidad no puede ser puesta en entredicho. El temperamento de cada ser debe evolucionar en el buen sentido, ya que evidentemente desde el nacimiento todos tenemos esos datos característicos.

Ocurre lo mismo para todo lo que es objeto de atenciones celestes del Todopoderoso, cuyas causas y principios naturales reciben las radiaciones de las Doce: los minerales, los vegetales, los animales, y todo lo que vive en general. Todos padecen y son sujetos a enfermedades e incomodidades por cierta necesidad, al igual que los remedios con los que nuestros doctores deben sanarlos. Todo está en el UNO que es Ptah.

La parte del todo que alcanza las envolturas carnales es evidentemente el Cinturón de las Doce, es decir la zona celeste central que encarcela nuestro Sol, las Siete Errantes y nuestra Tierra con doce conjuntos estelares están prácticamente unidos los unos a los otros en una amplio cinturón, de ahí este nombre imaginado por nuestros antepasados, y totalmente justificado. De éstas Doce se sirve Dios para enviar a la Tierra, segundo tras segundo, la infinidad de Parcelas que la pueblan cada nueva envoltura carnal.

Con el fin de facilitar el estudio de las Combinaciones-Matemáticas-Divinas, hacerlas comprensibles y poder memorizar con agilidad todos los términos de esta mecánica celeste en perpetuo movimiento. los primeros Maestros de la Medida y del Número, los únicos que tenían en sus espíritus todos los datos del Universo, tuvieron que dar nombres e imágenes fácilmente localizables, ya que la escritura aún no había sido establecida en su época.

De forma que el primer día de su llegada a esta tierra, en el tiempo en que la nombraron *Ta Merit*, vieron el signo de Dios, el de la promesa realizada por el hecho de que el "Gran Río" se iluminaba por la noche con un blanco lechoso reflejo del "Río Celeste" que lo dominaba y que aparecía tan largo y tan amplio. De ahí el nombre de *Hapy*, nombre surgido de la contracción de *Ahâ* y de *Ptah,* caracterizado por la pronunciación de la última letra. *Hapy* era, pues, la palabra de agradecimiento al Hijo Primogénito, Osiris, por su doble acción benefactora: el signo celeste y el agua terrestre.

Los primeros Maestros decidieron con buen criterio implantar aquí el lugar del Círculo de Oro al igual que el Templo de la Dama del Cielo. Era evidente que el nombre genérico de este Río celeste enganchado a las orillas del conjunto de las Doce, debía ser el de la protectora de Osiris, la que le había dado vida terrestre: la Reina Virgen Nut, bendita sea. El hijo fue convertido en *Toro celeste*, su madre fue pues la "*Vaca Celeste*", "Maestra de las Doce".

Esta es la representación apenas simbólica de la Vaca celeste que alimenta con sus influjos el Corazón de las Doce.

La Narración ejemplar de la vida de Geb y de Nut, al igual que los nacimientos de Osiris, Set, Isis y Nek-Bet son maravillas que se explican muy bien si admitimos el super poder de Dios. Las relaciones que el Eterno mantenía con su pueblo en Ahâ-Men-Ptah fueron un raro privilegio. Se justificaron por el amor del Creador hacia sus criaturas ligadas a él por las Parcelas divinas. El Mal triunfó en la necesidad que instituyó a pesar del mismo, después permitió la regeneración de la humanidad por la redención del género humano con Osiris. Todos nuestros Maestros antiguos, los conservadores de la Palabra, los que la han transmitido, no conocieron nuestras dudas, nuestras tergiversaciones o protestas ya que ellos habían vivido lo que narraban y enunciaban los hechos sin buscar convencer de sus realidades.

Querer buscar y encontrar unos mitos en los Libros sagrados es un propósito tan poco fundamentado como sería el intentar demostrar que Râ es el único alimento para nuestra inteligencia. Y si los Primogénitos perdieron el Edén que era el suyo, en Ahâ-Men-Ptah, sólo podemos ver en ello un triunfo momentáneo del Mal, para mejor combatirlo después. Sin embargo, la existencia del Mal moral es una de las plagas de la Tierra que intenta renacer bajo sus múltiples formas hipócritas, y que debemos combatir de todas las formas. Es incontestable que todos los Maestros antiguos intentaron explicar este doloroso fenómeno y conciliarlo con el Bien.

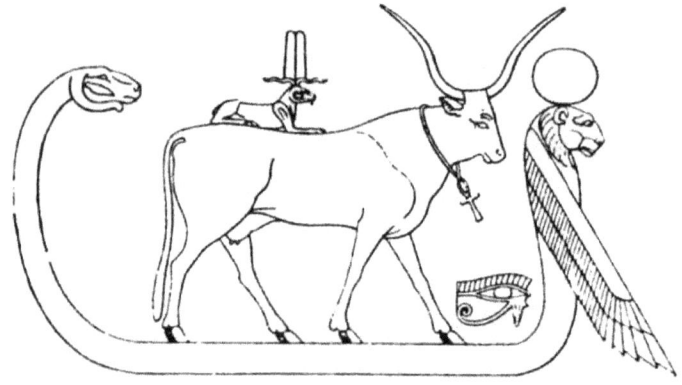

Otra representación de la Vaca celeste navegando siguiendo la nueva órbita iniciada por el sol en la constelación del León y que acabará la historia de Egipto con el fin de la era de Aries.

Si todo es Dios, todo debería ser bueno, es un hecho, pero una de sus criaturas humanas ha sido utilizada por el Mal: Set. La envidia y los celos pudieron más que la necesidad de la Ley divina.

El Hombre fue creado para que viviera feliz, inocente y libre en Ahâ-Men-Ptah, Set abusó gravemente de esta libertad atentando contra la vida de Osiris y de su hijo Horus. Como castigo a este pecado, lo perdió todo, pero con la posibilidad de volver a redimirse en una segunda y última oportunidad.

La ayuda aportada por la que se convirtió en la Dama del Cielo, Nut, para limar y consolidar la redención, no le hace más daño a la resurrección de su hijo Osiris que la muerte de su otro hijo, Set, hace daño a su divinidad. Al contrario, glorificando su sabiduría extendió la misericordia de Ptah. Los dos hermanos de la misma madre sólo actuaron como instrumentos del poder eterno del Creador sobre la Tierra.

Si este signo, a pesar de su evidencia, antes del Gran Cataclismo fue renegado, hoy es de tal evidencia que se debe estar ciego para no admitirlo. Por ello la Palabra puede ser doble, mientras que la Ley es única en su transcripción sagrada. Y por esto, únicamente una élite particular puede tener acceso a ella después de haber pasado por muchas iniciaciones igualmente delicadas, ya que el Conocimiento es semejante a una bebida muy fuerte que, absorbida demasiado rápidamente emborracha y nubla el entendimiento, y entonces el adepto se cree el "igual" a un falso dios, y es capaz de las peores extravagancias.

La inteligencia está hecha de tal forma que pocas criaturas resisten el vértigo procurado por un inmenso Saber. Es por lo que nuestros grandes Sabios de los antiguos templos de la Triada Divina, luego sus Seguidores, "servidores", adoptaron deliberadamente esta forma para transmitir la Ley: a través de símbolos, números y parábolas, para que el común de los mortales no pudiese tener acceso. Por ello, comprendemos más claramente la finalidad de esta construcción, el Círculo de Oro a escala inhumana: hacer palpable la Ley que regula fundamentalmente todas las revoluciones astrales en un gigantesco movimiento combinatorio calculable y previsible, y cuyo centro, el punto O geométrico, no es otro más que el Creador.

Cuando este Círculo de Oro desenterrado aparezca en todo su esplendor, cada uno de los engranajes de esta inmensa mecánica se ensamblará con el siguiente y todo volverá a ser evidente para mayor bien de la humanidad. Quizás, no sea más que un piadoso deseo, ya que el Mal ciega y el Negro seguirá oscureciendo las Almas. De cualquier modo, el Gran Laberinto será el Círculo de Oro, hacia el que me encamino muy lentamente pero con seguridad. Nos dirigimos hacia su descubrimiento.

8

DESCUBRIENDO EL GRAN LABERINTO

> *El laberinto está compuesto de doce patios rodeados de muros, y de un recinto amurallado. Sus apartamentos son dobles; hay 1.500 bajo tierra y 1.500 por encima. Yo he visitado las habitaciones de arriba y hablo con certeza como testigo.*
>
> Herodoto, *Historia de Egipto*
>
> *Herodoto en el libro II, numeró 12 salas y 3.000 habitaciones, mitad bajo tierra y mitad encima. Y si hay un error, es perdonable a los antiguos autores como Plinio y Mela, que nunca pusieron un pie en Egipto, ¿qué pensar de Herodoto y Estrabón que supusieron 4 laberintos y sólo uno en este Reino? Ahora bien, aquí, el mayor es independiente de los otros dos. Y si es natural contrastar la autoridad de un historiador frente al torrente de los demás, mi razonamiento no tiene réplica ya que yo mismo, personalmente, estuve en los tres laberintos, de los que visité el mayor, fue el 20 de julio.*
>
> Padre CL. Sicard, s.j *Manuscrito inédito sobre la historia de Egipto,* 1.718

Es muy difícil imaginarse el gigantismo de la construcción del Círculo de Oro hasta su puesta a punto, pero es muy probable que el monumento conocido como la Gran Pirámide corresponda al orden de magnitud de una casa de muñecas en proporción al rascacielos de cien pisos que supuso dicha obra.

Únicamente los trabajos de excavación podrán dar exacta cuenta de ello, de su grandeza y de su esplendor. Y sólo se podrían realizar bajo ciertas condiciones lejos de ser cumplidas hoy, ya que los egiptólogos actuales no se interesan por las cuestiones astronómicas. Y utilizan los fondos de los que disponen sólo para asegurar, consolidar el templo actual, que bien es cierto lo necesita, pero según mis últimas noticias[25], las excavaciones se estarían realizando a unos metros fuera del muro exterior, cerca del cual unas losas han podido demostrar, efectivamente, la existencia del templo datado del faraón Keops. Pero es bastante polémico, ya que existen documentos apasionantes sobre el Círculo de Oro, al igual que sobre los edificios religiosos anteriores al que se ve hoy en el seno de este bucle del río Nilo.

Cualquier investigador en el lugar hubiera podido llegar a los mismos resultados después de haber leído a Herodoto, y luego, haber comprobado todas las obras referentes a este tema del laberinto de Egipto. Por supuesto, que contamos además con el manuscrito original escrito por el padre jesuita *Claude Sicard* en 1.718, que está en *Chantilly* y que he verificado. Los buenos padres me reconocieron que ya había sido requerido varias veces, y el último curioso fue el fallecido *Serge Sauneron*, director del Instituto Francés de Arqueología Oriental en el Cairo, poco antes del accidente de coche que le costó la vida.

Para que el lector llegue a la comprensión de la realidad del Círculo de Oro, y pueda iniciar el mismo camino siguiendo cada paso como si estuviera llegando al descubrimiento de lo que se convirtió en el Gran Laberinto, será necesario leer al principio el famoso pasaje de Herodoto; los comentarios y los pensamientos que este texto me ha inspirado vendrán después:

> "Ellos decidieron dejar un monumento común en recuerdo de su reinado y construyeron un laberinto un poco más allá del lago Moeris, cerca de la ciudad de los Cocodrilos. He visto este laberinto y desafía realmente cualquier descripción. Incluso sumando todas las murallas y todas las obras que los griegos hayan podido construir, no llegaríamos al cuarto de los gastos ni de los trabajos que este laberinto necesitó.
> El templo de Éfeso y el templo de Samos ya merecen elogios. Las pirámides rivalizan en comparación con los más bellos

---

[25] Estaba escribiendo este libro en 1.981 y las excavaciones en el jardín debían empezar el mes siguiente, para llegar al templo anterior por un acceso más practicable que el montado en la actual sala hipóstila.

monumentos griegos, pero el laberinto supera todo eso. Incluye doce patios cubiertos y contiguos, cuyas puertas están las unas frente a las otras, seis por seis, todo rodeado por un único muro. El interior contiene tres mil cámaras y la mitad en la primera planta. Además, hablo con conocimiento de causa. No pude ver las cámaras subterráneas, cuya visita está prohibida por culpa de las sepulturas de los reyes y las de los cocodrilos sagrados que están ahí. Por ello hablaré de oídas. Pero las cámaras superiores, que he visto con mis propios ojos, motivan cualquier elogio. Todas estas puertas, todas estas salidas, el número incalculable de pasillos, todo ese trajín me hundió en la maravilla. Pasaba de un patio a una sala, de una sala a un pórtico, dejaba el pórtico para entrar en una nueva sala, luego a otro patio... El techo de todo el edificio es de piedra. Los muros están cubiertos de bajos relieves y cada patio bordeado por columnas de piedra blanca, de una realización impecable. Una pirámide de cuarenta orgías [26] se erigió en uno de los extremos del laberinto. Yo accedí por una vía subterránea".

Dos contrasentidos en este relato de Herodoto demuestran que el gran viajero no estuvo en el laberinto y que sólo habla por lo que le dijeron o lo que había oído. El primero es la ciudad de los Crocodilos cuyas ruinas se llaman hoy: *Kom Ombos*, al sur de Dendera, y donde actualmente podemos admirar las momias de crocodilos. El segundo se refiere al lago *Moeris* de mismo nombre que ese Faraón, pero aún nadie ha conseguido situar exactamente el emplazamiento de este lago, y menos aún el espacio cronológico de este soberano cuyo nombre no figura en ningún lugar.

Sin embargo, varios trabajos importantes presentan diferentes aspectos filológicos con el nombre del primer rey de la primera dinastía: *Mena-Ahâ*, convertido en *Mena*, o *Ménès* en griego, en la tabla de Manetón. Pero también encontramos los de *Menkhes*, *Mendes*, *Ismendes* y *Ozymandias*, cada uno de ellos era el autor de una

---

[26] Medida de longitud en tiempos de Herodoto equivalente a 6 pies o 4 codos, 2 metros aproximadamente.

descripción de una formidable construcción cerca de Tebas, también situada al sur de Dendera.

Ciertas precisiones fueron aportadas por *Pomponio Mela, Diodoro de Sicilia* (libro I, cap. LXI), por *Estrabón* en su libro XVII, y por *Plinio* en su libro XXXVI:

> "Mendes o Imandes hizo construir el gran laberinto para ser enterrado ahí. Este rey también se llamaba Memnon. Hizo construir con este título los palacios de Memnonia de Tebas y de Abydos antes de que se acabase el gran laberinto donde fue enterrado."

Ahora podemos empezar a dibujar el verdadero esquema del único rey promotor de este "laberinto" y del lugar donde se sitúa. Los dos palacios de *Memnon* fueron construidos al norte y al sur de Dendera. Si admitimos que se trata del mismo "*Men-Ahâ*", es decir, el "Primogénito del Poniente", es fácil hacer la conexión que conviene, el fallo de escritura proviene de la fonética griega: "*Mena*" fue el unificador de la Dos-Tierras como descendiente de Osiris, u Ousir.

La fonetización helénica deformó por completo la pronunciación faraónica (como *Khéops* para *Khufu*, ya que *Khéops* debía pronunciarse *Kéophs* donde la **p** se pronuncia **f**. Por ello *Ménès* se convirtió en *Mendès* descendiente de Ousir, es decir *Ousir-Mendès*, pues *Osymandias*. Esto se mantiene en la lógica de las cosas, al igual que los de *Memnon* o los de *Marrhus* que veremos más adelante con Diodoro de Sicilia.

Los sacerdotes de Ptah y los arquitectos de *Ména-Ahâ* estuvieron en el origen del restablecimiento de las Combinaciones-Matemáticas-Divinas, así como del concepto de un inmenso lago artificial adjunto al Círculo de Oro, teniendo en su centro una pirámide conteniendo las reliquias y las vestimentas de Osiris. Era la forma ideada para que el Primogénito se encontrase con sus ancestros engullidos en Ahâ-Men-Ptah, a la vez que vigilaba y atraía por su presencia las radiaciones benéficas de las Doce a este lugar, tres veces bendito.

Desde mi primera visita a Dendera, en compañía de mi amigo cirujano, nuestro guía siempre con una sonrisa, por supuesto, nos dijo que aquel lugar seguía llamándose en árabe: *Ahanas-el Berba* lo que quiere decir "*Madre de las Ruinas*". Siempre me ha sorprendido el significado tan ilustrado de la jeroglífica para designar las cosas y las funciones del universo, como las Combinaciones-Matemáticas-Divinas, las Doce, el Cinturón, etc.

Y este término de "*Madre de las Ruinas*" permaneció clavado en mi memoria por la imagen que representa. Cuanto más profundizaba en mis investigaciones, tanto más me daba cuenta de la más antigua realidad: sí que era realmente el lugar del recién nacido de todas las construcciones, y pues, la madre de todas las ruinas. Y me gusta mucho más la etimología árabe a la griega, al menos en lo que concierne la propia esencia de la tradición oral a falta de una pronunciación aproximada.

Diodoro de Sicilia, acerca de este "laberinto" perdido me ofreció otra prueba cuando empecé a estudiarlo. Este pasaje, segundario ciertamente en relación al que será objeto del siguiente capítulo, está situado en el primer libro, LXI:

"A la muerte de Actisanès, los egipcios tuvieron posesión de la soberanía y eligieron por rey un indígena, Mendès, que algunos llamaron Marrhus. Este rey no realizó ningún acto guerrero, pero se construyó una tumba, llamada laberinto, menos sorprendente por su tamaño que por el inimitable arte de su construcción ya que el que entra no puede encontrar la salida, al menos que sea llevado por un guía experimentado.

Algunos pretenden que "Dédalo" [27] habiendo admirado este monumento a lo largo de su viaje a Egipto, construyó sobre el mismo modelo el laberinto de Minos, rey de Creta, en el que dicen que vivió el Minotauro. Pero este laberinto de Creta desapareció por completo, bien por el paso del tiempo, bien por un rey que lo mandó demoler, y sin embargo, el de Egipto se ha conservado intacto hasta nuestros días. Después de la muerte de Mendès, hubo un interregno de cinco generaciones, después de este vacío de poder llegó Kétès, luego su hijo Rhemphis. A continuación siete generaciones de reyes vagos y por fin el octavo que fue Chembès, de Memphis, que reinó durante

---

[27] En la mitología griega, Dédalo, hijo de Eupálamo y Alcipe, era un arquitecto y artesano muy hábil, famoso por haber construido el laberinto de Creta.

cincuenta años y elevó la mayor de las tres pirámides, incluida en las siete maravillas del mundo."

Aquí sin duda alguna, vemos que este *Mendès* es *Mêna* o *Men-Ahâ*, unificador de Ath-Kâ-Ptah, ya sean cuales sean los nombres dados por Diodoro de Sicilia a los faraones, el constructor de la "mayor de las tres pirámides incluida en las siete maravillas del mundo", interviene cronológicamente en su posición histórica exactamente después de Menes. Este rey no tiene absolutamente nada que ver con el que los historiadores griegos posteriores llamaron Memnon para personificar Amenofis II, el octavo faraón de la XVIII dinastía, autor de los dos famosos "Colosos", protectores de un fastuoso templo construido detrás de ellos a la entrada del valle de los reyes de Tebas, hoy completamente destruido y desaparecido.

Estrabón, el gran geógrafo de la Antigüedad que, al igual que Herodoto, dijo haber visitado el laberinto, habla de otro modo en su libro XVII, en el párrafo 37:

> "Además de estas obras, también citaremos el laberinto como monumento por sus proporciones y sus extrañas disposiciones, casi igual a las pirámides y junto al laberinto la tumba del rey que lo edificó. Después de haber pasado el río a unos 30, o 40 estadios aproximadamente de la primera entrada del canal, vimos un terreno plano con forma de mesa sobre el que se había construido un pueblo y un amplio palacio o mejor dicho, un ensamblaje de palacios: efectivamente, había tantos como "nomos"[28] había en el antiguo Egipto, para describirlos mejor había tantos de estos palacios o "aulae" y estaban rodeados de columnas, y situados unos tras otros.
>
> Todos sobre una única línea y a lo largo de un mismo lado del recinto, de forma que a menudo se les confundían con pilares o contrafuertes de un largo muro. Sus respectivas entradas dan frente a este muro, pero son precedidas o disimuladas por misteriosas construcciones llamadas criptas, dédalo de largas e innumerables galerías unidas entre sí por tortuosos pasillos,

---

[28] Nomo se denomina a cada una de las subdivisiones territoriales del Antiguo Egipto. Este nombre es de origen griego; la palabra equivalente egipcia era hesp o sepat, que designaba la superficie cultivable de los territorios.

enredo tan enmarañado que le sería totalmente imposible a cualquier extranjero ir de una sala a otra y salir sin guía. Lo más curioso, es que imitaban la habitaciones, de los "aulae", cada una teniendo por techo un monolito que cubre las criptas, pero en el sentido de su anchura con losas pétreas de extraordinarias dimensiones y de una sola pieza, sin mezclar el uso de vigas o cualquier otro material de ningún tipo, de forma que al subir al tejado, el cual no es muy elevado teniendo en cuenta que el edificio tiene un solo piso, descubrimos una verdadera planicie enlosada con estas enormes piedras.

Y ahora, si nos damos la vuelta observaremos esos "aulae", y veremos frente a nosotros toda una sucesión de palacios flanqueados, cada uno, con 27 columnas monolíticas por supuesto, además las piedras usadas en el ensamblaje de los muros son de dimensiones enormes.

En la extremidad de este edificio, que cubre más de un estadio de terreno, está la tumba en cuestión: tiene la forma de una pirámide cuadrangular que podía tener 4 "phèthres" [29] de costado y tanto de altura. Imandés es el nombre del rey que está enterrado. Se explica el número de "aulaes" del laberinto diciendo que era de uso común en la antigüedad que una delegación de cada nomo precedida de sus sacerdotes y sacerdotisas, se reunía en este lugar para sacrificar en común y para juzgar solemnemente las causas más importantes, cada delegación era conducida al "aula" que le había sido especialmente designada correspondiente al nomo que representaba".

Este párrafo, vuelto a ser copiado por completo, demuestra bastante bien que esta descripción no es más que una de las narraciones oídas por aquí y por allá; y no hay necesidad en detenerse. Sin embargo es interesante apuntar que este pasaje ha despertado muchas interpretaciones acompañadas de dibujos muy originales, como el que vemos aquí representado, que data del siglo XVIII, falseando las

---

[29] Phèthre: pletro (Plethron) es una medida utilizada en la antigüedad, igual a 100 pies griegos. Era aproximadamente el ancho de una pista atlética típica. Son 1024 metros.

investigaciones de los primeros egiptólogos que buscaban el edificio cuadrado... en Tebas.

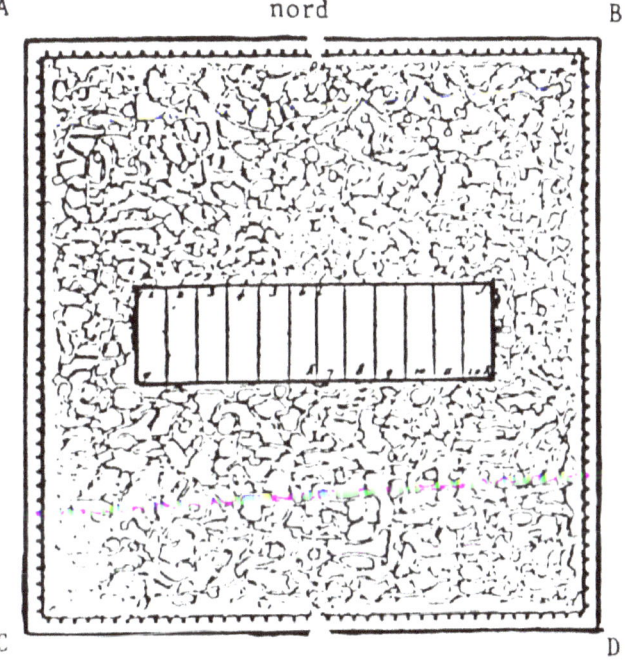

Con excepción de esta improvisada broma que perturbó a muchos investigadores en sus apreciaciones, se puede destacar la descripción de la vista superior de la parte del suelo en esta remota época: "*El edificio no teniendo más que una sola planta, se descubre una verdadera llanura pavimentada por estas enormes piedras.*"

Si se tratara de un pequeño laberinto, no se podría hablar de una verdadera planicie teniendo en cuenta que la arena traída por los fuertes vientos del desierto de forma periódica había formado un lienzo de unos 80 a 100 metros de espesor, por lo que se convirtió en el "Laberinto perdido".

En este momento mi perplejidad era muy grande, debo reconocerlo, oí hablar del padre *Claude Sicard*, en el *Collège* de la Santa-Familia en el Cairo mantenido durante más de un buen siglo por los padres jesuitas. Era la mañana de Navidad de 1.976, y creo que nunca reí tanto en mi vida. Dos autobuses se detuvieron en el patio principal de la célebre escuela y bandadas de turistas bajaron para dispersarse en todos los sentidos. En Navidad, hace bastante fresco en el Cairo, y esa mañana en particular hacía 5°. El padre superior llegó, preocupado, ya que el guía del grupo le expresó el deseo de realizar un piadoso peregrinaje a la habitación ocupada por el padre *Theilhard de Chardin* durante su estancia como profesor.

El padre entró en pánico, ya que nadie había tenido hasta entonces tal idea, y nadie sabía dónde estaba esa habitación. Pasaré por alto la cólera de los turistas americanos, pero después de la gran misa, visitaron los lugares y la biblioteca donde, por casualidad, el padre bibliotecario enseñó la carta de Egipto dibujada por el padre *Claude Sicard* en 1.717, y que el general Bonaparte utilizó casi un siglo más tarde para preparar su campaña de Egipto. Este buen padre había surcado todo Egipto antes de ir a morir al hospital del Cairo que aliviaba a los enfermos de peste durante la terrible epidemia de 1.721.

Estos relatos me ocuparon durante la noche, ya que me albergaba en una de las habitaciones del cuerpo de profesores del colegio de la Santa Familia y ¿Quizás estaría en la habitación del padre *Teilhard*?

Lo seguro, es que a partir del día siguiente, conseguí todos los trabajos del padre *Sicard* y sus escritos. Pero aprendí que subsistían pocos libros suyos, algunos estarían quizás conservados en la nueva biblioteca de *Pare-Dieu (Lyon),* pero no era seguro. Sin embargo, había un manuscrito inventariado en un "fondo" jesuita particular en *Chantilly* fuera de biblioteca.

Fue de esta forma que oí hablar por primera vez de ello, a lo largo de mi estancia en este "antro del saber" del *Oise,* y no tuve dificultad alguna para comprobarlo. Siempre es excitante tener en sus manos tal obra, por lo que contiene, por supuesto, pero también y sobre todo por lo que deja presentir. Efectivamente se trata de las hojas de un escolar escritas por un lado en texto estudiantil con torpeza en versión latina, llenas de faltas corregidas por un estricto profesor, probablemente el padre *Sicard* en persona. En el reverso, estaba la fina y apretada letra del narrador escribiendo el texto más interesante que jamás haya leído.

No soy yo el que debe desvelar su contenido y la única cosa publicable aquí será referente al laberinto. El extracto, impreso en el encabezamiento de este capítulo, dice efectivamente lo que quiere decir. El padre Sicard vio el laberinto y según lo que sus propios ojos vieron, Herodoto y Estrabón se equivocaban. Estudiando las fechas y los lugares, su descubrimiento se sitúa entre Abydos y Tebas, precisamente ahí donde se ubica Tentyris, nombre griego de Dendera.

Veamos un extracto del manuscrito referente al viaje a Dendera, saliendo de Abidos, lo que demuestra la seriedad del buen padre, su preocupación por la verdad, y la precisa minuciosidad en todas sus investigaciones. La longitud de sus líneas y el modo de escribir se han conservado íntegramente en la presentación a continuación:

> *Araba pueblo al oeste y a 2 leguas y media del Nilo, a 4 leguas de Girgé y a 8, o 9 de Menehiet el nédér al sur, a 8, o 9 leguas de Hou, y a 17 o 18 de Dendera al norte, sobre las ruinas de Abydus. Lo demuestro: Ptolomeo al L.4, ch.5 sitúa Abydus al oeste del río, luego Diospolis parva, nada más, y Tentyra, es Dendera Pline L.3, Cap. 9 sitúa esta ciudad a 7.500 pasos del río hacia la Libia o el poniente, entre Tentyris, Dendera, y Ptolemais, nenekiet el nédé.*
>
> *Estrabon y Atonin la sitúan entre Diospolis parva y Ptolomais.*
>
> *Araba está al pie de un monte de arena que los Coptos nombran Afud o, Afodos. La "F" cambia a "B", es Abydos en su martirologio* [30], *el 26 de agosto en el desierto cercano a Abydus. Abydus olim civitas maxima vidatur fuisse 2 a post Thebas, dice Estrabón L. 17. Unas ruinas están aún a más de media legua de largo de norte a sur y un cuarto de legua de ancho de este a oeste.*

He aquí las ruinas que he visitado de Abydus el 8 de mayo de 1.715:

> *1°- Un viejo monasterio del Abad Moyse, de malos ladrillos al poniente del pueblo al pie del monte Abydos;*
> *2°- Al sur del monasterio hay un estanque salado. Todo el año hay agua. Es quizás ahí el fondo in quem patem fornices descenditur in Forcipem Flenos según Estrabón;*

---

[30] Lista o catálogo de los mártires de la religión cristiana y, por extensión, de todos los santos conocidos.

3º- Al sur del estanque se presentan las ruinas del Templo de Osiris, in quo, como dice Estrabón, non licet nec comtori, nec Tibicine, nec est havoudo, facum Sicom aud picavi quem ad modum mos est abis deis. Elien en L. 10, Cap. 28, asegura que el ruido de las trompetas era insoportable para los habitantes de Abydos. Estas ruinas son un recinto de cerca de cien pasos de largo sobre 50 de ancho. Todo es de piedra de granito, y sólo quedan unas 20 aún enteras. Entre otras una grande cuadrada con bellísimos jeroglíficos. El oráculo del dios Béka del que habla Amiano Marcelino, y los Sepulcros de los grandes señores que deseaban hacerse enterrar a los pies de Osiris como lo describe Plutarco, L. "de Isid et Osyrid", que el oráculo de Beza estaba en un templo aparte.

En Abidos, el oráculo de dios Béza predecía el futuro, algunas consultas que se dirigían en este santuario fueron motivos de negras sospechas que concibió Constantino. Y se dice de lo terrible que ocurrió en Sezthopolis, en la Palestina, Amiano L.19, cap. 71;

4º- Al sur del templo, a dos tiros de ballesta, el palacio de Memmon, hijo de la Aurora, aparentemente el mismo que fue a socorrer Troya asediada in qua a Mnemosis Ragia mividice... lapida Estrabón L. 17. Abydus Memnosis Regia y Osyris templo inclytum Pline L. 5 cap 9. Y Selin C. 35, El Memnonium a unos 200 pasos de largo sobre 100 de ancho. En primer lugar se ve un edificio cuadrado de casi 75 pasos de largo sobre 35 de ancho. El suelo es de piedras cuadradas de 6 o 7 pasos de largo sobre tres o cuatro pies de ancho y de espesor. Está sostenido por 50 a 60 columnas o pilares soldados en varias piezas de 6 palmos de diámetro, la mayor parte enterrada en la arena, todas están cubiertas de jeroglíficos muy profundos al igual que el suelo y las murallas. Las columnas son de 10 de largo y 5, 6, o 7 de ancho, de una a otra hay 5 pasos de distancia. Y a lo ancho 13 pasos. La arena nos impidió ver·la puerta y la anchura del edificio.

Este pasaje puede parecer denso y sin embargo, está lleno de enseñanza de la que no sólo Bonaparte se sirvió para sus trabajos, sino diferentes sabios que despertaron además el interés del impetuoso general corso impaciente por ir a Egipto.

Efectivamente en una memoria leída en el instituto de Francia el 28 floreal del Año 5, precisamente a propósito del gran laberinto, por uno de sus distinguidos miembros, el ciudadano *David Le Roy* hace un vibrante homenaje al padre jesuita. Sabemos que en esos años todas las cabezas de los sacerdotes caían, las iglesias ardían y sólo quedaban "ciudadanos", y era necesaria cierta determinación, e incluso valentía, para leer y dedicar una memoria tan elogiosa de la leeremos una parte referente al gran laberinto y la felicitación al padre:

> "Este monumento era muy digno de despertar la curiosidad de nuestros modernos viajeros. Dos grandes sabios intentaron encontrar el lugar exacto. Son Anville y Gibert. Así que han disfrutado del preciado mapa que debemos al padre Claude Sicard. He disfrutado tanto de sus escritos, que quizás otros investigadores puedan disfrutar de mis investigaciones."

Antes de acabar este camino hacia el descubrimiento del "laberinto", cualquiera que se deba, tiene el honor de hablar de los escritos de Diodoro de Sicilia que fue el primero en despertar en mí, negro sobre blanco, el eco del Círculo de Oro. Este conocido autor de la antigüedad habla de ello extensamente en su primer libro de la descripción de Egipto. Pero ya había leído tanto que me sentía algo decepcionado y me guardaba de leerlo. Pero a propósito de la tumba de Osymandias y del laberinto que debía atravesar para llegar a ella, tomé nota de una memoria del honorable helénico *A. J. Letronne* sobre "Osymandias" leída en la "Academia de las Inscripciones y de las Bellas Letras".

El texto íntegro es demasiado largo para ser reproducido, pero desde la primera línea hasta la última describe el estado de los escritos del primer libro de Diodoro de Sicilia. Veamos algunos extractos, siendo el primero el inicio mismo de la sabia comunicación, leída en la sesión del 11 de julio de 1.842:

> "La descripción del monumento de Osymandias, que Diodoro insertó en su obra, ha sido parte de la información más preciada que nos ha llegado acerca del antiguo Egipto. Las colosales proporciones del edificio, la riqueza de su decoración, sus

extraordinarias disposiciones, todo en esta curiosa descripción parece sumarse para excitar la admiración y dar la más elevada fuente de ideas sobre Egipto de la remota época que vio erigir este prodigioso monumento.

Los primeros viajeros modernos que detuvieron su atención en la ruinas de Tebas se apresuraron en buscar las del monumento de Osymandias. Pero reconocerlas no era fácil, suponiendo que aún existiesen, ya que para hacerse una idea exacta del mapa y de las disposición de los edificios como los de Tebas, se necesitan unos conocimientos de arquitectura que la mayoría de los viajeros no poseen."

El segundo extracto provocó que por poco se me salieran los ojos de la cara, habla del Círculo de Oro, y era la primera vez que yo veía este término escrito en francés fuera de mi propia traducción de la jeroglífica de las inscripciones del templo de Dendera, entre otros, en la "Sala del Tesoro". Veamos este segundo pasaje que casi acaba la larga exposición de *Letronne*, donde podemos observar que él también se ha dejado influenciar por las similitudes relativas a unas construcciones separadas por varios milenios, y por las confusiones de nombres de lugares aparentemente idénticos pero usurpados.

Hago alusión al An-del-Sur, que primitivamente fue el de Dendera, y retomado bajo la XVIII dinastía por los sacerdotes de Amon-Râ para justificar el complejo de Tebas:

> "Si es verdad que este famoso edificio fue destruido mucho antes del reinado de Tolomeo, hijo de Lagus, no podemos impedir concebir alguna duda, no acerca de la existencia de una tumba cualquiera de Osymandias, sino acerca de un monumento conforme a la descripción. Podríamos decir, en verdad, que este edificio ya hubiera podido ser destruido en una época remota, al igual que estos viejos monumentos cuyas ruinas ya forman parte de la construcción de algunos edificios de Karnak. Pero una circunstancia de la propia descripción en sí se opone. Los sacerdotes tebanos, decían a los viajeros griegos que el famoso Círculo de Oro había sido saqueado por Cambises, pretendiendo que en el momento de la expedición de los persas, la tumba aún estaba intacta.

Sin embargo, no se comprende cómo tan prodigioso monumento hubiese desaparecido por completo en el espacio de dos siglos, culpando a Cambises, a quien los egipcios responsabilizaron de múltiples devastaciones que no pudo hacer aunque hubiese dirigido todo su furor sobre la tumba de Osymandias, y la hubiese destrozado pieza a pieza, lo que es increíble.

Además el emplazamiento de un edificio semejante en superficie igual a los principales monumentos de Tebas reunidos, hubiera ofrecido al menos, un enorme cúmulo de escombros que testimoniarían sobre la grandeza y la magnificencia del monumento destruido y los orgullosos sacerdotes lo habrían enseñado. No se concibe, pues, que Diodoro no lo hubiese visto a lo largo de su viaje a Tebas, y aún menos se concibe el silencio de toda la Antigüedad acerca de este extraordinario monumento.

¿Quién no se daría cuenta de la intención de elevar por encima de su medida, el poder y la riqueza del antiguo Egipto en estos relatos? Ramsés era un gran príncipe, los anales egipcios dan fe de ello y el Ramesseum era una prueba viva. Pero 8 o 10 siglos antes, Osymandias era mucho más poderoso y aún más rico, y necesitaba que su tumba superara, ella sola, todos los edificios que Ramsés había mandado construir.

No olvidemos la sala de los procedimientos, y otros detalles que representan más o menos este carácter fantástico, acabando por el famoso círculo de oro situado sobre el tejado del edificio. Tenía 365 codos (cerca de 200 metros) de circunferencia, y un codo de espesor. En cada espacio de un codo estaba marcado uno de los días del año, con la indicación del amanecer y del atardecer de los astros para ese mismo día, al igual que los pronósticos atmosféricos referidos según los astrónomos egipcios.

Mucho y muy mal se ha disertado acerca de este famoso círculo de oro, con la intención de hacer algo casi creíble, y se han molestado en inventar hipótesis que se derrumban frente al examen puro y sencillo de la descripción.

Las dificultades que nos presenta son relativas a su grandeza, a su material y a su uso.

En cuanto a su grandeza, se ha intentado apartar la dificultad conjeturando que la palabra "codo" no indicaba una medida absoluta, sino una división relativa, análoga a nuestros grados. Por este medio, se podría reducir indefinidamente el tamaño, y hacer si se desea un círculo de tres pies de circunferencia.

La conjetura no es ni acertada ni cómoda, ya que se destruye sin más por la circunstancia de que el círculo tenía un codo de espesor y aquí la palabra codo, es evidentemente una medida absoluta. Y efectivamente estamos frente a un círculo que tiene 365 codos de contorno y 1 de espesor.

Sin embargo, un círculo de cerca 600 pies de circunferencia no puede de ninguna forma situarse como tapadera de un monumento egipcio, sea cual sea su tamaño, porque sabemos que la superficie del tejado cambia de plano y se hunde en cada división, desde el inicio hasta el extremo.

Si tal círculo es imposible por su tamaño, también lo es por su material. Para disminuir el exceso de lo increíble, se supuso que era sencillamente dorado y no de oro. No niego que algunas veces la expresión se ha utilizado en este sentido; pero no desearía que al reproducir yo mismo esta expresión se llegara a pretender que éste es su verdadero sentido, y que los buenos escritores no usaron esta palabra tratando expresar que algo es de ¡oro macizo!

Al menos, no deseo atarme a esta expresión equívoca. Lo digo y lo repito: todas las circunstancias de la descripción demuestran que se ha querido hablar de un círculo de oro, y no únicamente dorado. ¿Se grabarían sobre una delgada hoja de pan de oro de forma duradera las figuras y los símbolos incrustados en el famoso círculo? Más bien al especificar que tenía 365 codos de circunferencia y 1 de grosor, anunciaba que el material era preciado. ¿Para qué hablar de su espesor si era de piedra? Los sacerdotes no se limitaron en decir que

Cambises había destruido este círculo, dijeron que había saqueado el oro y la plata del gran templo de Karnak.
Tal circunstancia excluye la idea de una simple decoración. Al fin ¿quién creería que Cambises en medio de tanta riqueza se pusiera a rascar las piedras? La propiedad de expresiones usadas para el "pillaje" del círculo, del oro, y de la plata demuestra perfectamente la idea que se deseó reproducir, sin duda alguna, al igual que otras circunstancias en la descripción.
Además, aquí hay algo bastante singular. El volumen es de 361 a 362 codos cúbicos, redondeando, es decir aproximadamente, 53 metros cúbicos, cuyo valor es de cuatro millones ciento setenta mil doscientos ochenta marcos de oros, que a razón proporción 13, es la misma que Herodoto menciona, lo que viene a decir: 53 millones de marcos de plata que Osymandias sacó como único producto de las minas de Egipto. La coincidencia es notable.
En cuanto al uso de tal círculo, nunca se ha podido decir en qué consiste. Lo que es cierto, es que no estaba ahí por nada. Yo veo ahí un torpe invento ya que a primera vista se puede comprobar. Según los sacerdotes, en ese círculo se habían marcado los amaneceres y las puestas de los astros, y los fenómenos "atmosféricos" pronosticados para cada día: ahí reside el carácter de esta visión del mundo que se exponía en las ciudades griegas desde la reforma de Metón, era como ya se sabe unas tablas con los amaneceres y el descenso de los astros para cada día de la enneadecateride [31]*, acompañadas con la indicación de los cambios astronómicos que se creían estaban conectados a ellos. Pero se presenta una dificultad: y es que el círculo de oro, con su división en 365 codos, no podía representar más*

---

[31] Un ciclo metoniano de diecinueve años coincide con los movimientos del Sol y la Luna, porque diecinueve años solares valen aproximadamente 235 meses lunares. "El punto esencial, si no queremos admitir la explicación por parte del equinoccio del primer episodio del ciclo hasta el 22 de marzo, es encontrar uno para la elección del año 277 como el primer año de la ennéadécaétéride (Eugène Tisserant, Mixes, N°232, 1964)".

que un año vago, mientras que la indicación del amanecer y del atardecer de los astros para cada día del año y los pronósticos meteorológicos que se deducían, igualmente grabados para cada día, no podían tener una aplicación constante más que en un año fijo solar o lunisolar, como era entonces la de los griegos regularizada por Metón.

La invención de este famoso círculo, imposible a la vez por el lugar que los sacerdotes le asignaron, por la materia con la que se pretendía estaba hecho, por su propia división, reúne todos los puntos que determinan el carácter de la completa descripción del monumento, nos demuestra otra vez que la intención de los autores de esta descripción fue precisamente inducida por el buen sentido para ello, es decir dar a los griegos una idea extraordinaria y hacerles creer que Egipto no era, incluso ni bajo Sesostris, tan rica ni tan poderosa como 8 o 10 siglos antes.

Un nombre real bastante parecido al de Osymandias, se encuentra escrito en varios monumentos serían prueba de la existencia de un antiguo rey con ese nombre tal y como lo han pensado diferentes críticos, es quizás el propio, el mismo Ismandés al que, según Estrabón, se le atribuía el gran laberinto, y se suponía había sido enterrado en la pirámide situada cerca de este misterioso edificio.

Esta última circunstancia, si es que la identidad de los personajes es real, demostraría cuán vaga e insegura era la tradición en el lugar donde Ismandes, es decir Osymandias, había tenido su tumba, ya que sus restos mortales, según unos estaban encerados en una pirámide, según otros, habían sido depositados en un magnífico monumento que se había construido en Tebas a propósito.

Todo ello demuestra la extrema confusión de todos esos recuerdos históricos que quizás cambiaban de templo en templo en lo que ese nombre significaba según algunos, Memnon o Amenofis II. No se puede sacar nada de todas estas contradicciones. Es imposible que entre los

> *edificios sepulcrales cuyos restos había visto Diodoro de Sicilia en la pendiente de la montaña de libia o en la llanura, hubiese antaño un edificio edificado por el antiguo rey Osymandias, quizás más bello o más grande que los demás, pero ya destruido mucho antes de la llegada de los griegos, como los viejos edificios cuyas ruinas vemos integradas en la construcción de otros en Karnak."*

Antes de comentar este pasaje, escrito en 1.842, recordaré dos pequeños pasajes del libro I de Diodoro de Sicilia que interesarán al lector. El primero es el que hace situar este laberinto de Osymandias en Tebas:

> *1. Los sacerdotes decían, pues, siguiendo los libros sagrados, que se situaban (en Tebas[32]) 47 tumbas reales, pero que en tiempos de Tolomeo, hijo de Lagus, sólo quedaban 17, en gran parte ya en ruinas a la época en la que llegamos nosotros al lugar (en la CLXXX olimpíada).*
>
> *2. Ello no sólo es contado por los sacerdotes, según los libros sagrados, sino por muchos griegos estando bajo Tolomeo, hijo de Lagus, y habiendo realizado las descripciones de Egipto, concuerda con lo que acabamos de decir.*

El segundo extracto es el que habla del Círculo de Oro, y que fue escrito hace dos milenios por Diodoro de Sicilia:

> *16. Que todo alrededor de esta habitación había dispuesto una multitud de cámaras donde estaban perfectamente pintados todos los animales consagrados en Egipto.*
>
> *17. Que de éstas cámaras se accedía al tejado de la tumba por completo, que cuanto se había llegado, se veía sobre el monumento un círculo de oro de 365 codos de circunferencia y 1 codo de espesor, en cada uno de los codos se había grabado y diferenciado los días del año,*

---

[32] Ver las notas de este párrafo a finales de este capítulo, ya que es en esos lugares precisos donde los textos han sido interpretados.

señalando los amaneceres y los atardeceres de los astros así como los fenómenos atmosféricos anunciados, según los astrónomos egipcios, y se decía que este círculo había sido robado por Cambyses y los persas, cuando este príncipe tomó Egipto.

De este pasaje se desprenden dos puntos importantes, a finales de este capítulo presentaré el texto en griego para evitar cualquier oscuridad.

En primer lugar, en el párrafo 1... "*en Tebas*", ha sido añadido por *Letronne* ya que le parecía evidente por el conjunto del texto. Sin embargo, es indiscutible que si Diodoro fue a Tebas, fue porque los sacerdotes y los numerosos autores griegos que lo habían precedido habían descrito la tumba de Osymandias, pero ninguno de ellos situó con precisión el lugar donde se situaba. De ahí que los autores modernos dedujeran que ya que hablaba de ello desde Tebas, forzosamente debía estar en Tebas. Sin embargo, los sacerdotes que hablaron de ello estaban en An-del-sur que se refería a la "Primera-del-Sur", es decir, Dendera, y no Tebas que usurpó este nombre a partir de la XII dinastía.

El segundo punto, muy controvertido, que falseó la interpretación del lugar donde estaba situado el círculo de oro, está en el párrafo 17, Letronne añadió la expresión "sobre el tejado" que no figura de ninguna forma en el original reproducido en anexo al capítulo. Debemos reconocer que ello deformó por completo el sentido dado por Diodoro.

Letronne presentaba la verdad cuando hablaba de una similitud del nombre con el de un antiguo rey, pero manifiestamente retrocedió frente a la investigación complementaria de la verificación, ya que ello le hubiera llevado a una enorme dificultad que le hubiera hecho retroceder, sin duda, hasta remontar cronológicamente a una fecha mucho más anterior a la consagrada por la Santa Iglesia en aquella época para el nacimiento de Adán, y quizás la de la Tierra misma, ya que la pretensión en 1.840 era que nuestro globo terráqueo fue creado por Dios unos 6.000 años antes de nuestra era.

Sin embargo la cronología, puesta al día por Champollion antes de que este joven egiptólogo renegara de ella, situó con gran precisión el acontecimiento del primer rey Menes, o Mendés, en 5.785 a.C., es decir mucho antes del nacimiento del primer hombre: Adán. Pero en cuanto al círculo de Oro los sacerdotes hablaban de doce milenios.

En el primer tomo de mi trilogía de los Orígenes, *El Gran Cataclismo*, aparecido en 1.976, cito un pasaje de los Anales grabados en Dendera sobre este tema. Es característica la confusión de los autores que situaron el círculo "sobre el tejado". Ya que en el conjunto, ahí también se trataba las configuraciones celestes, el Círculo de Oro real, todo de oro, en toda su circunvalación, para ser eternamente idéntico al mismo en relación con las radiaciones de las Doce difundidas por Râ, "el Oro del Cielo", y el círculo mucho más pequeño sobre la terraza servía de uso iniciático, como la presentación de un recién nacido al Sol: el brazo de Ptah.

En la página 164 del Gran Cataclismo, esta descripción no deja duda alguna sobre este segundo "Círculo de Oro":

> "*Los Anales describen con detalle la antigua tradición acerca de esta ceremonia. El proceso ritualizado retenía la aparición de los primeros rayos solares en el Círculo de Oro para iniciar el Oficio. Era un primer signo benéfico evidente para asegurar una larga vida en la Justicia, la Paz y la Bondad al que se beneficiaba de ello. Esta circunferencia estaba incrustada de oro puro, macizo, que lo hacía aún más inmaculado, si ello era posible, junto al mármol blanco que cubría la explanada.*
> *Estaba dispuesta de tal forma que, cada mañana, los primeros rayos del astro diurno se reflejaban directamente sobre una única parte. Por el fenómeno de rotación de la Tierra, cada día variaban un poco su posición en relación a la víspera, adelantándose siempre en el círculo, alcanzando de esta forma a lo largo de un año los doce bloques monolíticos de granito negro cubiertos de una materia cristalina muy específica. Cada uno simbolizaba una de las doce constelaciones que rodean el ecuador celeste a lo largo de la Vía Láctea, armonizando de esta forma la Tierra al Cielo".*

Sin duda alguna esto estaba reproducido en la terraza superior del templo de Dendera, y es muy posible que Cambyses lo robara por completo, como veremos en el libro "*Y Dios olvidó Egipto*" [33] del que adelantaré algo en el capítulo 13.

En cuanto al verdadero Círculo de Oro, cuyo radio es de 7.000 codos, es decir 8 kilómetros de diámetro, dejo por el momento al lector el tiempo de soñar, tanto sobre su grosor como acerca de la calidad de "sólo metal".

Bien, debemos comprender que si en tiempos de Herodoto, de Estrabón y de Diodoro de Sicilia, era relativamente cómodo llegar a Tebas, objeto de todas las curiosidades, era casi imposible llegar hasta Dendera, además, estaba totalmente cubierta por la arena, protegida por miserables campamentos hasta que llegaron los ejércitos de Bonaparte 18 siglos más tarde para descubrir por casualidad el templo. ¿Qué decir pues del Círculo de Oro que aún yace bajo 80 metros de arena? Veremos con más detalle, más adelante.

NOTA REFERENTE AL ORIGINAL DE DIODORO DE SICILIA.
(Y LOS APUNTES DE LETRONNE)

El presente texto original está extraído del primer tomo de las obras de A. J. Letronne, "clasificadas" por E. Fagnan y editadas en 1.881 en París por Ernest Leroux.

Los caracteres griegos impresos a izquierdas guardan el exacto lugar del manuscrito original. La traducción francesa a derechas es la del mismo Letronne. Las partes de las frases entre paréntesis no existían en griego, y son debidas a los añadidos, notas de Letronne. En el primer párrafo, en la tercera línea, está escrito: "en Tebas", y al final "en la CLXXX olimpiada".

Todos los comentarios de la memoria del sabio autor para contradecir el escrito de Diodoro se basan en el absurdo hecho de pretender que esta enorme construcción está situada en Tebas. Sin embargo, no se trata de la ubicación de la tumba de Tebas cuando ya se tienen las demás descripciones, seguro que se trata de una nota humorística de los sacerdotes egipcios al hablar de An-del-Sur, calificándola unas veces con Dendera y otras con Tebas.

---

[33] Esta obra no llegó a publicarse debido al fallecimiento prematuro del autor.

En el segundo párrafo ocurre lo mismo, hay un comentario: "en número se añade Hecatée", que demuestra también que se trata de otra nota añadida por Letronne.

Traducción literal

I. Los sacerdotes decían, pues, según los libros sagrados, que se encontraban (en Tebas) cuarenta y siete tumbas reales, pero que en tiempos de Tolomeo, hijo de Lagus, no quedaban más que dieciete, cuya mayor parte ya estaba en ruinas a la época en la que llegamos a estos lugares (en la CLXXX olimpiada).

II. Ello no sólo es contado por los sacerdotes según los libros sagrados, sino además por muchos griegos que habiendo llegado a Tebas bajo Tolemeo, hijo de Lagus, y habiendo redactado unas descripciones de Egipto (en número se añade Hecatée), concuerda con lo que acabamos de decir.

Texto griego	Tradución Literal
TEXTE GREC.	TRADUCTION LITTÉRALE.
α'. Οἱ μὲν οὖν ἱερεῖς ἐκ τῶν ἀναγραφῶν ἔφασαν εὑρίσκειν ἑπτὰ πρὸς τοῖς τετταράκοντα τάφους, βασιλικοὺς, εἰς δὲ Πτολεμαῖον τὸν Λάγου διαμεῖναι ἑπτακαίδεκα μόνον, ὧν τὰ πολλὰ κατέφθαρτο καθ' οὓς χρόνους παρεβάλομεν ἡμεῖς εἰς ἐκείνους τόπους...	1. Les prêtres disaient donc, d'après les livres sacrés, qu'il se trouvait (à Thèbes) quarante-sept tombes royales, mais qu'au temps de Ptolémée fils de Lagus il n'en restait que dix-sept, dont la plus grande partie était ruinée à l'époque où nous arrivâmes en ces lieux [dans la CLXXX^e olympiade].
β'. Οὐ μόνον δ' οἱ κατ' Αἴγυπτον ἱερεῖς ἐκ τῶν ἀναγραφῶν ἱστοροῦσιν, ἀλλὰ καὶ πολλοὶ τῶν Ἑλλήνων, τῶν παραβαλόντων μὲν εἰς τὰς Θήβας ἐπὶ Πτολεμαίου τοῦ Λάγου, συνταξαμένων δὲ τὰς Αἰγυπτιακὰς ἱστορίας (ὧν ἐστι καὶ Ἑκαταῖος), συμφωνοῦσι τοῖς ὑφ' ἡμῶν εἰρημένοις.	II. Cela n'est pas seulement raconté par les prêtres d'après les livres sacrés, mais encore par beaucoup des Grecs qui, étant venus à Thèbes sous Ptolémée fils de Lagus, et ayant rédigé des descriptions de l'Egypte (au nombre desquels est aussi Hécatée), s'accordent avec ce que nous venons de dire.

147

En el parráfo 17, reproducido a continuación, todo el sentido fue deformado por la abusiva agregación del "(tejado de)" en la segunda línea. No hay duda alguna de que la tumba de Menés o Ismendés, o bien Osymandias, que nunca fue descubierta, se sitúa bajo el Círculo de Oro. Este primer rey, verdadero Per-Ahâ, el "Descendiente del Primogénito", está enterrado en el mismo centro de la circunferencia, tal como se le debe al hijo de Dios. Y esto cambia toda la traducción verídica del texto relatado en su origen por los sacerdotes, y deformado a través de los milenios hasta que Diodoro lo escribiese:

Traducción Literal

XVI. Todas alrededor de esta habitación estaban dispuestas una multitud de cámaras donde estaban perfectamente dibujados todos los animales consagrados en Egipto;

XVII. Que de estas cámaras se subía sobre la (tejado de) tumba entera; que, cuando ahí llegábamos, se veía sobre el monumento un círculo de oro de trescientos sesenta y cinco codos de circunferencia, y de un codo de espesor; en cada codo se había escrito y distinguido los días del año, marcando los amaneceres y las puestas de los astros y los fenómenos atmosféricos (12) que se anunciaban, según los astrónomos egipcios: se decía que el círculo había sido saqueado por Cambyses y los persas, cuando éste príncipe tomó Egipto.

ις'. Κύκλῳ δὲ τούτου πλῆθος οἰκη-
μάτων κατεσκευάσθαι, γραφὴν ἐχόν-
των ἐμπρεπῆ πάντων τῶν καθιερωμέ-
νων ἐν Αἰγύπτῳ ζώων·

ιζ'. Ἀνάβασίν τε ἀπ' αὐτῶν εἶναι
πρὸς ὅλον τὸν τάφον· ἣν διελθοῦσιν
ὑπάρχειν ἐπὶ τοῦ μνήματος κύκλον
χρυσοῦν, τριακοσίων καὶ ἑξήκοντα καὶ
πέντε πηχῶν τὴν περίμετρον, τὸ δὲ
πάχος πηχυαῖον· ἐπιγεγράφθαι δὲ καὶ
διῃρῆσθαι καθ' ἕκαστον πῆχυν τὰς
ἡμέρας τοῦ ἐνιαυτοῦ, παραγεγραμ-
μένων τῶν κατὰ φύσιν γενομένων τοῖς
ἄστροις ἀνατολῶν τε καὶ δύσεων, καὶ
τῶν διὰ ταύτας ἐπιτελουμένων ἐπι-
σημασιῶν κατὰ τοὺς Αἰγυπτίους ἀσ-
τρολόγους· τοῦτον δὲ τὸν κύκλον ὑπὸ
Καμβύσου καὶ Περσῶν ἔφασαν σεσυ-
λῆσθαι, καθ' οὓς χρόνους ἐκράτησεν
Αἰγύπτου.

xvi. Que tout autour de cette pièce étaient disposées une multitude de chambres où étaient parfaitement peints tous les animaux consacrés en Égypte;

xvii. Que de ces chambres on montait sur le (toit du) tombeau entier; que, quand on y était parvenu, l'on voyait sur le monument un cercle d'or de trois cent soixante-cinq coudées de circonférence, et d'une coudée d'épaisseur; qu'à chaque coudée on avait inscrit et distingué les jours de l'année, en y marquant les levers et les couchers des astres et les phénomènes atmosphériques (12) qu'ils annonçaient, selon les astronomes égyptiens : on disait que ce cercle avait été pillé par Cambyse et les Perses, lorsque ce prince s'empara de l'Égypte.

La justificación del nombre de "An-del-Sur" atribuida primitivamente a Dendera, y conservada por la jeroglífica Tentirita, es dada en la cripta n.º 9 de este templo que, recuerdo, es la sexta reconstrucción realizada bajo los Tolomeos del siglo II a.c: ..."*En lo que se refiere al lugar prometido por los primeros Primogénitos, es la ciudad de An, es la sede de Hator, la buena madre de Hor que es la dueña de este emplazamiento. An recibe el Sol que la ilumina desde el primer día del reinicio"*...

Este largo texto será estudiado en el siguiente capítulo, ya que la justificación de la usurpación del nombre de An por Tebas está suficientemente demostrada hoy en día.

9

El Círculo de Oro

Parece que el mar gira en el fondo del abismo atropelladamente con el rayo y el huracán, buscando huesos ¡aún vivos!
Y allí, en Ath-Mer, un baño púrpura tumultuoso, cubre de sangre el Círculo de Oro del Templo-Dios que ya no era más que idolatría.

Chibet d'Ahou, Anales del escriba Ahou

El estudio de los lugares no nos informa sobre el destino material de las criptas. Los textos, por suerte, dan algo de claridad acerca de esta interesante pregunta. En cuanto uno penetra en las criptas lo que nos llama la atención ante de todo son las medidas y la distinción de los materiales preciados que están situados junto a la mayoría de las imágenes de divinidades esculpidas sobre los muros.

Auguste Mariette, Descripción de Dendera, 1.875

La pregunta no es saber si el Círculo de Oro existe o no, sino cuándo y cómo llegar hasta él y cómo acercarnos más a la realidad del lugar con más precisión.

La primera cosa concierne el destino, la ubicación de Dendera. Los que no lo admiten de forma oficial, sin embargo, hoy condescienden y reconocen que podría tener una conexión astronómica. Incluso dejando al margen el planisferio y la denominación sagrada de estos lugares: "Templo de la Diosa del Cielo" o "Casa del Universo"; el descubrimiento de doce criptas situadas en los puntos cardinales de forma precisa, demostraría si es preciso, la validez de lo que es más que una simple presunción.

Así que empezaremos por hablar de estas criptas ya que forman una de las claves para la comprensión de la finalidad de este Círculo de Oro, y del medio para conseguirlo. Pero si efectivamente hay doce, una patente anomalía salta a la vista de inmediato: nueve están totalmente grabadas con jeroglíficos y esculturas, y tres están completamente desnudas, pareciendo más un sótano o vertedero que otra cosa. Además están dispuestas en tres plantas.

Volviendo al diccionario, tal y como yo mismo tuve que hacer en este período de mis comparaciones e investigaciones, estaba escrito:

"...del latín cripta tomado prestado del griego kruptos que significa escondido, como la parte subterránea de una iglesia donde se enterraban antaño los muertos".

Si verificamos los apuntes de Auguste Mariette, podemos leer:

"Las criptas de Dendera son en total doce. Seis son subterráneas, las otras seis sembradas a través de las murallas rodeando la parte posterior del templo.
Las criptas descubiertas a lo largo de nuestros trabajos son las dos criptas de la sala A, la cripta de la cámara O, la cripta número 4 y 7, en total cinco criptas. Las otras estaban más o menos llenas de escombros, y poco accesibles, pero todas eran conocidas."

Y este otro característico pasaje:

"Las doce criptas no están todas revestidas de inscripciones. Las dos criptas de la sala A y la cripta de la cámara O no tienen ninguna, pero en las nueve restantes observamos la profusión de cuadros y textos que tanto distinguen el templo de Dendera. Resulta por ello que todas las criptas no tienen para nosotros el mismo interés. Así que desde ahora abandonaremos las tres primeras para sólo ocuparnos de las otras nueve.
Para no omitir nada acerca de las generalidades de las criptas, añadiré que, según toda verosimilitud, los constructores del templo no han concedido a todas las criptas igual importancia, únicamente las del piso subterráneo son verdaderas criptas.
Únicamente ellas tienen sus días de fiesta, y también eran las únicas en ser amuebladas con emblemas y estatuas de todo tipo. Las criptas del piso intermedio también merecen nuestra atención, pero los textos ya no tienen la misma precisión y los

cuadros que las decoran pueden ser llevados de una cripta a otra sin perder nada de su claridad.

En cuanto a las criptas del piso superior, podemos verlas como una descarga de la albañilería constructiva. Los cuadros son tan numerosos como en cualquier otro lugar, pero no encontramos nada local y los cuadros tendrían la posibilidad de ubicarse en otro lugar en cualquier parte del templo".

A partir de esta lectura, y antes de estudiar con seriedad estos famosos textos jeroglíficos, en el propio templo, tuve la impresión de sentir un mareo indefinido. Como si se hubiera obviado algo para demostrar que las doce criptas habiendo sido descubiertas, nada quedaba por buscar.

Sin embargo, tanto en el sentido literal como natural de la palabra "cripta", sólo 5 estaban actualizadas y que hubiese algún escondite secreto en las plantas, no lo convertía por ello en criptas.

Primero me volqué sobre los textos jeroglíficos grabados en los niveles superiores, de fácil acceso a pesar de su denominación "cripta", como la número 3 que se sitúa bajo la parte superior de la gran escalera que lleva a la terraza superior, como es fácil observar en este plano realizado por A. Mariette:

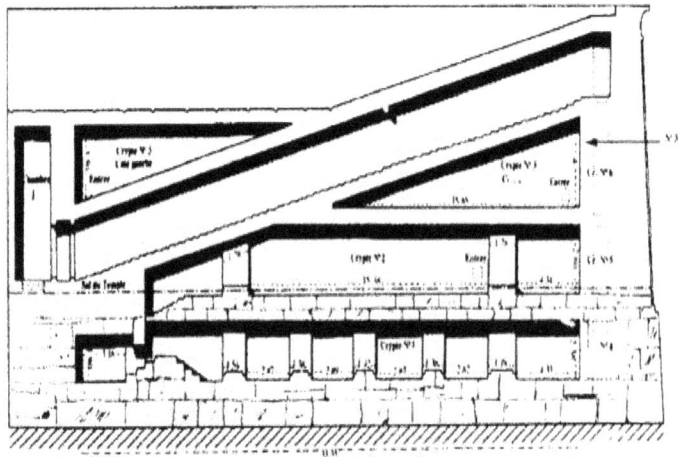

La tercera cámara está totalmente cubierta de textos grabados cuya delicadeza es significativa indicando su destino que nada tiene que ver con una cámara secreta, o una entrada subterránea. Vemos su reproducción a continuación. El principio de la traducción permite comprender el destino de esta sala.

Es difícil en el marco de este libro profundizar más, ya que serían necesarias casi mil páginas suplementarias. Esto evidentemente demuestra que se trata de un santuario dedicado a Isis, escondido por supuesto, cuya entrada era secreta, pero que no tenía nada que ver con una cripta.

"Esta sala está consagrada por el Dios del Universo, cuyo Nombre no se escribe, es el Maestro de las Parcelas divinas como de las Envolturas carnales, y de todas las cosas en la Tierra. Todos los Jueces encargados de hacer respetar Su Ley son representados alrededor de la buena madre de Hor, hijo del Primogénito de Dios, Ousir.
Cada uno de ellos está representado siguiendo las prescripciones específicas de los libros sagrados. Cada dibujo corresponde a las palabras pronunciadas por los descendientes de los Primogénitos. El mobiliario es de madera de sicomoro, las esculturas de metal precioso"...

Algunos misterios no deberían ser desvelados. El referente a la Tríada Divina era uno. Horus, hijo de Isis y de Osiris, era el Primogénito directo de Dios por nacimiento, tuvo una enseñanza complementaria accesible a los que conocían las Combinaciones-Matemáticas-Divinas y que practicaban los mandamientos.

Esto es aún más verídico en el piso inferior, la cámara número 2. Se trata de una habitación de grandes dimensiones como es fácil reconocer en el mapa anterior, está situada bajo la escalera que lleva a la terraza.

La particularidad de esta sala es que cuenta en su casi totalidad, la historia del pueblo antiguo cuyos descendientes vinieron a establecerse a Egipto. Esta habitación es la justificación de la "Trilogía del Pasado", al igual que de la autoridad que se desprende del Conocimiento estelar antiguo.

Vemos en la imagen adjunta, las seis principales acciones diurnas combinadas por Ptah por medio de las 7 Errantes y de las Fijas de nuestro sistema solar (Sol, Luna, Mercurio, Marte, Venus, Júpiter y Saturno) que son el reflejo de los 12 "corazones", emanaciones de las doce constelaciones que forman el "Cinturón".

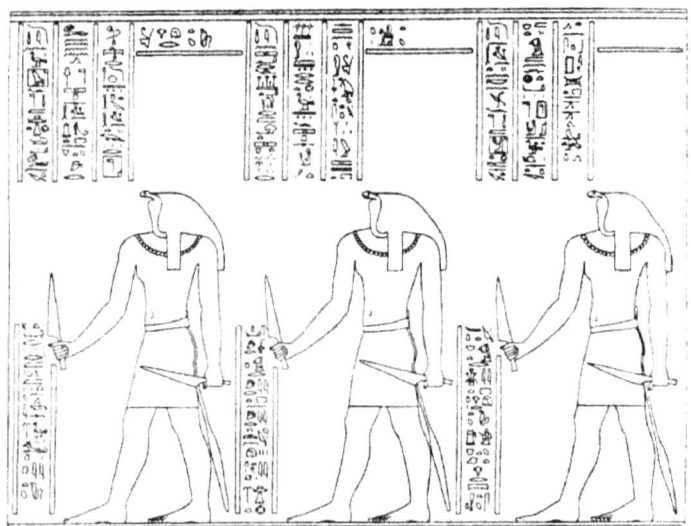

Aquí todas las esculturas están pintadas de color tradicional, mientras que los jeroglíficos y los grabados han permanecido en su estado primitivo en relieve o en grabados en profundidad en la piedra. Contrariamente a las partes que faltan en las habitaciones del templo, la mayoría martilleadas de forma salvaje durante las intrusiones de los usurpadores de Râ, paneles enteros de muros desaparecieron, fueron recortados con tijeras a finales del siglo XIX, entre 1.870 y 1.873, por los "vendedores de antigüedades". Pero el trabajo del tallista está por doquier, y es notable, tanto en la demostración de la hipocresía de Set, el asesino del cuchillo de su hermano Osiris, cuya cabeza es transformada en serpiente simbólica. Está representado girado a izquierdas en el muro norte, y, pues, mirando hacia poniente: Ahâ-Men-Ptah, tierra hundida por la cólera divina debido al asesinato.

Sobre el muro septentrional la misma escena está reproducida mirando hacia derechas, es decir hacia Egipto, el Segundo Corazón, donde los jeroglíficos revelan que si el antagonismo de los dos hermanos se mantiene, será el fin de la "Segunda Patria".

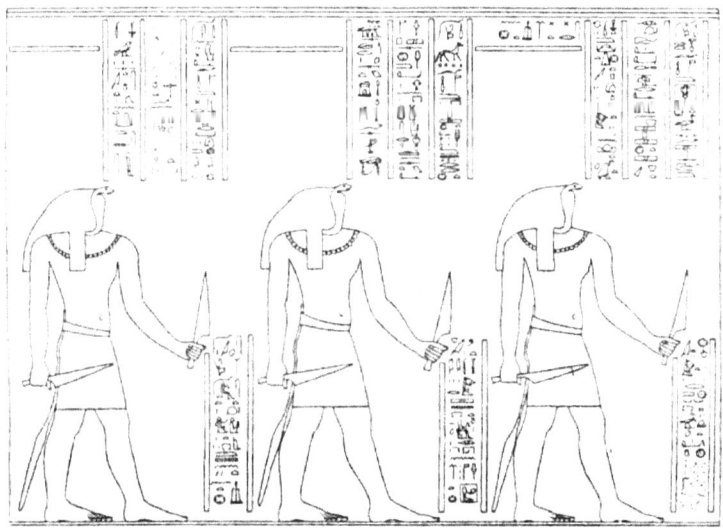

También vemos una notable escena grabada justo después de la representación de las doce de las Combinaciones-Matemáticas-Divinas, cuyo dibujo volvemos a presentar. Aquí observamos las seis posibilidades de la Justicia divina para influir las Almas, o montar en cólera si no se siguiera la estricta observación de los mandamientos, habría un nuevo diluvio; en resumen: el Apocalipsis definido por San Juan, o bien, la Edad o Oro; ambos están representados por las urnas dispuestas a ser volcadas sobre la Tierra.

Esta representación tan expresiva, casi no necesita comentarios.

Sería interesante pasar revista detalladamente a cada una de las siete cámaras calificadas de criptas por los egiptólogos y que no lo son, ya que justifican el tema de mis investigaciones sobre el monoteísmo, demostrando su veracidad en el menor detalle, incluso cuando aparece bajo forma de diálogo. Nunca fue novelado.

Pero yo buscaba en este templo un cierto Círculo de Oro, o al menos su entrada, y no era en su superficie o en las plantas superiores donde debía buscar. Así que volví a las 5 verdaderas criptas descubiertas y concentré mis esfuerzos. Antes de empezar a buscar las 7 que faltaban, luego la entrada al Círculo de Oro y el estudio de las radiaciones cósmicas.

Era incontestable que había 12 criptas, y no sólo porque representaban todas las variantes de los cuatro puntos cardinales en relación al lento movimiento equinoccial que hacía variar angularmente la oblicuidad de los rayos provenientes de las doce, dejando entre ellos un intervalo cada treinta grados siempre en armonía.

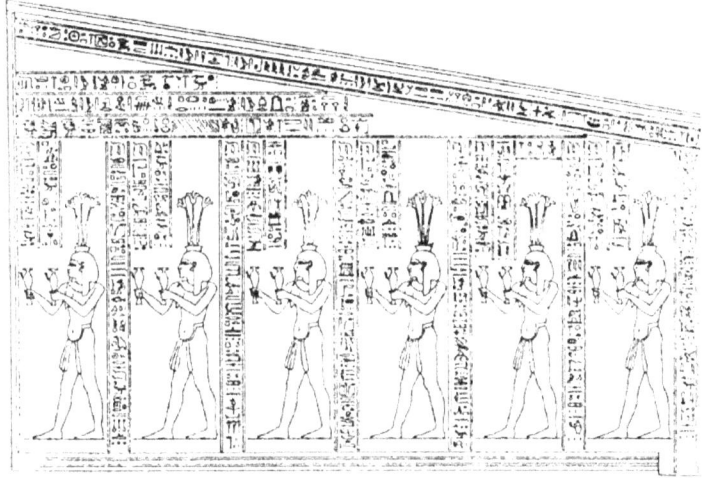

Estas doce criptas permitían conservar un lazo permanente entre la Tierra y el Cielo mientras durase el eterno acuerdo entre el Creador Celeste y sus criaturas terrestres. Obtuvo la absoluta convicción estudiando las auténticas criptas.

Veamos en primer lugar el plano de base del templo con el emplazamiento de estas criptas subterráneas.

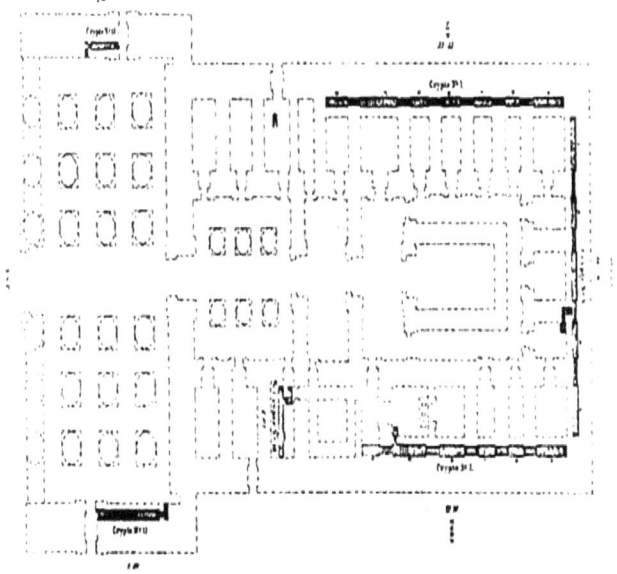

Dejemos de momento la cripta 1, que en este momento se parece más a una larga fila de pequeñas bodegas con los muros casi totalmente dañados, con las esculturas destruidas y con los suelos levantados, excavados dejando enormes agujeros abiertos con forma de pozos, en el fondo de los que, evidentemente, no se descubrió nada, los profanadores buscaron ahí algo en una época muy remota.

¡Sólo es un recordatorio del olvido! Las inscripciones aún visibles que rodean la parte superior de los grabados destrozados hablan exclusivamente de fórmulas fascinantes de encantamientos y maldiciones contra los que intentaran desvelar el secreto de la diosa Isis, representada aquí bajo el nombre de "Vaca blanca". Efectivamente, Osiris siendo el Toro celeste, su pura esposa Isis fue representada bajo la imagen de una vaca blanca.

La cripta dibujada en el plano con el n° 4, es muy bonita y llena de enseñanza. Agrupa cinco habitaciones unidas por pasillos. Todos los grabados tienen los colores muy bien conservados. Y si el preciado mobiliario ya había desaparecido antes de su descubrimiento por *A. Mariette*, una momia de vaca en descomposición aún estaba ahí. Y el primer pensamiento que nos llega con espíritu lógico es preguntarse cómo tal volumen pudo penetrar en esta cripta, por la cual un hombre de tamaño medio debe agacharse para poder acceder al subterráneo. Para mayor detalle veamos el plano de las cinco cámaras, los pasillos que las conectan y la escalera que permite acceder.

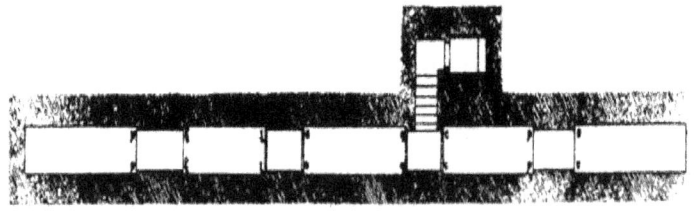

El friso que domina la escalera a altura del techo indica:

> *"Entrada de la Morada de la Madre de las madres, la Pura Vaca Celeste, que es el ojo derecho del sol y la gran maestra del Cielo."*
> *"Ella es la hija de Geb, el último rey de los Bienaventurados, dormidos del continente hundido por cólera de áquel cuyo Nombre no se escribe, y que*

permitió la redención de los Supervivientes dándole su Hijo por esposo."

Sería demasiado largo en el marco de este libro, presentar todos los textos jeroglíficos dibujados, ya que nada más que para la explicación de las criptas, incluso condensándola en pequeños párrafos y con letra pequeña, necesitaría unas 500 páginas. Sin embargo, el texto principal del friso del primer pasillo, el que aparece cuando hemos bajado la escalera, vale la pena ser reproducido ya que el lector reconocerá, entre otros, el carácter que significa "Combinaciones-Matméticas-Divines, el cielo, la tierra, y la astronomía en general".

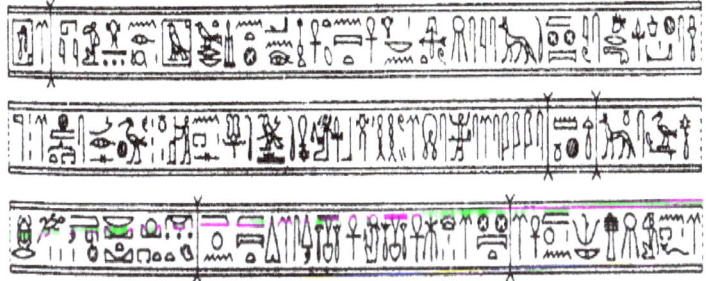

"Tú que entras purificado en este santuario secreto de la Vaca blanca para acceder a la Morada de Hor-el-Puro, el vengador de su padre, no tengas ningún temor, ya que a partir de aquí estás bajo la protección de la Diosa del Cielo y de las Combinaciones-Matemáticas-Divinas.
Tú aprenderás a someterte a los mandamientos celestes que han redimido las almas dormidas por culpa de Set el fraticida.
La Vida y el Conocimiento te serán desvelados, así como el Pasado y el Futuro, gracias a tu comprensión de los datos contenidos en el Círculo de Oro. Entonces te acercarás a la Vida Eterna y a la Eternidad Bienaventurada."

La escalera está descentrada a propósito, deliberadamente, ya que nada se deja al azar en esta construcción. Era normal visitar en primer lugar la parte a derechas, ya que siguiendo las descripciones equinocciales, este muro del Oeste, desfasado, estaba al principio en este lateral. Cruzando la habitación vemos el más famoso grabado, y sin duda el más célebre: Isis dando el pecho a su hijo Hor. ¡El colmo!

Ya que esta reproducción hacía irremediablemente pensar a la "Virgen y al niño Jesús".

No polemizaré aquí sobre las múltiples reminiscencias religiosas, ya que serán vistas con detalles en "Jesús-el-Cristo" que aparecerá entre 1.984 y 1.985. Toda esta habitación ofrece unos cuadros que dibujan la vida y la iniciación de Hor, desde su nacimiento hasta su muerte, donde aparece como juez de las Dos-Tierra: Ahâ-Men-Ptah y Ath-Kâ-Ptah, con una cabeza de gavilán y las insignias de su divinidad.

Luego recorremos el pasillo de esta habitación hacia la segunda, la última de este lado derecho del subterráneo. Es notable por varios motivos, el principal es que define la biblioteca del Círculo de Oro de Dendera, así como las cinco disciplinas cuyas enseñanzas eran dispensadas.

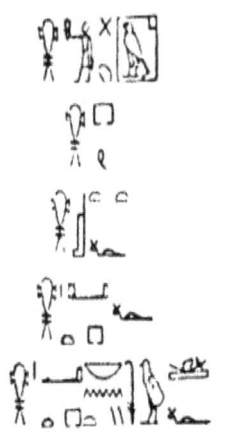

La enseñanza del Ahâ hijo de Hor (es decir de Têta o Thoth).

La enseñanza de la Palabra en la Morada

La enseñanza de la Ley Divina

La enseñanza de la Parcela Divina en su cuerpo.

La enseñanza surgida de los Supervivientes para asegurar el futuro de las generaciones de los Menores.

Diez grandes grabados que decoraban el pasillo aseguran de alguna forma la clave, ya que de dos en dos representan la protección de cada una de las partes de la biblioteca, unas para el día, otras para la noche. Lo que observamos de inmediato es la primera enseñanza, difundida en los libros de Têta, rey tres veces bendito, ya que fue él quién restableció la jeroglífica, el calendario, es decir, el tiempo, la medicina y la vida. Sin embargo este Têta, fue pronunciado en griego Thoth, convertido en Hermes Trismegisto, o el tres veces grande.

Sabemos a través de Clemente de Alejandría, en su Stromata, en el libro 6, que este "Hermes" había introducido en un total de 36 libros todo el contenido del Conocimiento de Egipto. Ocho trataban sobre jeroglífica; cuatro de las Combinaciones-Matemáticas-Divinas con las fases del sol y de la luna, el movimiento de los cinco otros planetas, y la cosmografía del universo; diez acerca de la enseñanza sacerdotal, de la "Ley y sus Mandamientos", dos libros reservados al culto de Ptah, y doce acerca de la anatomía y medicina.

Había pues en Dendera, y puede que aún exista enterrado en el Círculo de Oro, una biblioteca cuyo origen se pierde en la noche de los tiempos, si se admite que la tumba de Menés o de Osymandias se sitúa en su centro, ya que este Têta o Thoth, o Hermes, es efectivamente el hijo de Menes, el segundo faraón de la primera dinastía.

Hay ahí un salto fantástico en el espacio-tiempo porque retrocedemos seis milenios en el pasado, cuando el templo no tenía más de dos mil años de existencia. Es, pues, manifiesto que debajo existen los vestigios de otro templo aún más antiguo que comunica con sus criptas astronómicas, y con los pasillos que llevan al Círculo de Oro.

Veamos algunos de los protectores de la biblioteca, con sus delicados significados, protegiendo eficazmente la entrada del Círculo de Oro, por pares: nocturno y diurno:

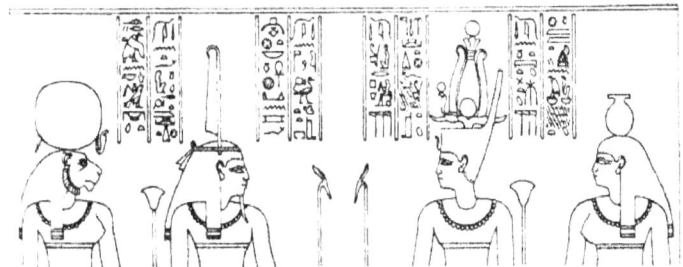

La cripta número 7 aporta de alguna forma el reconocimiento de todas las celebraciones iniciáticas que tuvieron lugar en el templo, ya que indica el emplazamiento del tesoro contenido en el Círculo de Oro. Consagración es el término que más conviene, ya que cada 1.460 años Dendera celebraba la gran fiesta del Nuevo Año, que duraba 365 días completos, era un nuevo año de Dios, personificado por Isis, diosa del Cielo, y se iniciaba por una conjunción Sol-Sirio, cada 1.461 años solares.

El calendario completo de esta fecha, que duraba un año, es precisado en cada detalle de la gran sala del templo. A lo largo de 365 días los creyentes venían de todo Egipto y de los países cercanos cargados de ofrendas y de suntuosos regalos, cuya lista es ampliamente comentada, tanto sobre los dos lados exteriores del templo como en la cripta 7.

Toda una parte del templo estaba destinada a la celebración del gran elogio de la Tríada Divina, las barcas sagradas de Horus y Osiris, llegando de Edfú y Esna para unirse a la de Isis. En el centro estaba la "Capilla del Nuevo Año" y la habitación contigua era la "Sala del Tesoro" que se comunicaba por un pasillo a la cripta 7 y de ahí salía hacia el Círculo de Oro.

En el tercer tomo de la Trilogía de los Orígenes: "Y Dios resucitó en Dendera" sólo pude presentar esta fiesta, ya que aquí también necesitaría varios centenares de páginas para describir las fastuosas fiestas que se llevaban a cabo. Quizás, un día la integridad de estos libros pueda publicarse, pero por el momento volvamos a la cripta 7 que, aparentemente, tiene una conservación mediocre, y no ha suscitado ningún entusiasmo o investigación alguna. Los egiptólogos sólo han visto en ella el desarrollo de varias fiestas a lo largo de los días epagómenos de los años vagos y nada más.

Sin embargo, nada más ver los doce protectores deberíamos meditar, incluso si la jeroglífica, tal como el libro de A. Mariette sobre Dendera indica en la página 259: "...está tan desvastado que hemos renunciado a copiarlo". Pero en la línea trazada para el estudio del monoteísmo y acerca del descubrimiento del Círculo de Oro que se deduce, el simbolismo de los grabados de esta cripta es tan evidente que casi no hay necesitad de explicarlos.

La descripción de las doce se ve con detalle, dando a los iniciados llegados hasta ahí el código necesario para la compresión general de la implantación de los diferentes monumentos del complejo. Veamos estas seis figuras características:

El primero de los doce es por supuesto el León, con el Sol sobre la cabeza, que hace de guía de la nueva navegación celeste. Luego vienen, en retrogradación, Cáncer (que es caracterizado por el Escarabajo o la nueva vida), los Gemelos (Géminis), Tauro, Aries (Carnero) y Piscis (los peces).

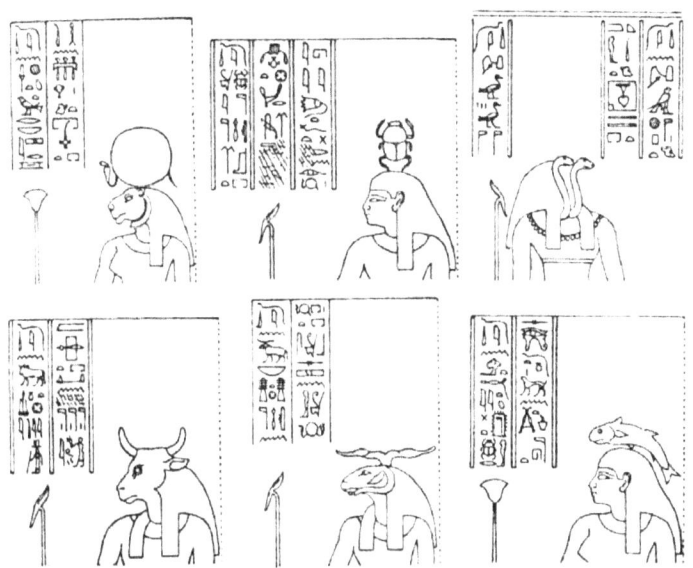

Sólo queda por encontrar la ubicación de las otras criptas que aportarían los eslabones que faltan para adentrarse dentro de los pasillos de forma segura en lo que hoy se llama "Gran Laberinto". La mejor forma de proceder lógicamente es saliendo de la Capilla del Año Nuevo, de la sala que contiene la descripción del calendario de las festividades del Año de Dios hasta llegar a la cripta 7.

Trayecto que he realizado meticulosamente después de haber estudiado jeroglífico tras jeroglífico y todas las inscripciones. Y si aún no he hablado de la cripta llamada nº 10, que sigue a la nº 7, pero en sentido perpendicular al muro norte y no paralelo a éste (véase el plano de la base del templo), es porque la lógica deseaba que enfrente hubiese "algo".

Sin embargo, el muro septentrional estaba cortado ahí por una puerta y todos los sondeos realizados en las esquinas por los egiptólogos que se han sucedido en Dendera fueron negativos. Únicamente cuando se consulta el plano extremadamente preciso, realizado por los arquitectos, es fácil ver que el Templo de la Dama del Cielo está dividido desde arriba hasta abajo, desde la terraza a los subterráneos, en una increíble multiplicidad de alvéolos pareciéndose más a un termitero.

En cuatro lugares precisos, unas nuevas criptas fueron descubiertas, y en agosto de 1.979, dos losas de varias toneladas fueron levantadas y después retiradas del emplazamiento marcado como A, justo en la apertura del muro Sur, los vestigios del templo de Khufu, el famoso Keops de los griegos, se desvelaron por la parte superior de las columnas, con todo su esplendor. Justo donde yo había calculado que debían situarse, teniendo en cuenta el antiguo eje de esta tercera reconstrucción que para nada era el mismo debido al retroceso de la tierra en el espacio por el fenómeno de atracción de los planetas llamado: la precesión de los equinoccios.

La misión egiptológica francesa, cuyo jefe era *François Daumas* no estaba en Dendera de forma permanente en los últimos años, fueron los egipcios quienes lo descubrieron, habiéndoles hablado profusamente y demostrándoles que el lugar ideal que estaba dispuesto para ser descubierto, no era una cripta, sino el acceso superior a otro templo. Estando yo presente, informé de inmediato por correo a Daumas debido a su interés, le ofrecí todos mis trabajos, no por modestia, sino porque sólo fue de forma accesoria como me interesé en la jeroglífica, luego en Dendera, y en su Círculo de Oro.

La respuesta manuscrita que recibí como respuesta, a la vez que era muy cortés, significaba de alguna forma: "no gracias". Mis investigaciones no interesaban a los egiptólogos franceses que preferían utilizar los fondos a su disposición para consolidar y limpiar el actual templo. Por supuesto que lo necesita el pobre, pero me parece que una zona de conciliación hubiera podido ser alcanzada para que pudiese igualmente realizar mis investigaciones que son mucho más importantes que el resto. Veamos la carta de Daumas, en su totalidad:

"Estimado Señor,
Siento también que no nos hayamos visto. Sin embargo, vuestro descubrimiento tentyrita me interesó mucho. Muy lejos de pensar que Dendera ha dicho su última palabra, estoy seguro que aún quedan por realizar excavaciones prometedoras. No obstante, publicar en primer lugar el templo, despejado por Mariette entre 1.860 y 1.870 me parece que se impone. Por ello

he entregado las excavaciones sine die [34]. Mis sucesores las realizarán".

Cuando vemos la actividad dinámica de las investigaciones americanas en Egipto y el valor de los egiptólogos alemanes que se interesan por mis trabajos, mi consternación es perfectamente comprensible. Al tiempo que recibía la respuesta de Daumas, recibí un correo extenso de Washington, de una casa de edición que me ofrecía un contrato en dos ejemplares, ya firmados por el presidente-director general, que ofrecía un adelanto de 20.000 dólares desde el momento en que devolviese un ejemplar firmado, y que le enviase mi manuscrito incluyendo el conjunto de mis investigaciones en Dendera.

Por supuesto no se trataba de eso, y entregué, a la época, un ejemplar de este contrato a Ediciones Laffont, no teniendo nada que esconder a mi editor. Pero por otra parte, los americanos están hechos de tal manera que no les cabe en la cabeza que rechazara una oferta tan atractiva, por otra parte, un delegado de esta casa de edición ya había salido hacia el Cairo para esperar un equipo de la cadena de televisión ABC que debía ir a Dendera, a pie de obra, esperando mi llegada. Ya que el contrato precisaba que con la recepción de mi ejemplar firmado recibiría un billete de avión para ir a Egipto.

Todo eso fue demasiado precipitado, sentía que había un deseo de publicidad muy evidente y para que no se convirtiese en una simple operación comercial de un fenómeno que sería aún más importante y explosivo a la hora de su puesta al día: el Círculo de Oro. Ya que si la sexta reconstrucción del templo de Isis en Dendera se realizó bajo Tolomeo XI, acabándose bajo el emperador Tiberio, tenemos la completa certeza de que la concepción del edificio religioso en sí, tanto desde el punto de vista de sus dogmas como de su liturgia, remonta a los sabios arquitectos de los "Seguidores de Horus", es decir a los Primogénitos que precedieron al fundador de Egipto.

Conviene pues remontar antes de la construcción de las pirámides, antes de que las más antiguas tumbas hayan visto organizarse sus necrópolis, antes de que los maestros de la Medida y del Número

---

[34] Expresión latina que significa 'sin plazo o fecha determinados' y se usa para indicar que algo se aplaza o se alarga indefinidamente.

tomasen posesión del lugar sagrado de Dendera para hacer un enorme complejo a la medida de los engranajes del Universo con el que deseaban estar en armonía.

Pero el tiempo y el desgaste no han dejado más que huellas a través de la jeroglífica. Por ello, si en un primer momento, los egiptólogos franceses admitían el término de "diosa Hator" que significa por supuesto "Madre de Horus", y no diosa de orgías siguiendo el ejemplo de Afrodita, habría un inicio de comprensión que permitiría asimilar claves mayores. Los grabados de Isis dando el pecho a Horus separan en 6.000 años el que está en el templo tolemaico del que está en la nueva cripta subterránea, y desvelarían el conocimiento sobre el modo de acceder a uno de los pasillos que llevan al Círculo de Oro. He presentado estas diapositivas inéditas y exclusivas en varias oportunidades, y algunos espectadores han planteado preguntas que eran aptas para resolver el problema. Del mismo modo que estos cuadros representan la muerte y la resurrección de Osiris, con notables diferencias que demuestran más allá de los milenios el lugar mismo donde se sitúan, permitiendo comprender cómo se realiza el acceso al Círculo de Oro.

Pero para ello, no sólo se debe admitir, sino impregnarse de la certeza de que este templo de Hator es efectivamente el de Isis, la Dama del Cielo, la patrona de las Combinaciones-Matemáticas-Divinas. Ya que este templo no existiría, y nunca hubiera sido concebido en su origen, lógica y fundamentalmente si Hator no hubiese sido la madre de Horus. El dogma esencial está personificado por la Tríada divina. Sólo perdura porque la ética, la espiritualidad y la filosofía faraónica estaban fundadas sobre estos preceptos.

Fue además porque este concepto de Ptah fue puesto en marcha en Ath-Kâ-Ptah por lo que se volvió a desarrollar el antagonismo de los descendientes de Set. La oposición de los dos grandes príncipes, erigidos en nociones del Bien y del Mal, marcó los cuatro milenios de vida fraticida con luchas incesantes a través de las nociones de Amón-Râ y de Ptah que acabaron por hacer olvidar a Egipto el monoteísmo y ser borrado del listado de las grandes potencias.

Las Combinaciones Matemáticas Divinas regulaban todo el funcionamiento de este enorme complejo. El año de Sirio, es decir de Isis, denominado en jeroglífico el "año de Dios", regía un mecanismo inmutable en 1.460 años perfectamente rodado. Y durante un año solar de 365 días, el templo se abría a todo Egipto para las fastuosas fiestas. Ya que fuera de este corto plazo de tiempo, en relación a los casi 15 siglos que había entre dos "Nuevos años", el recinto que rodeaba el edificio religioso permanecía rigurosamente cerrado al público, incluso los habitantes del pueblo de Dendera no veían más que las dos monumentales puertas del muro exterior.

Todo respiraba serenidad espiritual al lento ritmo del año de Dios. El interior del templo estaba totalmente concebido para la devoción hacia la Tríada Divina y la Buena Madre Isis. Se observaba en diferentes salas numerosas estatuas que se vestían y desvestían, también había altares, mesas de ofrendas, insignias depositadas, cofres en los que algunas imágenes sagradas estaban fuera de la vista, otros cofres conteniendo las vestiduras sagradas, es decir, los ornamentos destinados a vestir las estatuas y los utensilios de culto.

Tres grandes barcas sagradas estaban encerradas en una de las salas del templo: el Santa Santorum, mientras que en otras salas se almacenaban las esencias y los aceites olorosos elaborados en el propio lugar. Los edículos de las terrazas debían tener el mismo mobiliario sagrado, y es probable que se conservaran ahí las 34 representaciones celestres, las estatuas de los protectores, los pequeños obeliscos, las insignias que servían en las ceremonias de la resurrección de Osiris. En cuanto a las criptas, las estatuas y los emblemas que estaban depositados eran tan ricos como variados y numerosos.

La última cosa importante, "*decidida*" por los egiptólogos para evitar las excavaciones fue que este templo excepcionalmente, fue construido sobre la misma arena del desierto con solo unos frágiles cimientos. Cuando contemplamos el conjunto del templo, es difícil admitir tal fragilidad, al igual que la falta de cimentación, sobre todo cuando se ve el jeroglífico que significa el Círculo de Oro coronado por su cuadrado representando el dominio de Isis:

Para concluir este vital capítulo, ofrezco al lector el siguiente grabado, extraído de la cripta 7, donde podemos ver la resurrección de Osiris ayudada por Isis y Nephtys que pudieron volver a llamar a su

Parcela divina siguiendo los preceptos benéficos del Círculo de Oro primordial.

Efectivamente, el jeroglífico *"invertido"* se sitúa por encima de las cabezas de los figurantes en esta escena, y si está invertido es porque el Gran Cataclismo ya se había representado ahí antes de su reconstrucción en Dendera.

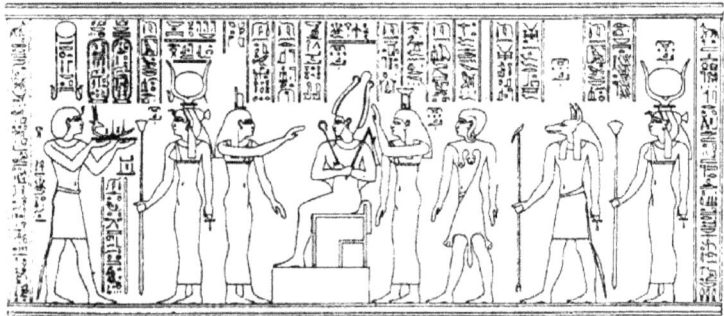

10

DESCUBRIENDO DENDERA

Ya es hora de no estudiar únicamente para sí mismo estas informaciones sacadas por azar de una tumba o un templo, sino investigar el motivo de su presencia, el lugar relativo que ocupan, el lazo que los une unos a otros; en una palabra, analizar el pensamiento que compuso los monumentos que los contienen.
                      L. De Rochemonteix. Informe al ministerio de la instrucción pública, mayo 1878.

Dendera: Este nombre evoca en todos los que han hecho el clásico peregrinaje a Egipto en faluca sobre el Nilo, la primera visión real de la belleza más pura y la más auténtica que hayan visto de un templo egipcio.
           G. Maspero. *Extraído de una carta del 27 de junio* 1900.

Dendera es el pilar central de la "*Historia del Monoteísmo*", tanto que el templo que constituye su elemento esencial merece ser estudiado por cuatro motivos importantes:

1. El actual templo es la sexta reconstrucción del edificio original, que remonta a los "Seguidores de Horus", es decir, a los reyes predinásticos.

2. Este templo tenía la única escuela que enseñaba la astronomía desdoblada en la *Doble-Casa-de-Vida:* una para el día, otra para la noche.

3. Su planisferio, o Zodíaco, es el monumento más polémico descubierto en Egipto para la arqueología hasta ahora actualizada.

4. Las Combinaciones-Matemáticas-Divinas grabadas en las paredes del templo cuentan la historia de un pueblo original dirigido por Osiris, Horus e Isis, la Tríada divina, que justamente justifica el Zodíaco, ya que representa la carta del cielo en el día del Gran Cataclismo, que tuvo lugar hace doce mil años aproximadamente.

Desde mi primer viaje a Egipto, mientras que preparaba mi tesis sobre Pitágoras, todos los coptos que había contactado para informarme me hablaban constantemente del templo de Dendera, infinitamente misterioso, secreto y sagrado. Los sacerdotes jesuitas del Cairo hicieron lo mismo. Era un lugar donde la matemática y la astronomía tenían un gran papel. Y si deseaba comprender la iniciación de Pitágoras en el "conocimiento", era a ese lugar privilegiado donde primeramente debía ir. Allí, una serie de circunstancias extrañas me hicieron entrar de lleno en un impresionante misterio.

Dendera está a unos sesenta kilómetros de Luxor, la gran ciudad turística de hoy, cuyo nombre antiguamente se pronunció Tebas por los griegos. Evidentemente en este lugar planté mi cuartel general. No sólo por comodidad, sino porque en este período el presidente Nasser no permitía circular libremente a los que se aventuraban a esta región.

El cuartel general de las tropas soviéticas estaba a cinco kilómetros del templo de Dendera. Como además mi salud me obligaba aún a tener cuidados intensivos, la presencia del hospital en Luxor, con sus médicos y, sobre todo, un cirujano jefe que había realizado sus estudios en Estados Unidos y en Inglaterra, me hacía sentir seguro.

Si hablo de este médico, es porque ya está jubilado desde hace unos meses y seguimos siendo muy amigos. En nuestro primer encuentro se sorprendió de ver un francés enfermo y además minusválido, interesarse por unas "piedras" que consideraba sin interés alguno, pero que fomentaban las divisas a Egipto a través de los que perdían su tiempo por venir a verlas.

Sin embargo, al no haber visitado él mismo las ruinas, me llevó en su coche. La primera visión que tuvimos al llegar es la relatada por *E. Vilieres du Terrage*, que escribió en 1.798 en su diario de la Expedición a Egipto, de 1.798 a 1.801:

> "Sólo la visión de los monumentos de Dendera basta para aliviar las penas y las fatigas más duras del viaje, aunque no tengamos

la menor esperanza de poder visitar todo lo que contiene el resto de la Tebaida".

Efectivamente, el lugar es grandioso. No por su imponente superficie como los templos de Luxor, ni por su suntuosidad, como la que rodea las construcciones de Karnak. Aquí, en primer lugar se desprende un sentimiento de respeto, seguido de un orgullo sin nombre por pertenecer en definitiva a la raza humana, ya que es la que concibió los planos y la construcción de los muros.

En esta época, gracias al cirujano, nuestro guía nos ofreció una clase completa sobre la Tríada Divina, y en francés. En esta época, el egiptólogo encargado de las investigaciones era *Chassinat*, que había formado un notable equipo, incluso si sus trabajos no iban en el sentido que había presentado el vizconde *Emmanuel de Rougé* y *Auguste Mariette*.

Como mi nuevo amigo el cirujano era considerado un brujo por todos los indígenas, ya que operaba y volvía a coser con destreza todos los accidentados o enfermos graves, me beneficié de una clase donde toda la noción de interés estaba excluida, convencido de que nuestro guía no esperaba "*bakchich*"[35] por lo que enseñaba, y él sabía que yo no utilizaría lo aprendido en sentido lucrativo.

Desde esta primera visita comprendí la incontestable originalidad que se desprendía de este monumento a través de todas sus murallas, sus galerías, sus columnas, sus techos, sus escaleras interiores cubiertas de jeroglíficos, sus criptas subterráneas o escondidas en el grosor del mismo suelo, sin olvidar sus cámaras iniciáticas situadas en la terraza superior, al igual que el planisferio convertido en Zodíaco, elemento dominante.

La entrada a este templo se realiza después de haber cruzado una amplia explanada rodeada de un recinto amurallado, atravesado en su centro sur por un pórtico impresionante. No hace falta ser una eminencia en las disciplinas egiptológicas para comprender que es ilógico pretender que estas espléndidas construcciones cubiertas de grabados y de jeroglíficos son únicamente obra de obreros que

---

[35] En Egipto: propina.

trabajaban bajo arquitectos tolemaicos, cuando ni unos ni otros podían leer la lengua sagrada, tan bella y tan perdida.

Pero como preliminar a los cuatro puntos citados que me han indicado el camino, veamos el detalle principal de la difamación sobre la anterioridad de la construcción del pórtico sur, ya que aquí empieza el enredo acerca del origen de los constructores del sagrado conjunto de Dendera. Las controversias que animaron a todos los especialistas a principios del siglo XIX son testimonio de ello. Efectivamente, la inscripción dedicatoria en esta monumental puerta, escrita en griego define bien su época:

"Para la conservación del emperador César, hijo del dios César, Júpiter liberador, Augusto, siendo prefecto Publio Octavio, siendo epistratega Marco Claudio Póstumo, siendo estratega Triphon; los habitantes de la metrópolis y del nomo elevaron este propilón a Isis, diosa muy grande, y a los dioses adorados en el mismo templo, año XXXI de César del mes de Thot, el día de Augusto".

De ahí el impresionante número de "Memorias" publicadas por los sabios entre 1.810 y 1.840 para refutar la antigüedad del templo de Dendera construido en la misma época y que, por ello decían los retractores, quitaba todo valor al famoso Zodíaco transportado con grandes costes a París, al entonces museo imperial antes de convertirse en el Louvre.

Si este pórtico era tolomaíco no había duda alguna que el templo también lo era. Hoy sabemos, a través de papiros, que era la sexta reconstrucción fiel sobre el emplazamiento original, concebido y erigido hacía cinco o seis milenios. La introducción de Auguste Mariette figura en el epígrafe de esta obra ya lo dejaba entrever.

Augusto César, habiendo aprobado la continuación de la sexta reconstrucción del templo, decidió participar a su modo y merecer la gracia de Isis, hizo construir el pórtico sur y puso ahí su marca, para atraer la bendición sobre su reino. Además, todos los emperadores actuaron del mismo modo, de espaldas a Dendera, en la gran sala los cartuchos de Augusto, Tiberio, Calígula, Claudio, y Nerón figuran claramente al igual que la preocupación de los emperadores por atraerse las bendiciones de la "Diosa Madre". Hasta Cleopatra se hizo presentar bajo la forma de Isis, con su cara, para recibir todas las bendiciones que le habían sido concedidas por Osiris al igual que cuatro hijos. En esta primera visita con el doctor y el guía memoricé varios hechos importantes:

- Únicamente nueve de las doce criptas descubiertas estaban grabadas con jeroglíficos, mientras que las otras tres se parecían a sótanos con muros desnudos, sirviendo más bien para depositar productos.
- Unos sondeos en las cimentaciones del templo han demostrado que piedras grabadas o esculpidas con anterioridad para construir los templos más antiguos, ya destruidos, habían sido reutilizadas para asegurar la solidez de los cimientos.
- Incluso en el interior del actual edificio, como en el techo de la escalera sur, figuran unas piedras macizas de arenisca originales de la construcción que remonta a la XII dinastía, es decir, dos milenios antes.
- En otros lugares, se ven unas representaciones de los reyes de la VI dinastía llevando ofrendas a la buena diosa Hator, estos presentes eran conservados en la cripta especialmente dedicada a Isis.
- De igual forma Toutmosis III, aportó su tributo de oro a la Tríada divina, y fue depositado en la Sala del Tesoro antes de ser llevado a los subterráneos que llevaban al Círculo de Oro, para ser depositado bajo la protección de Ptah y destinado a uso propio.
- Y referente a la orientación misma del templo cuando este edificio era consagrado a Isis como Dama del Cielo, y que en su Casa-de-Vida se enseñaba astronomía y las Combinaciones-Matemáticas-Divinas. La orientación del edificio no correspondía a los datos inscritos sobre los muros. Eso era al menos lo que decían y escribieron especialistas en las excavaciones y los datos del levantamiento de los mapas topográficos. Muchos más temas me fueron revelados a lo largo de esta visita.
- Efectivamente, el eje longitudinal del gran templo se desvía 16° del norte verdadero, hacia el este, mientras que los textos jeroglíficos no están en acuerdo con esta línea, ya que en la cámara están grabados como estando al norte, cuando está totalmente al oeste. Además, y en tres lugares diferentes de los muros de otra habitación, ésta se da como orientada al oeste, cuando hoy lo está al sur.

Otra cosa incomprensible para mí fue darme cuenta de la ignorancia de los encargados de desencriptar los textos. Busqué restablecer la verdad, ya que todos exponen hipótesis sin pies ni cabeza y con miras a explicar la falta de "inteligencia" de los arquitectos y de los promotores de la antigüedad. Sin embargo, la única explicación lógica es perfectamente comprensible por el fenómeno llamado: "la precesión de los equinoccios" que hace retroceder la tierra sobre su eje en el espacio.

La retrogradación de Dendera en relación al verdadero norte ha sido de 50 segundos de arco por año: Es decir, de un grado cada 72 años, así 16 + 90 = 106

Esta fecha es fácil de calcular matemáticamente ya que: 106° X 72 años = 7.632 años.

Si quitamos 2.100 aproximadamente hasta la dedicatoria de Tolomeo XIII, daría una anterioridad que daba vértigo al neófito que yo era, ya que obtenía un resultado de: 7.632 – 2.100 = 5.532 años.

Fue entonces cuando mi guía me informó acerca de documentos depositados en el museo del Cairo refiriéndose al rey Khufu[36] que había ordenado la tercera reconstrucción de Dendera, dando a su arquitecto real unos planos escritos sobre pieles de gacela y que remontaban a los "Seguidores de Horus".

Fue de esta forma que oí hablar por primera vez de estos reyes predinásticos que llegaron a orillas del Nilo hacia el sexto milenio antes de nuestra era y que construyeron también un Círculo de Oro desaparecido según la información del guía.

No hace falta que diga que el doctor empezó a interesarse seriamente por Dendera y a sentir la misma fiebre que yo. Pero aún no había llegado al final de mis sorpresas, y cuando llegué a la terraza superior en el lugar donde estaba la copia del planisferio llevado a París hacía más de un siglo y medio, el techo se había oscurecido como el resto debido a la grasa quemada por los fuegos que desprendían humo negro, no por ello era menor el enigma de este lugar en este templo aún considerado como el emplazamiento más sagrado, depositario de todos los secretos de Isis.

---

[36] Se trata del rey Keops de la IV dinastía, los detalles están en el libro A-3.

Ese día también aprendí que el original estaba en el museo del Louvre donde fue llevado por un francés. Como desde hacía 150 años siempre fueron los egiptólogos de nuestro país los que excavaron en Dendera, todos los *"felahs"* [37] y los adjuntos trabajando el en templo hablaban mejor o peor nuestro idioma, como nuestro mentor, que ciertamente no fue conocido por *Mariette-Bey* en persona, pero trabajaba estrechamente con *Chassinat*, cuya mayor preocupación era escribir para la I.F.A.O. un enorme trabajo de varios volúmenes acerca de Dendera, que sería la mayor transcripción realizada hasta entonces.[38]

Pero el origen del templo, el porqué de los que habían precedido, el significado de este Zodíaco al igual que el pintado en la sala hipóstila, y que es rectangular, no parecían conmoverlo. Y como el egiptólogo estaba en Francia a la hora de nuestra visita, no pude preguntarle para comprender su falta de curiosidad. Por mi parte, me empapé lo más posible de este monumento que parecía hipnotizarme y motivarme para desencriptarlo por todos los medios.

Como he dicho abundantemente y he explicado en otros textos,[39] digamos sencillamente que reproduce, sin contexto, la carta del cielo de un día preciso del tiempo pasado.

Las doce constelaciones figuran teniendo como guía el rey de los animales majestuosamente de pie sobre una barca. La mujer que representa la constelación siguiente, es Virgo sujetada a la cola, y así sucesivamente hasta llegar a Cáncer que se encuentra, por encima del León a pesar de ser la última de las doce. La representación no es pues un círculo perfecto, pero más bien una espiral de modo que hable mejor al ojo.

---

[37] Un fellah (en árabe فلاح, falāḥ, campesino, labrador) es la denominación que reciben los campesinos en el Oriente próximo, y más concretamente los de Egipto, Siria y Palestina. Son los agricultores arrendatarios, es decir, los que no son propietarios de la tierra.

[38] Obra titulada: *"Dendérah"* de ocho volúmenes, los dos últimos son obra de François Daumas, que continuó el trabajo de Chassinat a su muerte.

[39] A-1, y D-1 que presentarán las figuras de todos los calendarios tentíricos.

De esta representación zodiacal, Leo es la constelación más importante ya que inicia un nuevo tiempo y una nueva era. Aquí, el menor detalle cuenta y debemos saber astronomía para poder descifrar cada ideograma celeste.

Habiendo ya muchos trabajos escritos sobre este tema, le dediqué horas de lectura para hacerme una idea general del tema e iniciar mis investigaciones personales. Aquí también la biblioteca de los jesuitas de Chantilly me permitió ganar tiempo, todas las obras especializadas se encuentran en el propio lugar, incluido el sorprendente trabajo de Jean-Baptisto Biot, titulado: "*Recherches sur plusieurs points de l'astronomie égyptienne*" (Investigaciones sobre de varios puntos de la astronomía egipcia) aplicada a los monumentos astronómicos encontrados en Egipto.

Apareció en 1.823 e hizo el efecto de una bomba, ya que su autor no era un desconocido cualquiera. Entre sus títulos figuran: miembro de la Academia de las Ciencias de San Petersburgo, de Londres, de Estocolmo, de Berlín, etc. Incontestablemente, no se trataba de una broma, ni de un pasatiempo destinado a hablar inútilmente del Zodíaco de Dendera.

A pesar de no conocer aún esta apasionante obra, fue con el espíritu en ebullición, y algo estupefacto, que volvimos a bajar a las salas inferiores donde la bella fisionomía de Isis, con su grácil sonrisa apacible reproducida sobre los 24 pilares, me incitó por sus mil caras a recuperar mi tranquilidad. De esta manera conocí una primera versión referente a la "Tríada Divina: Osiris, Isis y su hijo Horus", que era venerada en este templo en la persona de Isis, y dos edificios más cercanos adorando Osiris en Esna y a Horus en Edfu.

La Diosa Madre de los miles nombres, Isis, recibía las reliquias de su esposo y de su hijo durante las grandes fiestas religiosas haciendo de Dendera el templo inicático más sagrado de todos, y mi sorpresa fue grande cuando nuestro guía nos enseñó en la sala la escena dedicada a la resurrección de Osiris que renacía para enseñar a las generaciones futuras e incluso si se negaba cualquier antigüedad a este templo, era evidente que su construcción remontaba como mínimo a un siglo antes del nacimiento de Cristo. Sin hablar del simbolismo de la cruz inherente a la cruz ansada faraónica, o cruz de vida, que conocí con todo detalle más adelante.

No era el momento de dialogar acerca de esta similitud, al menos chocante desde el primer vistazo. Necesité aún varios viajes más, con menos prisa, organizando mi tiempo libre entre las clases que impartía para hacerme una idea general del concepto de este monoteísmo original de la historia de Egipto que pronto se convirtió en toda mi preocupación. Desgraciadamente tenía problemas en cada página de los libros que leía con las "traducciones" de los jeroglíficos cada vez más absurdas. Ya que habiendo visto los monumentos con mis propios ojos, me era imposible creer en un politeísmo idólatra, tantas veces descrito con tanto lujo de detalles grotescos, como para apoyar la bestialidad de este pueblo faraónico. Sin embargo cada uno de estos autores no negaba la grandeza de las construcciones.

A través de todas mis lecturas, tomaron forma dos caminos paralelos. El primero se refería a los textos que describían la adoración y la veneración de todo un pueblo hacia Ptah, y por extensión a Ousir, Osiris, que era el Hijo. La otra tenía a Râ, o Amón-Râ, como promotor de la naturaleza, esto es lo informado por los Escribas de los descendientes de Sit (Set). Ousir y Sit eran medio hermanos de madre: Nut, pero de padres diferentes: Ptah y Geb.

Para penetrar mejor en la comprensión de los textos originales, debía conseguir los principales diccionarios jeroglíficos, así como la gramática de Champollion, libros esenciales, al menos eso pensaba. Pero era muy difícil conseguirlos ya que todas estas obras eran casi ilocalizables en el comercio. El único lugar donde hubiera podido consultar era en la Biblioteca nacional de París, pero no tiene fácil acceso. Como por milagro del azar, hablando con los eclesiásticos de los trabajos a los que deseaba dedicarme por completo desde ahora, uno de ellos me señaló el centro cultural de Les Fontaines, en Chantilly [40] que recibía a los investigadores, abriéndome sus puertas. Cuando me sentí integrado, observé la suerte que había tenido, ¿otra coincidencia más? No sólo los libros que necesitaba estaban ahí y al alcance de mi mano, sino que también había un ejemplar completo de la "Descripción

---

[40] Desde 1 999 la mayor parte del contenido de la colección de Fontaine también conocida como Chantilly está en la biblioteca municipal de Lyon, (500.000 volúmenes aproximadamente). En Sêvre hay unos 40.000 libros de estos jesuitas y la mayoría de los libros de filosofía que no han sido transferidos a Lyon. Así como la lista de Derville (4.000 volúmenes).

de Egipto", monumental obra realizada por la Comisión científica de Bonaparte. También había diferentes obras de Dendera y de Champollion incluyendo varios libros que me permitieron sin duda alguna discernir mejor la personalidad del "descifrador" de jeroglíficos, con las "Cartas inéditas" de Champollion, el Joven a su hermano, publicadas por el marqués de Brière en 1.842 y que demuestran, entre otras cosas, que el gran sabio se convirtió en genio a los 17 años, momento en el que se interesó por la arqueología oriental, y gracias a sus trabajos fundó lo que sería la egiptología.

"*Les Fontaines*" es un gran complejo hotelero con 140 habitaciones muy alejadas de la imponente biblioteca con forma de búnker, los padres jesuitas aceptaron transformar mi lugar de ubicación en un anexo a la sala de trabajo, colocando estanterías y pude tener a mi disposición, sin moverme de mi habitación, tanto de día como de noche, todas las obras que necesitaba y que eran poco solicitadas en un lugar donde la espiritualidad era el centro de la mayoría de los estudios, debemos decirlo.

En primer lugar me sumergí con entusiasmo en el estudio de los diccionarios, mi sorpresa fue grande, ya que ninguno de los cinco concedía de forma seria el mismo significado a un mismo ideograma. Ahí tenía el *Dictionnaire allemand de Brugsch,* en 3 volúmenes, dos ingleses, uno francés y otro más alemán. Consultando un ideograma, me indicaba por ejemplo el color negro de uno, en otro figuraba en rojo, o en verde en el tercero. Y aún en este caso los tres hablaban de la idea de un color, lo que no era el caso para otros jeroglíficos.

Debía, pues, volver a empezar en otro sentido, ya que Champollion estaba en el origen del descubrimiento del alfabeto y de la "comprensión" de la lengua sagrada, intenté discernir el motivo de las diferencias que me impedía cualquier lectura real de la jeroglífica. Y observé con sorpresa, que nuestro sabio francés había muerto muy joven dejando sus trabajos inacabados siendo editados por su hermano que para ello tomó el nombre de *Champollion-Figeac.*

Algunos arqueólogos de la época se apoderaron de los "resultados" para componer una egiptología a su uso que les permitiría lanzarse con atrevimiento en una ciencia que no dominaban. No soy yo quién lo dice, sino varios sabios y comités de esta misma época que también hicieron sonar la alarma. El señor *Affre*, arzobispo de París, escribió una carta a la Academia para llamar la atención de sus honorables miembros sobre el modo en el que algunos orientalistas utilizaban los trabajos del fallecido Champollion para crear una ciencia de la que nadie comprendía nada y únicamente con el objetivo de conseguir 5.000 libras por año. En términos más diplomáticos, por ser extranjero en la Academia de las Ciencias de Moscú, el señor *Alexis de Goulianof*, escribió en 1.839, en su libro "*Los Elementos de la Lengua Sagrada de los Egipcios*":

> "El nivel en el que el sabio francés Champollion dejó los elementos de su doctrina, necesariamente llevó a los arqueólogos al campo de las hipótesis más o menos arbitrarias y a autorizarlas de alguna forma para sustituir su opinión a los datos equívocos del fundador de la teoría."

¿Qué ocurrió en realidad en este concepto de la jeroglífica? Es evidente que en cualquier caso nadie había comprendido el concepto de la primera escritura jeroglífica de este idioma divino del Origen, Champollion estuvo cerca de conseguirlo, y murió prematuramente.

Volvamos brevemente al histórico descubrimiento de Champollion con el proceso que lo llevó a crear de toda pieza su "*Alfabeto de las letras fonéticas jeroglíficas*".

La "Piedra de Roseta", encontrada por los soldados de Bonaparte, estaba escrita en griego, en demótico o lengua popular egipcia antigua, y en jeroglífica o lengua sagrada de los sacerdotes faraónicos. En la parte griega, el nombre de Tolomeo se repetía tres veces, en la parte jeroglífica, tres conjuntos ideográficos estaban encerrados en un óvalo,[41] lo que le dio la idea a Champollion de creer que el contenido de estos "cartuchos" significaba "PTOLOMEO".

Consultando centenares de copias de documentos representando los cartuchos, el sabio dedujo los de Cleopatra, que provenían de un obelisco bilingüe de Filae. Sin embargo, "P, T, O L" de Ptolomeo eran semejantes a los contenidos en el nombre de "CLEOPATRA". Partiendo de esta similitud, Champollion compuso un alfabeto. Aquí se sitúa el error, ya que sólo se trataba de una fonetización aproximada que no tenía nada que ver con la escritura en si misma.

---

[41] Cartucho en la terminología egiptológica.

Y sólo fue a través de una nueva "coincidencia" mientras que estaba perdido en las conjeturas acerca de la falta de sentido que intuitivamente daba a esta alfabetización abusiva, que además no se encontraba en ningún diccionario; cuando un distinguido japonés llegó al centro de los padres jesuitas. Se trataba del señor *Takeno,* que venía para acabar un trabajo importante sobre *Pascal.* Esta universidad católica de la capital nipona cuenta con 40.000 estudiantes y este señor ocupaba un puesto muy importante.

Su erudición era tal que un día que desayunamos en la misma mesa le hablé acerca de este enigma jeroglífico, pensando que los ideogramas japoneses podían ser de ayuda. Y así fue, para mi mayor alegría. El ejemplo tomado es muy sencillo, pero permite a cualquier lector comprenderlo perfectamente ya que habla de la traducción del Nuevo Testamento al japonés.

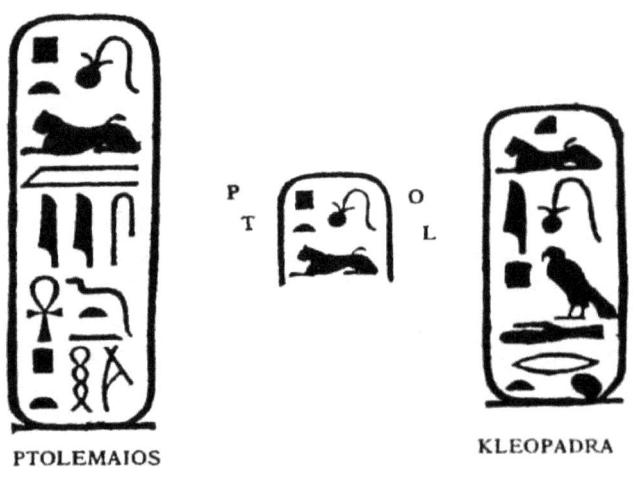

PTOLEMAIOS   KLEOPADRA

"Eternamente Vivo"   "Amado de Ptah"

Que se tradujo a este idioma basándose en el griego, el arameo, o incluso el francés, ello poco importa, ya que los nombres y los apellidos japoneses no tienen comparación en estos idiomas. Cuando se debía traducir, entre otros, el nombre de la Santa Virgen: "María", no sólo no había ninguna concordancia en la fonética japonesa, sino que además el sonido "r" no podía ser reproducido o escrito, ya que en su escritura no existía. Así que se utilizó un tipo de engaño lingüístico, como centenares más a lo largo de la traducción, y realizar un ensamblaje jeroglífico de lo más precario, e incomprensible en japonés, para llegar al nombre de "María".

Tres caracteres fonetizan una consonante verbal sensiblemente idéntica en una misma categoría de sonidos: "MA-LI-YA", pues *Malia*, era lo más parecido fonéticamente a María, veamos:

Pero estos tres jeroglíficos no quieren de ninguna forma significar "Malia" en japonés, ya que estos tres símbolos ¡no pueden unirse entre sí! Efectivamente esta composición heteróclita sirve únicamente para pronunciar una palabra extranjera que debe ser leía en alto o bien pronunciada en voz baja como para uno mismo. Y su pronunciación no tiene la importancia de su verdadero significado. El único objetivo loable es que permite reconocer un sonido a un extranjero que es susceptible de prestar atención.

Fuera de este contexto, ¿qué significan estos ideogramas en japonés?

MA = JASPE

LI = BENEFICE

YA = DEUXIEME

Estos tres sonidos característicos de un nombre extranjero, mencionando la Virgen de Nazaret, la Madre de Jesús, "María", no pueden más que imitar estrictamente los sonidos de los europeos para asegurar la continuación de la lectura del texto sagrado en japonés. Ello significa que no es más que un conjunto que no tiene significado en otro contexto, ya que no significa "María", puesto que estos tres jeroglíficos juntos en japonés no significan nada.

Es evidentemente imposible pues que se conviertan alfabéticamente en "M. L. I." Como anécdota añadiré que el distinguido rector de la universidad de Sofía, con una sonrisa maliciosa, me reconoció que esta pronunciación de "Maliya" ya había sido utilizada para designar el nombre de un tirano sanguinario en el siglo XII, lo que provocaba para los eruditos budistas la representación de un anaglifo jeroglífico ¡de lo más divertido!

Por ello, una traducción jeroglífica basada únicamente en el alfabeto nacido de los principios de *Champollion*, basándose en los sonidos sustitutivos utilizados en los cartuchos reales e imperiales grecoromanos, no puede decir nada que sea sensato, sobre todo porque fueron concebidos por los sacerdotes de Ptah que no admitían estos invasores "bárbaros". Sería como si actualmente deseamos decir en latín unas palabras de sentido desconocido hace dos mil años, como patata frita, electrónica, antena de televisión, etc. Sólo a través de una imagen sugerente se podría transmitir a través de cualquier época un sentido de otra forma intraducible.

Champollion realizó este trabajo en el entusiasmo de sus treinta años, justo antes de su prematura muerte, y seguramente no tuvo la conclusión lógica que debía tener. Si hubiera vivido sólo unos meses más, la "traducción de los cartuchos" se habría transformado en un sólido trabajo perdurable, ya que tenía a su disposición una ingente cantidad de documentos originales que él mismo trajo de las orillas del Nilo,[42] desgraciadamente éstos desaparecieron.

De nuevo, me fui a la consecución de una explicación lógica del sentido de los textos grabados, ya que nada se había esclarecido. Debía comprender. Seguiría una nueva vía: la de los autores antiguos que habían hablado de jeroglífica. Durmiendo poco y disponiendo de preciadas obras en mi habitación, absorbía a *Horapolon, Queremon, el monje Tzétzés, Aristóteles, el padre Kircher, Clemente de Alejandría*, y numerosos eruditos de los primeros siglos que escribieron sobre ello, con más o menos acierto.

---

[42] Leer la importante nota al final de este capítulo referente a los avatares que tuvo Champollion en vida con la Santa Iglesia, y que son poco conocidos contrariamente a sus problemas políticos.

Queremon, que compiló el "Conocimiento a través de la jeroglífica", permanecerá para la posteridad como el primero en publicar unos elementos de lo que se llamaría "La Lengua Sagrada de los Egipcios". Sin embargo, este erudito sabía de lo que hablaba, ya que no sólo era uno de los hierogramatas más asiduo de la biblioteca de Alejandría mucho antes de que Julio Cesar, celoso, diera orden de "quemarla".

Queremon era además el guardián-preservador de la "Tradición-Original", la que estaba escrita en pieles, y que era preciosamente conservada en la biblioteca del Serapeum de Alejandría, que no se situaba en el barrio de "Bruchium", totalmente destruida por el incendio, sino en el "Rhacotis" donde ninguna casa fue alcanzada por el desastre, y donde por consiguiente los documentos permanecieron intactos. Desgraciadamente, sólo briznas de la traducción griega de esta obra han llegado a nuestros días. Eran contadas por los autores latinos, como el monje bizantino *Tzétzés*, en su libro "*Aegytiaca*". Aún es más doloroso saber que este trabajo siguió siendo único en los anales de la historia. Ya que no debemos contar entre los trabajos "serios" el efectuado por Horapolon, en el siglo V de nuestra era. Su tratado titulado "*Hieroglyphica*" fue además rechazado por todos los eruditos desde su aparición, y de hecho sólo es una imaginación desbocada la que preside su composición. Curiosamente, será Champollion quien lo sacará del olvido citándolo de forma halagadora en sus propios trabajos. Probablemente porque este eminente egiptólogo necesitaba asegurar su incertidumbre en cuanto a sus descubrimientos personales.

En el lenguaje jeroglífico de los egipcios, las figuras geométricas elementales eran las formas reducidas de todo lo que existe o no en la Tierra. Representan los prototipos de las cosas significativas por su esencia. La creencia era que estos elementos formaban la base de las formas primitivas de la "Creación", expresando la "Palabra" para cualquier cosa que se pueda medir, como el "Número" expresaba cualquier cantidad. El ángulo fue un brazo doblado, representación que expresaba el servidor y se convirtió, por extensión, bajo otras formas figurativas, en una expresión subrayando la inferioridad o, todo lo contrario, el Poder divino como instrumento de venganza.

Muchas palabras francesas encuentran una idéntica analogía entre las figuras geométricas o números, e ideas de un orden totalmente diferente como circulación, circunvenir, circunspecto, al igual a atravesado, cruzado, inclinado. Estos términos son palabras abstractas que se expresan con ayuda de los jeroglíficos, ya que se traducen mejor por la simple lectura dibujada. Ocurre lo mismo para ojo, mano, brazo, pierna, boca, cabeza y todos los órganos humanos, los animales y los fenómenos de la naturaleza también son origen de una cantidad de jeroglíficos comprensibles formando los principios universales de las cosas y de los seres.

El conjunto más extraño que ha llegado hasta nosotros es el tratado en la tesis de: "Tratado de la Filosofía según los egipcios" atribuido según los especialistas a Aristóteles. En todo caso, sea quien sea su autor, conocía perfectamente la "Lengua Sagrada de Egipto". Podemos leer entre otros:

> "Voy a considerar lo universal o lo intelectual según el espíritu de los que han enseñado, por una figuras misteriosas y unas notas difíciles de expresar, sin embargo, pensar es formar imágenes. El pensamiento del hombre es variable según la naturaleza de los objetos espirituales y celestes, o bien terrestres, de los que toma las formas en nuestra alma, no siendo semejantes a las de las cosas, no conoceríamos estas cosas en verdad, ya que la verdad de una cosa, es la cosa en si. Pero son las verdaderas formas invariables, intelectuales, que el hombre debe esforzarse en alcanzar con el fin de darles sus pensamientos y su alma, elevándola por este único medio hacia su origen."

Es sobre esta elevación del alma, a través del estudio de las primeras causas, que fue el objetivo buscado por los que intentaron imitar las "Casas-de-Vida" de Egipto. Si había pocos elegidos, muchos intentaron la experiencia y se retiraron con gran sabiduría. Aprendieron a utilizar estas imágenes geométricas propias para demostrar el valor de las ideas y formular los pensamientos más elevados, mucho mejor que lo podían hacer las palabras de la lengua popular. Aristóteles escribió en este mismo tratado:

> "Los egipcios conociendo las fórmulas espirituales, se explicaban por una doctrina intelectual y superior a los métodos humanos. Grababan estos conceptos sublimes por figuras decorando las piedras de los muros de los templos. Las usaban igualmente para todas las ciencias y para todas las artes, con el fin de indicar que el espíritu inmaterial lo había creado todo a partir de modelos particulares de cada ser."

Estas figuras explican cómo el hombre mide el mundo, según los Textos Sagrados. Son objetos que imitan las formas elementales del pensamiento del hombre, formas que tienen sus moldes en las cosas, y que vuelven a dibujar esos moldes. Existían estas formas elementales, y es en vano que busquemos una lengua universal de símbolos, sin antes haber comprendido estos elementos, tal como sería vano buscar un alfabeto antes de haber analizado los sonidos que los caracteres representan.

En todo tiempo, esta jeroglífica se hizo objeto de una consideración respetuosa, ya que estas curiosas imágenes, por su extrañeza no podían ser portadoras más que de un mensaje celeste: el de la "Ciencia Divina". Su significado simbólico no podía ser más que místico e iniciático, nadie duda de ello.

Lo que viene a decir en primer lugar que los jeroglíficos tienen una base ideográfica altamente espiritual y que, por esta razón superior estos signos no son comprensibles para el pueblo. Lo que significa, en segundo lugar y con toda lógica, que existía una escritura popular diferente que se leía en voz alta y que por consiguiente, era hablada. Es lo que ha sido llamado más adelante el lenguaje demótico. Esto deja suponer que la jeroglífica no era más que un idioma escrito, destinado a la conservación de la "Tradición Original".

Clemente de Alejandría, que fue uno de los padres de la Iglesia en el siglo III de nuestra era, intentó volver a poner en uso esa escritura, con el fin de que la comprensión de esta iconografía religiosa, grabada en los muros de todos los templos de los Faraones, no se perdiese. La clasificó, ordenó, y la volvió a ordenar en su "Stromata".

Es la única aportación de valor realizada desde *Queremon*, que fue conservada en texto griego. Como la mayor parte del tiempo, el pasaje principal ha sido comentado en versión latina, es bueno entregar aquí para la memoria de los lectores, esta excelente traducción francesa de *Letronne*. Veamos lo más importante del capítulo 4, del libro cinco de *Stromata* de Clemente de Alejandría, que Champollion mucho más tarde retomó para convencer a sus detractores y extrapolar arbitrariamente algunas partes que le convenían, dejando en la sombra las que le molestaban.

> "Entre los egipcios que recibían la instrucción aprendían antes de nada todo un tipo de letras egipcias llamadas epistolográfica;

> en segundo lugar la hierática de la que se servían los hierogramatas y por fin la jeroglífica. La jeroglífica tenía dos estilos: uno ciriológico que utilizaba las primeras letras alfabéticas, y el otro no era más que simbólico.
> El método simbólico se subdivide en varios tipos; uno representa todos los objetos en si por propia imitación; el otro expresa de forma tópica, es decir figurada y la tercera los expresa enteramente con alegorías a través de ciertos enigmas.
> Así, siguiendo este modo, si los egipcios deseaban escribir Sol, dibujaban un círculo; la Luna, trazaban la figura de un "croisant" (media luna). En el método trópico, se cambiaba y desviaba el sentido de los objetos por vía de analogía, los expresaban modificando su imagen, haciéndoles padecer diferentes tipos de transformaciones.
> Así fue como utilizaron anaglifos, cuando deseaban transmitir las alabanzas de los reyes bajo la forma de mitos religiosos.
> Veamos un ejemplo del tercer tipo de escritura jeroglífica que utiliza alusiones enigmáticas: Los egipcios representaban los demás astros por unas serpientes, por culpa de la oblicuidad de su marcha, pero el Sol él era representado por un escarabajo."

Conviene pues detenernos aquí para explicar bien el método descrito por Clemente de Alejandría, y que no plantea ninguna duda ya que es el que me ha permitido orientarme hacia su solución y desencriptar completamente Dendera. La traducción de Letronne, no tiene el menor desprecio ya que las intenciones de Clemente se han develado indiscutiblemente exactas:

> "Este giro, utilizando la primer letra era a menudo utilizado por el gran Platón que la había traído de Egipto. Lo encontramos en su "Política" en la página 541, E; en el "Sofista", pág 176, D; también unas veinte veces en el "Théétète" donde esta primera articulación era la misma: "su primitivo", "elemento primario", "primera letra", etc."

La realidad de los comentarios de Clemente sobre esta primera letra está grabada en los muros del templo de la Dama del Cielo de Dendera, notablemente en el texto que toca por su fervor, y que se llama: "La Oración de Isis". ¿De qué se trata?

Este templo de Dendera ha conservado la totalidad de los textos tradicionales en jeroglífica pura, más allá de la noche de los tiempos.

Este monumento, actualmente construido sobre los sucesivos cimientos de los cinco edificios que lo habían precedido, aún no ha podido ser inventariado en su totalidad. Los grabados sagrados se extienden sobre varios kilómetros de largo si los ponemos uno al lado del otro. Sin embargo, el primero de estos textos, es una oración fundamental: el de la maestra del lugar, Iset, o Isis que consiguió de Dios el regreso de su esposo a la vida, por su oración de intercesión.

Esta oración es más conocida con el engañoso nombre que le dieron los egiptólogos: "las letanías de Hator", esta es la madre de Horus, Isis, y no otra diosa, y lo repito, ya que es necesario, para que la verdad penetre.

En este grabado, los títulos de la Dama del Cielo están bien dispuestos en grupos, pero tienen la particularidad de definir cada título del grupo por la misma imagen, es decir, por la misma primera letra. Si esta coordinación no era más que un engaño sin importancia, no se reproduciría con esta constancia todo a lo largo de este enredo de habitaciones dedicadas a la Dama del Cielo. Existen demasiadas sutilezas en todas estas representaciones para que se pueda discutir que un sistema de aliteraciones preside la comprensión de la jeroglífica.

Profundiza tanto en su investigación, que cada palabra, o casi, empieza por la misma primera letra para entregar el alfabeto completo. La utilidad de tal organización salta a la vista, ya que además de aportar el significado de algunas consonantes divinas, explicaría el término "anaglifo" propuesto por Clemente de Alejandría, y que significa: "jeroglífica con doble sentido".

Seguro que hay materia de disertación, pero el problema aquí es diferente, ya que el pasaje de su "Stromata" que le sigue inmediatamente demuestra que se debe clasificar la escritura jeroglífica entre los procesos utilizados para preservar el espíritu mismo de la forma simbólica.

Veamos ejemplos típicos, como el primero, que está en un sentido u otro indicando el sentido de la lectura.

Lo que debemos comprender es que el *Stromata* forma una obra que trata de la fe cristiana, y que justo antes de este capítulo de la jeroglífica este padre de la Iglesia hablaba de la diferencia entre el orden de la fe, y el que alimentaba la ciencia. Clemente se empeñaba en demostrar que el primero era estricto e independiente, mientras que al segundo se le añadían misterios a los dogmas sagrados, que para los antiguos egipcios no eran más que unos objetos de fe y sobre todo un medio de expresar el pensamiento.

Este modo divino expresado por la Palabra y el Verbo son en jeroglífico: el movimiento, la forma, la geometría, la matemática: EL NÚMERO.

Era pues conveniente que mis investigaciones se enfocaran directamente hacia los papiros matemáticos de los que ya había intuido la importancia al preparar mi tesis sobre Pitágoras. Así que con toda mi lógica de informático me dispuse a transcribir los dos tercios de los ideogramas de cálculo en el contexto jeroglífico epistolar. De ello hablaré ampliamente en el libro D-2.

Con pasión renovada, trabajé día y noche, motivado por los padres a pesar de sus importantes divergencias acerca de la fe y del dogma, once meses después el manuscrito del primer tomo de una larga serie cuyo conjunto se llamaría "La Eternidad sólo pertenece a Dios" estaba dispuesta para su edición.

A finales de 1.976 el "Gran Cataclismo" salió en todas las librerías, truncado en una buena mitad, ya que era demasiado voluminoso, pero totalmente comprensible bajo esta nueva forma. Lo que me dio algo de tiempo, no para respirar sino para sumergirme con delicia en el estudio del monoteísmo tentirita, en su Ley de la Creación y de las Combinaciones-Matemáticas-Divinas que la rigen regulándola.

NOTA SOBRE EL AUTO DE FE DE UN LIBRO DE CHAMPOLLION

En el acto de fe de una juventud estudiosa tenemos esta triste página poco conocida. Champollion publicó, desde 1.812 en Grenoble, un pequeño librillo convertido en muy escaso, ya que el propio autor lo retiró rápidamente de la circulación para quemar el máximo número de ejemplares posible. Se titulaba: "Acerca de la escritura de los Antiguos Egipcios". Esta pequeña obra de arte desapareció de las estanterías de las librerías pocos meses después de su edición, bajo el pretexto de que "podía herir la sensibilidad de las personas piadosas".

Este argumento venía del hecho que Champollion hacía remontar las dinastías faraónicas al año 5.285 a.c., es decir, antes del presunto nacimiento de Adán, ya que en 1.815, la Santa Iglesia fechaba el nacimiento de Adán a sólo 5.000 años a.c. y la aparición de la Tierra un milenio antes, así que, bajo pena de ser excomulgado y verse morir de hambre, se vio obligado a quemar este escrito y a hacer acto de contricción.

Sólo por azar encontré un ejemplar en el colegio jesuita en el Cairo, donde el pasaje principal saltó a los ojos, ya que contradecía sin duda alguna los nuevos datos defendidos entonces por la Iglesia. En cuanto desapareció este "error de juventud, totalmente perdonable", todo volvió a entrar en el círculo litúrgico de la ¡Santa Iglesia!

Esto permitió al abad Ancesssy, en la introducción de su libro: "El éxodo y el paso del Mar Rojo" nombrar integramente la carta de Champollion donde él mismo se "quema" para sobrevivir a su texto, remontando el primer rey faraónico a 5.285 antes de Cristo. Leámosla *in extenso* con la nota adjunta.

Esta es la notable carta que escribió Champollion en 1.827 acerca de la concordancia de sus descubrimientos con la Biblia, los alumnos que tuvo y que prosiguen sus trabajos deberían siempre tener en cuenta esta digna declaración:

París, 23 de mayo 1.827.
Al Monseñor Testa, en el palacio de Monte Cavallo.
Monseñor,
Hace pocos días que me han entregado la carta tan amable que usted me escribió a principios de este año, como los hijos de Israel ha errado más de cuatro meses, de oficina en oficina, y al fin me ha llegado a mi gran satisfacción.

Me alegra mucho que siga teniendo hacia mí los sentimientos de afecto que ha testimoniado abiertamente a lo largo de mi estancia en Roma. Y me ato a ello ya que siempre encontrará en mí la persona más respetuosa y devota. Os agradezco el interés que demuestra por mis estudios que siguen adelante consolidándose. Tendré el honor de dirigiros pronto un folleto conteniendo el resumen de mis descubrimientos históricos y cronológicos. Es una indicación somera de algunas fechas que son para todos los monumentos existentes en Egipto y sobre los que desde ahora debe basarse la verdadera cronología egipcia.

Los señores de San Quintino y Lanci verán en ello una determinante respuesta a sus calumnias, ya que demuestro que ningún monumento egipcio es realmente anterior al año 2.200 antes de nuestra era. Es ciertamente una antigüedad muy remota, pero no ofrece nada de contrario a las tradiciones sagradas, y me atrevería a decir incluso que adoptando la cronología y la sucesión de los reyes dados por los monumentos egipcios que la historia egipcia ofrece admirablemente a través de los Santos. Así por ejemplo: Abraham llegaría a Egipto hacia 1.900, es decir bajo los Reyes Pastores. Unos reyes de raza egipcia no hubieran en absoluto permitido a un extranjero entrar en su país.

Es igualmente bajo un rey pastor que José fue ministro en Egipto y que estableció a sus hermanos, lo que no pudo tener lugar bajo los reyes de raza egipcia, el jefe de la dinastía de los llamados heliopolitanos de la XVIII, es el Rex no visto que ignoró José de la Santa Escritura, el cual siendo de raza egipcia no debió conocer a José, ministro de los reyes usurpadores; y es el que redujo los hebreos a la esclavitud.

El cautiverio duró tanto como la XVIII dinastía, y fue bajo Ramsés V o Amenofis, al inicio del siglo XV, que Moisés liberó a los hebreos. Esto ocurría durante la adolescencia de Sesostris, que sucedió de inmediato a su padre e hizo sus conquistas en Asia mientras que Moisés e Israel erraron durante cuarenta años en el desierto. Es por ello que los Libros Santos no deben para nada hablar de este gran conquistador. Todos los demás reyes de Egipto nombrados en la Biblia se encuentran en los monumentos egipcios, en el mismo orden de sucesión y en las épocas precisas en las que los Santos Libros los sitúan.

Incluso añadiré que la propia Biblia describe mejor los verdaderos nombres de los historiadores griegos. Siento curiosidad por saber que tendrán que contestar los que por malicia adelantaron que los estudios egipcios tienden a alterar la creencia en los documentos históricos ofrecidos por los Libros de Moisés.

La aplicación de mi descubrimiento viene, por el contrario, invenciblemente en su apoyo.

Deseo comunicarle, Monseñor, la nueva seguridad de mi tierna y respetuosa consideración.

J. F. Champollion.

No se debe añadir ningún comentario sobre el contenido inédito de esta funesta "reconsideración", ya que nadie puede decir lo que haría frente a tal alternativa: quemar un trabajo que tú sabes exacto, o bien, perder tu empleo y cualquier posibilidad de seguir tus investigaciones, al igual que los fascinantes trabajos de desencriptación de una nueva ciencia en Egipto. Galileo unos decenios antes lo había comprobado acerca de la redondez de la tierra que giraba alrededor de Sol...

Pueda comprender la Iglesia a tiempo que es inútil fingir no creer en la Ley de la Creación tal como las Combinaciones-Matemáticas-Divinas demuestran la existencia tangible.

11

LA ERA DE TAURO EN ATH-Kâ-PTAH

> *Su madre Nut tiende las manos hacia él para saludarlo, diciendo: Las Imperecederas te adoran y te invocan: Saludos a tí, ¡Oh Toro Celeste!*
> *Tú surges del océano del cielo para venir al socorro de tus menores.*
>
> A. Scharff, Aegyptische Sonnenlieder
>
> *Si algún día, un hombre dotado de talento añade a los conocimientos astronómicos la erudición de la antigüedad, este hombre enseñaría a su siglo muchas cosas que la vanidad del nuestro no sospecha.*
>
> François de Volney, *Viaje a Egipto*, 1787

De la cantidad de documentos que he compulsado, tanto en Egipto como en varias bibliotecas francesas y extranjeras, otra pregunta requería una respuesta precisa: el de la fecha del inicio de la primera dinastía faraónica. Una divergencia de puntos de vista existe acerca de esta pregunta vital entre todas las eminencias egiptólogas; ahí, al igual que para la jeroglífica, tuve que realizar investigaciones personales, partiendo únicamente de un calendario astronómico ya que Têta, el primer famoso Thoth, o Athothis, decía en los anales de su tiempo haber restablecido la era del calendario partiendo del día de la conjunción "Sirio-Sol".

Aquí como en todo lo que precede felices "coincidencias" permitieron que mi formación matemática consiguiera resolver este problema. La última configuración celeste de tal importancia conocida y anotada, se produjo el 21 de julio del año 139 de nuestra era [43]. Partiendo de esta fecha precisa y remontando en el tiempo, antes de Cristo había cuatro posibilidades matemáticas y astronómicas válidas: 1.322 / 2.783 / 4.244 y 5.705. Parece que la visión de los edificios en ruinas y la cronología preconizada por la Santa Iglesia, inspiró a los investigadores ya que para nada se tuvo en cuenta las fechas dadas. A pesar de algunos caprichos, y para no salir de la rutina, la astronomía fue apartada, los egiptólogos tanto antiguos como modernos enunciaron unas presuntas fechas que no tienen ninguna relación con la motivación anunciada en los Textos Sagrados, conociendo el advenimiento de Tauro y el Año sotíaco, es decir:

Champollion	5867	avant J.-C.
Lesieur	5773	– –
Bœckh	5702	– –
Africanus	5619	– –
Pochant	5558	– –
Sir Flinders Petrie	5546	– –
Hensy	5303	– –
Lenormant	5124	– –
Mariette et Maspero (selon Manéthon)	5004	– –
de Saulcy	4717	– –
Brugsch	4455	– –
Meyer	4244	– –
Borchardt	4186	– –
Lepsius	3892	– –
de Bunsen	3623	– –
Weigall	3407	– –
Moret	3315	– –
Junker	3300	– –
Leclant	3000	environ avant J.-C.

Es fácil pues comprobar el enorme "hueco" existente, ya que la diferencia entre la cronología más corta y la más larga es de 3.000 años. Y no es una pequeña muestra de los sabios que han trabajado en los anales egipcios por efectuar sus compilaciones cronológicas.

Actualmente, aún existen dos escuelas cronológicas para los egiptólogos, manteniéndose la oficial en la más corta. La que

---

[43] La precisa explicación de esta fecha se da al final de este libro en la nota n° 1. Fechas cronológicas siguiendo Sirio.

justamente está representadas por *J. Leclant*, el célebre traductor de los "Textos de las Pirámides", último de la lista anterior.

El drama para todos estos sabios que han trabajado sobre los anales egipcios para realizar sus estudios de los que no pongo en duda su erudición sino su evidente falta de lógica; fue que para ellos, todo lo ocurrido antes de 3.000 a.C era "prehistoria" y no "historia". Este concepto verídico para el país de Galia, no lo era en absoluto a orillas del Nilo. Leamos el típico ejemplo que se da en la notable introducción del libro de *Driotón y Vandier* sobre Egipto:

> "A lo largo de mucho tiempo, después de *E. Meyer*, los egiptólogos habían admitido que el calendario egipcio había sido instituido en **plena época eneolítica**, entre 4.245 y 4.242. Se había supuesto, efectivamente, que esta institución no había podido ser creada al inicio de una época sotíaca, y como el calendario existía seguramente en 2.785 / 2.782, se concluyó que se debía remontar su creación al período sotíaco anterior, es decir, **en plena prehistoria**. El primero, *Neugebauer* (Acta orientalista) protestó contra esta opinión demostrando que los conocimientos científicos de los Egipcios de la **época eneolítica** eran seguramente demasiados rudimentarios para que se hubiese podido, en un momento tan remoto de la civilización, crear un año de 365 días, basándose solo y exclusivamente en la observación de la revolución sotíaca."

He apuntado en **negrita** tres palabras, para resaltar el comentario de los dos autores encargados de falsear la realidad de un hecho científico. Ya que si era la época eneolítica en Francia, no lo era desde hacía milenios en Egipto. De igual modo hubieran tenido que decir: "en plena prehistoria en las orillas del Sena, pero no en las del Nilo."

Nos enfrentamos de nuevo al hecho que Drioton era canónigo para el que primaba una cierta concepción de la antigüedad. Tal y como ya se ha dicho, los textos bíblicos anunciaban el nacimiento de Adán cinco milenios antes de nuestra era y era difícil iniciar la cronología de los reyes faraónicos ¡antes del nacimiento del primer hombre! Sin embargo, algunos dignatarios eclesiásticos de nuestra Iglesia católica del siglo XIX expresaron sus dudas tal como el monseñor *Meigrant*, obispo de *Chalons* que escribió lo siguiente, en una obra revolucionaria para su tiempo, aparecida en 1.869: "*Le monde et l'homme primitif*" (El mundo y el hombre primitivo):

"Sin embargo debemos reconocer las conclusiones a las que han llegado los egiptólogos, que tienen en Francia y Alemaña gran autoridad: Lepsius, Bunsen, Brugsch, Boeckh, no están en armonía con los números de los años que la cronología señala en la Biblia desde Adán hasta Abraham."

Y estos nombrados por el venerado obispo eran punto aparte, con una honradez media. Pero Maspero y Mariette que siguieron la cronología de Manetón, no eran dignos del menor interés. Sin embargo, Auguste Mariette, que en ese mismo tiempo seguía sus investigaciones en Dendera, acababa de publicar un "Sumario de la antigua historia de Egipto" en 1.867, en el que exponía sus meditaciones acerca de la simple vista de estas construcciones:

"No hay nadie que no se sorprenda de la enorme cantidad de años que conlleva la suma de las dinastías con Manetón. Siguiendo la lista del sacerdote egipcio, remontamos hasta los tiempos que pensamos son míticos para cualquier otro pueblo, pero que aquí ciertamente ya son historia."

Una vez más me veo sólo para desenredar la madeja particularmente enmarañada del conjunto de la cronología y basarme en algo más sólido. Lo más sencillo era pues empezar por delimitar cada una de las eras astronómicas, luego calcular sus componentes y sus relaciones con el año de Sirio, sin preocuparme de lo que se había dicho o escrito anteriormente. Únicamente después, intentaría situar matemáticamente el inicio de la era de Tauro, piedra angular, que permitiría conocer verdaderamente la fecha de nacimiento de Ath-Kâ-Ptah, el "Segundo Corazón de Dios", protegido por Osiris convertido en el Toro Celeste [44].

Una vez más la suerte me sonrió, ya que entre los libros que había leído unos meses antes sobre Marruecos estaba el notable estudio de *Morgan* acerca del origen de los pueblos. Este sabio eminente volvía de una misión del Caucasio y en 1.892 como director del servicio de las Antigüedades del Cairo, a pesar de no ser egiptólogo, fue él quien volvió a tomar con métodos personales, el estudio de la prehistoria faraónica

---

[44] Para comprender este excepcional fenómeno que fue la resurrección de Osiris gracias a la piel de toro en la que fue aprisionado y dejado por muerto, libro A-1.

en el punto en el que Mariette, en desacuerdo con el resto de sus colegas, lo había dejado.

Este apasionante libro volvía a poner en duda el canon cronológico de la Biblia. Leamos a continuación el principal extracto que es significativo:

> "He reunido todos los documentos dispersos, he investigado en un gran número de localidades y comprado casi todos los instrumentos de sílex que tenían los mercaderes. Es así que poco a poco me he puesto a pensar que si es posible admitir que unos pocos silex tallados pertenecen a una época histórica, debemos atribuir a la mayoría una antigüedad mucho más alejada, y los testigos de la verdadera era neológica están en el valle del Nilo, de forma mucho más abundante de la que se pueda pensar en general."

Estas investigaciones precisas de *Jacques de Morgan* encontraron su apogeo en el fabuloso descubrimiento que hizo en Nagada, justo al lado de Dendera, unas tumbas predinásticas, hasta tal punto que este sabio creyó en primer lugar que había llegado a la necrópolis de Menes, el primer rey de la primera dinastía. Pero, de hecho, las tumbas eran aún mucho más anteriores a éste, haciendo retroceder la antigüedad de Egipto al menos otro milenio suplementario al nacimiento de Menes.

Y sin embargo, este cementerio contiene cuerpos momificados con sus joyas y las paredes cubiertas de jeroglíficos tricolores (blanco, negro y ocre) usando sólo colores naturales en tiempos lejanos. Fueron encontrados esqueletos a nivel del mismo suelo, en la arena, con herramientas de piedra junto a ellos. Debemos pues admitir que una raza indígena diferente vivía ahí en este período tan remoto, muy cerca y en buena vecindad con una civilización con un nivel más alto de conocimiento.

Debía pues situar la era de Tauro y el advenimiento de Menes, antes de focalizar el año sotíaco, de nuestra Sirio. El cálculo informatizado de las diferentes eras da la fecha del día del Gran Cataclismo como ocurrido en julio de 9.792 a.C. Las diferentes situaciones estelares muestran que la retrogradación dejó el Sol en Leo durante 1.440 años antes de iniciar Cáncer, luego Géminis y por fin Tauro.

La dimensión de las constelaciones nunca ha sido de 30° como en la astrología mucho más posterior a la astronomía egipcia y era delimitada de la forma siguiente en el cielo, al igual que lo era en el Círculo de Oro:

Vierge et Lion.....................	36°	2 592 années	× 2 = 5 184 années
Cancer et Gémeaux...........	26°	1 872 —	× 2 = 3 744 —
Taureau et Bélier	32°	2 304 —	× 2 = 4 608 —
Poissons et Verseau	28°	2 016 —	× 2 = 4 032 —
Sagittaire et Capricorne	34°	2 448 —	× 2 = 4 896 —
Scorpion et Balance...........	24°	1 728 —	× 2 = 2 456 —

El Gran Año precesional............................. 25.920 años.

El resto, no es más que una simple operación de cálculo elemental. De los 9.792, debemos retirar 1.440 años correspondientes al paso solar retrógrado frente a la constelación de Leo, luego 1.872 frente a Cáncer, luego 1.872 para Géminis, antes de entrar en retroceso en el "Toro Celeste", es decir:

1.440 + 1.872 + 1.872 = 5.188 años.

Quedaba pues para entrar en la constelación de Tauro:

9.792 − 5.188 = 4.604 años.

La era del Toro Celeste empezó pues en 4.604 antes de nuestra era, fue en ese momento que se incrementaron las luchas fraticidas entre los descendiente de Set y de Horus, la supremacía definitiva de uno u otro clan no podía producirse más que con la llegada de la "Dama del Cielo" en la reunión celeste con su esposo.

Sin embargo, matemáticamente, el próximo inicio de un año sotíaco era para 4.241, es decir que quedarían: 4.604 − 4.241 = 263 revoluciones solares para conseguir la unificación bajo un mismo cetro. Estas longitudes de tiempo ponen la carne de gallina a los lectores que luchan contra la lógica, ya que desde nuestra revolución de 1.789 hasta hoy sólo han pasado dos siglos, e históricamente hablando de ellos parecen muy lejos.

Es ahí mismo donde reside la buena lógica, porque la ciencia y la consciencia de los antiguos egipcios superaban los niveles de comprensión de nuestra inteligencia limitada hacia un sólo objetivo: vivir bien en la Tierra, cuando en este tiempo la vida terrestre no dura más que 72 años, es decir apenas un segundo de eternidad en relación con el más allá de la vida terrestre. Y para poder llegar a la eternidad, era conveniente conocer su mecanismo y el menor de sus engranajes, para seguir el rigor de sus mandamientos.

No es sencillamente la crecida del Nilo, tal como lo han declarado ciertos egiptólogos, lo que provocó el inicio normal el primer mes de Thoth, sino que fue el amanecer sotíaco anual en el horizonte.

Al alba del actual 20 de julio, en el cielo el observatorio del templo de Dendera, Sirio aparecía al este, después de haberse ocultado 72 días, debido a su conjunción anual con el Sol. Lo que debemos comprender, además, es que Sirio, a la vez que es una estrella aparentemente fija, posee un movimiento que le es propio.

Hoy sabemos que dos estrellas A y B, invisibles por lo pequeñas que son, están en la sombra de Sirio perturbando mucho su órbita. Pero los antiguos conocían la radiación específica que se desprendía de este conjunto, que "coincidía", por otra parte, con un desfase anual de 6 horas en su primera aparición, en relación a la del año anterior, y que "coincidía" además con el inicio de la crecida del Nilo.

Y Dendera estaba particularmente bien situada para observar los diferentes fenómenos celestes. Numerosos sabios, no egiptólogos, los han descrito extensamente. Como *Jean-Baptiste Biot*, de la Academia de las ciencias, profesor de física-matemáticas en el *Collège* de Francia y astrónomo en el *Bureau des longitudes*, que se interesó profundamente en el planisferio de Dendera. Entre las cerca de 200 memorias que suscitó este monumento excepcional en las diversas academias del mundo entero, la de Biot realizada en 1.823, fue la más escuchada y contestada por los egiptólogos, y por la gente de la Iglesia por supuesto. Su descripción de Dendera para hacer comprender a sus colegas de la Academia la verdadera antigüedad de este monumento, merece ser transcrita aquí, porque después de haber visitado el lugar tantas veces, no hay mejor:

> "Efectivamente, no es en absoluto una conjetura arbitraria lo que me atrevo a exponer aquí acerca del monumento de Dendera, ni una nueva apreciación de su antigüedad basada sobre la interpretación más o menos libre de los emblemas o de los signos astronómicos móviles que presenta. Es la tentativa de una restitución rigurosa del significado, concluida por unas medidas geométricas tomadas sobre el monumento mismo, en virtud de la que cada estrella reaparece en su lugar en el

emblema que la contiene. La del León en Leo, la del Toro en Tauro, Orión en Orión, Acuario en Acuario, y así con todas las demás, no sólo en la dirección relativa, pero en posición absoluta y en numerosos casos las posiciones y las distancias están especialmente señaladas.

¿Qué podemos imaginar, si no es que se parece a un observatorio, con la carta celeste grabada justo al lado? Sea cual fuese el objetivo de las observaciones, suponiendo siempre que tuviese por objeto unas construcciones astrológicas o unas determinaciones de épocas religiosas, mejor que el propio estudio de la astronomía como ciencia, sería necesario que el cuadro esculpido indicara con suficiente fidelidad, las relaciones de posición simultáneas de los diferentes astros a los que se le pudiese unir, bien por el uso de caracteres que ya no sabemos leer, la explicación de las consecuencias astrológicas, civiles o religiosas, que se debía interponer.

Estas reflexiones, nos confirman de forma general la naturaleza astronómica del momento y nos permiten ver, que para poder interpretarlo en lo que hay de verdaderamente científico, en primer lugar sería necesario discernir entre las representaciones que lo cubren, las que pudiesen ser consideradas como situadas en una posición real, y las que no son más que signos emblemáticos de uso, o de fenómenos propios a ciertos períodos del año, permitiendo con un primer vistazo ver los doce signos del zodíaco al que se podían referir.

Así, un cálculo partiendo de una Combinación-Matemática-Divina ha encontrado un uso muy particular con el "Año de Dios" que tiene 1.461 años solares. El desfase de un día bisiesto se encontraba en el momento de la conjunción precisa de Sirio-Sol por la agregación de 365 días suplementarios a los 1.460 años: los de la fiesta del "Año Nuevo".

Sin embargo, estas fechas formales son 139 después de Cristo, y 1.322 / 2.783 / 4.244 y 5.705 antes de nuestra era. La lista de Manetón, habiendo sido restablecida en su integridad con la duración de cada reinado, tal como se expresó impresa desde finales del tercer tomo de la Triología del Pasado, la única fecha posible es la preconizada por *E. Meyes*, hace cien años, y que de la que canónigo *Drioton* no quiso ni oír hablar: 4.244 antes de nuestra era. Esta fecha además es la única en coordinación con la entrada del Sol en Tauro.

Todo el complejo de Dendera lo atestigua, y no sólo el zodíaco, como lo dejó caer J. B. Biot, aunque ni él, ni Drioton, ni Vandier, ni incluso Mariette tuvieron mejor visión de conjunto, en la terraza elevada, o en el zodíaco rectangular, ni en los textos escondidos del nivel 1 y en los de las criptas donde toda la jeroglífica tomaba su sentido de Combinaciones-Matemáticas.

Para penetrar en el Círculo de Oro no era suficiente el estudio de las Combinaciones-Matemáticas-Divinas sino conocerlas en su integridad, es decir, haber pasado por todos los grados de iniciación como diríamos hoy.

Y si no se ha estudiado esta enseñanza original en este tiempo lejano, conviene volver a estudiar todo lo referente a la Lengua Sagrada, que ha sido transcrita en griego, como los libros de Horapollon, por ejemplo, que explican el simbolismo de los dibujos y de las formas. Esto abrirá los horizontes de la comprensión del planisferio y de sus datos astronómicos, como tan bien lo vio Biot.

En su primer libro "Cómo representan los Egipcios un corazón", Horapollon describe en el jeroglífico 36:

"Cuando quieren indicar un corazón, pintan un ibis, animal consagrado a Mercurio, el regulador del corazón y de la razón, porque el ibis es en sí mismo y en gran parte semejante a un corazón."

El significado de esta interpretación no ofrece duda alguna: cuando el ibis agacha su cuello acercándolo a su pecho, o bien lo esconde bajo sus alas, las partes superiores de su cuerpo elevan en dos prominencias su cuerpo ovoide componiendo una forma absolutamente semejante a la representada por un corazón.

De mismo modo Têta o Thoth, al inicio, personificó el emblema de Egipto, Ath-Kâ-Ptah, o el Segundo Corazón de Dios, con una copa llena de brasas humeantes coronada por este corazón para simbolizar el segundo corazón resucitando de sus propias cenizas.

Es un corazón jeroglifizado semejante al que se encuentra en el lugar preciso de los grupos estelares visibles a simple vista que forman el Cinturón de las Doce. Sin duda alguna, cada uno de los corazones representa el Sol de cada una de las constelaciones, como Regulus para Leo, Antares para Escorpión o Aldebaran para Tauro, tal y como las llamamos actualmente en el seno de su respectiva configuración celeste. Cada una de las posiciones es meticulosamente anotada y seguida a todo lo largo de su navegación durante un "Año de Dios", en relación a la posición sotiaca. Este año era igualmente llamado el "Año del Perro", o el año canicular de los griegos. Es además de ahí que viene la similitud gráfica de la palabra *"tórrido"* con *"canicular"* que designa el calor en el mes de agosto que anunciaba el inicio del año sotiaco.

Existen unos textos que permiten hacer la conexión con esta antigüedad tan remota que los sabios siguen presentando como mítica. En el folio 154, entre otros, del manuscrito original 2.390 de la Biblioteca nacional, que se constituyó por una regla matemática copiada por Téon de Alejandría, en griego por supuesto. Este escrito se titula: "*Regla para el amanecer heliaco del Perro*":

> "Si, por ejemplo, deseamos conseguir el amanecer del Perro para el año cien de Diocleciano, contaremos primero los años pasados desde Menofres, hasta finales de Augusto: dan la suma de 1.605; y se les añade, desde el principio de Diocleciano, 100 años, tenemos un total de 1.705. De este total, tomamos el cuatro que es 426, a lo que añadiendo 5 días, tenemos 431. A ello le restamos lo que tenía entonces de tetraétérides pasadas, es decir 102 dejando 21 (años). El resto es 329 días. Repartimos este número a partir de Thot, tomando 30 días por mes, encontramos el amanecer del Perro el 29 épiphi del año diocleciano. Se opera de mismo modo para cualquier otra época dada."

Este ejemplo muy particular referente a un cálculo teniendo Sirio como objeto merecia detenerse cuidadosamente y se hará en la **nota nº2** a finales de este libro. Lo interesante aquí era mostrar y demostrar la facilidad de los cálculos para la búsqueda de una fecha, aunque fuera anterior de dos milenios, como es el caso. Pero volvamos a la era de Tauro que vive su apoteosis en el momento de la unificación de Egipto en la fecha precisa de la conjunción Sirio-Sol. No sólo Ousir-Osiris resucitaba otra vez a través del espíritu como Aha el Primogénito, sino que era glorificado por doquier y en todas las cosas de tal forma que ningún ser humano pudiese olvidar ni la cólera divina, ni la reparación de la humanidad a través de este Hijo convertido en Toro Celeste. De ahí la complejidad en jeroglífica sobre este tema, que sólo es aparente si nuestros espítirus pragmáticos prestan algo de atención, pero que era literalmente evidente, incluso para los niños de poca edad en ese tiempo.

Tauro se Llamaba "*Hapy*". Cuando Ousir subió al cielo, la Vía Láctea, el Río Celeste, también se convirtió en *Hapy*. Cuando los supervivientes llegaron a las orillas del Nilo, reflejo exacto de la Vía láctea en la Tierra, a su vez fue llamado *Hapy*. Cada uno de ellos era simbolizado por un toro en jeroglífico. Es este *Hapy* el que lo griegos transformaron en *Apis*... ¡el buey! Pero la fonetización es buena, de ahí una triple denominación con una sola escritura para los tres nombres. Para los vivos, incluso de poca edad, no había ninguna dificultad en el contexto de una frase para comprender el significado exacto, pero para los extranjeros que no tenían cerca ningún sacerdote para servirles de traductor, el enigma era completo.

El ejemplo típico de hoy podría estar en este cilindro con una punta incandescente, cruzado por dos trazos rojos. En el metro, el tren, o en cualquier lugar público, incluso un niño sabe con un sólo vistazo que significa prohibido fumar. Pero dentro de dos mil años, cuando el uso del tabaco se haya olvidado, ¿qué significará esa indicación con un cigarro tachado con una raya roja? Los que vean este jeroglífico no lo comprenderán, y sólo Dios podría decir hoy la interpretación que harán los futuros francólogos, si aún existen.

Pero el ejemplo más significativo de esta divinación del toro como representación terrestre de Osiris viene de Saqqara, cerca del Cairo. Desde las primeras excavaciones realizadas por A. Mariette y su equipo, que han permitido poner el Serapeum al día, o la necrópolis de los toros, 64 grandiosas tumbas han sido actualizadas, contando la historia faraónica, no sólo a lo largo de un período de algunos decenios, sino de varios siglos.

Es por ello que a la muerte de cada uno de los toros, no sólo se organizaban grandes fiestas para sus funerales, sino que además miles de jóvenes bestias, que provenían de todo el país, llegaban en grandes formaciones a Saqqara, tal y como está abundantemente explicado en varios lugares funerarios. A continuación veremos el de Beni-Hassan, donde un escriba apunta escrupulosamente las características de cada toro.

Si tuviese una sugestión por hacer acerca de la era de Tauro, es que la tradición pluri-milenaria del animal transformado en ídolo, viva imagen de Osiris, que remonta mucho antes a la época del actual Serapeum. Es, pues, muy probable que ahí también, bajo la arena, bajo la actual "necrópolis de los toros", se encontrase una mucho más antigua. Saqqara estaba totalmente enterrada en la arena del desierto, se tuvo que excavar 83 metros de profundidad para encontrar la tumba de Djoser, y se debería perforar otros treinta metros bajo el Serapeum para encontrar la antigua necrópolis de la que hablan varios textos. Pero lo esencial del mensaje de Osiris, transmitido a los Menores de las nuevas generaciones destinadas a crecer y a multiplicarse en Ath-Kâ-Ptah, durante el reinado celeste del Toro se transmitió mal, o al menos ha sido deformado y transformado. Este riguroso monoteísmo, intangible por su Gran Dogma, se convirtió desde la II dinastía, un tipo de zoolatría que era reservada hasta entonces a los de Set.

Desde el rey Djéser y el período de Saqqara con la III y la IV dinastía, los Per-Ahâ "Seguidores de Horus" se creyeron obligados a introducir el toro como ídolo y como objeto de culto vivo antes de momificarlo. Y si de primeras era difícil darse cuenta del sacrilegio cometido hacia Ptah y hacia su hijo Osiris, la continuación de los acontecimientos debía desvelar lo que, de hecho, no era más que un politeísmo creado al uso del único Farón convertido en divinidad.

Ahí también, sería fácil establecer una conclusión con nuestro cristianismo, donde el número de hombres santos, mártires ciertamente, son elevados al rango de dioses protectores haciendo de Jesús la base de un cristianismo convertido en politeísta al mil por cien, tal como se verá en el libro C-1 que tratará de su historia. Pero quizás sería conveniente, aquí como en la antigüedad, tener una multiplicidad de divinidades para intentar guardar el pueblo cada vez más descreído en las vías trazadas originariamente por el Eterno Todopoderoso.

Es lo que hicieron los descendientes de Thot, Hermes Trimegisto, tres veces grande, para inspirar el temor del Toro Celeste desde el restablecimiento del calendario en 4.244 antes de nuestra era. Después, como ya no era suficiente, fue conveniente crear un sentimiento de inseguridad del Alma con un verdadero temor por un castigo ejemplar contra cualquier desobediencia. Así siguió durante los dos milenios de antagonismo latente con los Rebeldes de Set, para que Dios-Uno reinara bajo el único nombre de Ptah.

Así fue para el primer templo de Dendera, dedicado en realidad a Nut, la última reina de Ahâ-Men-Ptah, que ciertamente fue la madre de Osiris, pero también la de Set, y de las gemelas Isis y Nephtys, para que la unificación bajo el signo del Toro Celeste no quedase como una palabra vana. Y el jeroglífico del cielo fue simbolizado por Nut haciendo de puente entre el reino hundido y el Segundo Corazón.

Las generaciones pasaron al igual que los faraones, y la tercera reconstrucción realizada por Khufu fue dedicada a Isis que sustituyó de forma involuntaria a su madre a partir de esta IV dinastía. El Divino Alfarero empezó a perder el barro necesario para su modelado, como lo hizo observar uno de los Pontífices sobre los muros de su tumba en la Colina Sagrada.

Fue, pues, con el pretexto de hacer más popular el monoteísmo de los Antiguos que no se permitió que ninguna duda interviniese a la hora de la sustitución del lenguaje eterno de la "Palabra" de un cierto "Verbo", mejor representado, lleno de metáforas sutiles y con doble sentido, cuyo fondo y forma, sin dejar de evolucionar, se convirtió en subversivo. Fue este compromiso entre Ptah-Uno y el carnero solar que permitió a la gran decadencia faraónica instalarse a finales de esta era del Toro Celeste. Ella fue relegada a la sombra y al olvido bajo la todopoderosa era de Aries, subiendo a su apogeo con Seti primero y la larga línea de los "Ramsés". Así nació Moisés, que Dios invistió de la necesaria autoridad para llevar con él hacia otra tierra prometida su pueblo oprimido, compuesto de judíos y de egipcios mezclados [45].

El monoteísmo, si ya no estaba en la gracia divina, debía sin embargo ser conservado en su integridad pasada. El Círculo de Oro es la parte materializada por la Ley de la Creación. Es en ella que se debería situar la salvación de los Escritos Sagrados. La estructura del universo y el mecanismo de los engranajes que lo componen demuestran ampliamente la incontestable autoridad del Creador sobre todas las cosas y sobre todos los seres.

---

[45] Leer Moisés el Egipcio. Libro B-1.

12

LA ERA DE ARIES: MOISÉS EL REBELDE

Porque el cuidado del rebaño es también un ejercicio de preparación a la realeza para quien deba situarse al frente del rebaño de hombres, el primero de todos, al igual que la caza lo es para las naturalezas que se destinan a la guerra.
Filón de Alejandría, *La Vida de Moisés*

Tú no tendrás al egipcio en abominación porque tú has sido un residente en su país. Los hijos que nacerán en tercera generación tendrán acceso a la asamblea de Yahvé.
Antiguo Testamento, Deuteronomio, XXIII-8/9

Ningún país, en ningún lugar del mundo, ha conocido una longevidad y una duración de la estabilidad histórica en su veneración del monoteísmo como Ath-Kâ-Ptah. Siglo tras siglo, milenio tras milenio, dinastía tras dinastía, hayan sido menfitas, tebanos, saíticos, etíopes, hicsos o tolemaicos, únicamente Egipto sobrevivió mientras que el culto de Ptah simbolizaba al país al tiempo que su creación provenía del único Creador de todo lo que se encontraba.

Esta indestructibilidad duró el tiempo de la creencia monoteísta. Es la evidente demostración de la historia de Egipto y prueba, si es necesario, que las civilizaciones más avanzadas mueren por su impiedad antes de cualquier otra consideración. Debemos impregnarnos de esta verdad fundamental, que era tan evidente en el momento del nacimiento de Moisés, y nos lleva al siglo XVI antes de Cristo.

La cronología oficial, llamada corta, no difiere aquí más que en un siglo, anque un cambio de dinastía, ofrece la fecha del nacimiento de

Moisés bajo Ramsés II. Pero, sin embargo, en ningún lugar en la Biblia se cita dicho nombre, sino sencillamente "faraón".

Si admitimos la tesis de la muerte de este Rey en el Mar Rojo, no se puede tratar de ningún soberano de la XIX dinastía, ya que todo lo que se refiere a su defunción es conocido. No ocurrió igual en la XVIII dinastía para el faraón Tutmosis II cuyos anales desaparecieron a propósito y los textos grabados han sido deliberadamente cincelados.

Todo ello ha sido ampliamente explicado en el libro: "Moisés el Egipcio", y cómo el reinado de Amenofis primero se inició en 1.555; el de Tutmosis I en 1.532, y el de Tutmosis II se extendió de 1.520 a 1.500 acabando de forma brutal que aún permanece inexplicada ya que fue borrado de las tablillas por la reina Hapchepsut que le sucedió.

Veamos para mejor comprensión esta parte de la cronología:

1.500 es pues la fecha esencial de la historia de Moisés, ya que sitúa con exactitud el paso del mar Rojo. La datación del acontecimiento es fácil, siempre gracias a puntos de referencia astronómicos. Todos los errores cometidos acerca de este tema hasta nuestros días vienen de un intento de interpretación de los textos de Manetón. Según este sacerdote sibarita, fue bajo un rey de la XVIII dinastía que tuvo lugar la insurrección de los judíos, ciertamente, pero también de todas las personas oprimidas de igual forma por los usurpadores. Y fue efectivamente Amosis quien expulsó a los hicsos del país, y fue un Tutmosis el que persiguió a Moisés.

Pero los autores griegos antiguos que compilaron a Manetón se han topado con varias equivocaciones en estos textos, como en tantos papiros más. Transcriben Amenofis en lugar de Amosis, y leyendo de izquierdas a derechas, en lugar de al revés, situaron Amenofis como liberador de Moisés, y un Tutmosis como perseguidor de los hicsos.

Lo que hace que Teófilo y el Africano[46], desarrollando la cronología de Manetón y siguiendo la enumeración transcrita por Flavio Josefo, se embarcasen en unos cálculos demostrando que era imposible, y más bien se trataría de Seti y de Ramsés en la dinastía XIX. Esto evidentemente falseó los datos bíblicos compulsados por los padres de

---

[46] Sexto Julio Africano, historiador 160 d.C. al 240 d.C.)

la Iglesia que fueron obligados a restringir aún un poco más la antigüedad de los tiempos.

Noms HIEROGLYPHIQUES	Noms GRECS	Durée Règne	Datation (avant J.-C.)	Fait marquant du REGNE
XVIII' DYNASTIE				
171	AMOSIS	25	1580-1555	Naissance de Moïse
172	AMENOPHIS I	23	1558-1532	Fut co-régent trois ans
173	THOUTMOSIS I	12	1532-1520	
174	THOUTMOSIS II	20	1522-1500	Mort du Pharaon dans la Mer Rouge
175	HATCHEPSOUT	23	1500-1477	C'est l'Amensei de Manethon et de Champollion
176	THOUTMOSIS III	30	1477-1447	
177	AMENOPHIS II	35	1447-1412	
178	THOUTMOSIS IV	9	1412-1403	
179	AMENOPHIS III	36	1403-1367	
180	AMENOPHIS IV	16	1367-1351	Transforma son nom en Akhenaton

Desde el punto de vista del calendario astronómico, ¿qué sabemos con exactitud? Clemente de Alejandría tenía en sus manos todos los elementos originales conservados en la biblioteca de Alejandría, de la que era el conservador, y aseguraba que el éxodo de los judíos ocurrió dos siglos después de la renovación del año canicular restándole 22.

Esto es de una claridad meridiana para cualquiera que haya estudiado las revoluciones de Sirio, el Año del Perro, del que anteriormente y ampliamente hemos desarrollado el proceso de cálculo. Fueron los griegos que imaginaron así a "Anubis", el "Guardián de las Almas Puras".

Se trata pues de la revolución celeste de esta estrella, habiendo tenido lugar su inicio en el año 139 de nuestra era, y su fin ocurrió en 1.322 antes de nuestra era. Si se resta aún los 178 años pasados después de su renovación, se consigue 1.500, exactamente, es decir el año de la muerte de Thutmosis II, sin que los Anales digan ni cómo, ni por quién. ¿A qué se debe esta deseada oscuridad?

Volvamos al reinado de Thutmosis primero, el padre del que nos interesa, tuvo tres hijos y un hija, los dos hijos primigénitos murieron jovenes y volcó todo su afecto hacia su hija, la deliciosa Hatshepsut, ignorando por completo a su último hijo, el menor, Tutmosis primero que tenía delicada salud y murió el doceavo año de su reinado, en 1.520, y naturalmente fue declarado rey el hijo menor bajo el nombre de Djhathimes o Tutmosis II, respetando la pronunciación manetoniana. Sin embargo, su madre no era más que una concubina de Tutmosis primero, mientras que la princesa Hatshepsut era hija de Hemtenphut, hija de Amosis, y media hermana del Faraón.

Hatshepsut era pues incontestablemente de sangre mucho más noble... pero seguía siendo una bella joven de quince años, mientras que la reina madre deseaba hacer de ella la portadora del Cetro, a pesar de ello, fue obligada por los sacerdotes a casarse con su medio hermano, Thutmosis II que tenía 20 años, convirtiéndose para lo bueno y lo malo, únicamente en reina consorte.

Él era débil de carácter frente a su esposa amargada por tener un papel secundario, y era evidente que el amor no reinaba entre la pareja. Sin embargo, dos años más tarde nació una niña, Nefruret. Luego la pareja dejó de vivir junta, y cada uno vivió bastante tiempo por su cuenta. Este Thutmosis fue poco a poco rechazado por todos en beneficio de su esposa que con buena cabeza y sus constantes reivindicaciones hacia la debilidad de su esposo aportaron sus frutos, faltó muy poco para que consiguiera el trono en el decimosexto año del reinado de Thutmosis, que era la fecha de su jubileo.

Sin embargo, éste avisado del complot demostró una fuerza poco habitual, y Hatshepsut puso buena cara frente a la mala fortuna, reconciliándose con su esposo, de este entendimiento nació desafortunadamente otra hija. Y la desarmonía volvió a la pareja.

En este mismo momento, un varón nacido de una concubina, a lo largo de la primera separación, alcanzó sus 16 años, y que hacía su noviciado en la Casa-de-Vida de los sacerdotes de Amón cuando su padre lo designó como corregente a su lado, en signo de deshonra hacia Hatshepsut. Una justa cólera la invadió, y es probable que fuese ella quien lo empujó, por medio del Consejo de Nobles a su sueldo, a perseguir los judíos que huían de Egipto, llevando con ellos a todos los egipcios monoteístas de Path-Uno al no soportar más la gran impiedad de Amón en el firmamento de este "corazón" ofrecido por Dios a sus criaturas. Era pues un delito de lesa majestad, despreciable, y la última esperanza para la reina consorte que deseaba la muerte del faraón. Esta ocurrió brutalmente durante la persecusión, y nadie la ha mencionado, en ningún lugar, de ninguna forma, ni cómo se produjo, ni por qué causa.

Thutmosis III subió pues al trono. El arquitecto real, en su informe biográfico escribió:

"Thutmosis III se convirtió en el Per-Ahâ sobre el trono de su padre. La reina consorte Hatshepsut gobernó sin embargo Egipto por sus capacidades."

Fue, pues, ella quién ordenó no hablar "para nada" del final del faraón anterior. Las capacidades de Hatshepsut eran tales que durante el noveno año del reinado de Thutmosis III, consiguió por fin proclamarse faraón en título, bajo el nombre de Maatkara.

Es cierto, afirmar que fue en el año 1.500 a.C. cuando Moisés cruzó el mar Rojo con su pueblo (judíos y egipcios confundidos por su aureola de príncipe de Egipto). Fue a lo largo de esta campaña en la que murió súbitamente el faraón. Y Ramsés, que sólo nacerá dos siglos más tarde no tiene nada que ver en la historia, y únicamente el nuevo Año de Dios, que se inició en 1.322, haría de él el faraón en el que se convertió.

Volviendo a Moisés y a la era de Aries, que sin duda inspiró su rebelión contra el culto de Amón-Râ, su educación en la Casa-de-Vida de los templos egipcios hizo de él un completo iniciado, un sabio y un gran sacerdote. Pero, Moisés también era príncipe heredero del trono, y aprendió el arte de la guerra al igual que los medios necesarios para mantener intacto el reino de Dios, había adquirido desde su más tierna infancia la consciencia de la vanidad de ciertos principios erigidos en dogmas.

Antes de que naciera y de que Amosis tomase el Cetro para reconstruir la unidad de Ath-Kâ-Ptah, la decadencia había trastocado profundamente el país ocupado por los hicsos, estos reyes pastores venidos del este.

El olvido del prestigioso pasado debido a Ptah había modificado los ritos, las ideas y la vida particular de cada ser, y ello con más facilidad de lo que fue predicho a lo largo de tres siglos de ocupación extranjera. Como una afinidad zoólatra unía los Adoradores del Sol a los hicsos siendo el Carnero el ídolo, Tebas tomó un predominio total en relación a las otras capitales y a los cultos en las orillas del Nilo.

A la muerte de Amosis, después de una emboscada inducida contra el heredero, fue Amenofis primero el que subió al trono, y Moisés tuvo que huir. Fue durante este duro período cuando la penosa labor de los obreros se transformó en esclavitud pura y dura, incluyendo a los judíos y egipcios que no eran discípulos de Amón-Râ.

Desde ese momento, Dendera entró por dos siglos en el olvido, hasta la gran fiesta de 1.322 a.C. que abrió un "Nuevo Año" de Sirio.

Mientras tanto, Thutmosis primero sustituyó Amenofis, y llevó la fama de Egipto bajo su estandarte lejos en el exterior, estas campañas militares llevaron a su extremo la esclavitud interna de todo un pueblo, es decir: egipcios y judíos confundidos.

Este Per-Ahâ sólo mantuvo el cetro doce años. Su último hijo vivo subió al trono bajo el nombre de Thutmosis II, con la difícil tarea de asegurar la estabilidad del nuevo imperio reconstituido. Emprendió grandes trabajos que pesaron aún más sobre la miserable población. Los judíos estaban tan mezclados en la vida cotidiana que su calificativo de "nómadas" había caducado y se habían convertido en autóctonos por parte completa.

El famoso fresco de Tebas, reproducido en negro y blanco en todos los manuales, y en el que se ven dibujados los "esclavos judíos" haciendo ladrillos bajo la vigilancia de los guardias, como muchas otras interpretaciones ayudaron mucho a difundir esta leyenda ¡sin fundamento alguno! Efectivamente es fácil volver a leer centenares de comentarios de sabios exégetas interpretando con un sólo vistazo la reproducción en negro y blanco de esta escena, y comprender el origen de esta grotesca afabulación.

Veamos, por ejemplo el texto de uno de estos eruditos, de los más eminentes del último siglo: el cardenal *Meignan*, arzobispo de *Châlons*, extraído de su obra acerca del Antiguo Testamento del Edén a Moisés:

"Las pinturas de las tumbas egipcias, y diferentes pasajes de los papiros encontrados en las necrópolis vuelven a trazar unas escenas de trabajos forzados. Vemos unos obreros de raza semita moldear ladrillos y elevar murallas bajo los golpes de látigos de los vigilantes".

Bien, todas las reproducciones originales de las pinturas de los hipogeos de la región tebana fueron realizadas en policromía por el señor *Cailliaud*, siguiendo los colores exactos que tenía ante sus ojos en las tumbas. Y son los propios tonos de las pieles de los hombres y de sus cabellos los que precisan exactamente su situación. Ya que están perfectamente diferenciados egipcios y cautivos, sus cabellos son la firme prueba de que todos fueron confundidos bajo la misma denominación. Los semitas tienen los cabellos pintados de amarillo, los felahs los tienen negros y los prisioneros de guerra los tienen blancos. Los guardias egipcios, los que tienen un bastón o un látigo en la mano, tienen la cabellera negra, por supuesto.

Una vez restablecida esta verdad, sabiendo que el pueblo de Moisés estaba compuesto indiferentemente de judíos y egipcios, ya que esto será la base angular del acontecimiento de Moisés. Su lanzamiento hacia una gloria eterna no hubiera sido posible si "su" pueblo, el que llevó a través del Sinaí, no hubiera surgido de todos los oprimidos que vivían en ambas orillas del Nilo. No debemos olvidar que Moisés no sólo era príncipe heredero de Egipto, sino que había sido educado con toda la sabiduría de este país. "Su" pueblo era el que creía en el monoteísmo de los "Primogénitos", independientemente de que hubiesen nacido de Abraham o de Osiris, ya que todos tenían el mismo Dios-Uno.

Así, pues, Moisés creció a lo largo de este período tan perturbador justo después de la invasión de los hicsos, cuando los adoradores del Sol, los del Carnero-Amón fueron los vencedores, pero los seguidores de Horus aún eran muy numerosos. En cuanto a los semitas, por primera vez, se sentían extranjeros en esta tierra que los había acogido tan fraternalmente a lo largo de milenios, sin interrupción.

Mucho antes de la llegada de Abraham y de su mujer a las orillas del Nilo, Egipto ya era muy conocido por los habitantes de los territorios limítrofes, no sólo por su tierra negra extremadamente fértil gracias a su limo, don divino a su pueblo fiel que permitía comer a todos a su satisfacción, sino también, por las incesantes invasiones, tanto en un sentido como en otro, devastando enormemente a las poblaciones.

Numerosas pruebas atestiguan esta verdad, como en el Sinaí, donde los grabados rupestres cuentan la llegada de las tropas de Snefru o de Keops, hace pues más de cinco mil años, para perforar en las minas de cobre y de oro con la ayuda de las poblaciones esclavizadas favoreciendo el mestizaje de las poblaciones sojuzgadas, al igual que entre los conquistadores y las mujeres autóctonas.

Desde estos tiempos, el mestizaje entre semitas y egipcios fue constante como lo demuestra la historia y la cronología. Ya sea a base de continuas incursiones en Palestina, en Siria, o contra los hititas, ya sea por las hambrunas perpetuas que precipitaban las tribus nómadas de Canaán a las orillas de un Nilo acogedor, o que por último, sea a lo largo de la ocupación semita de Egipto, que duró casi tres siglos, con los reyes hicsos. Así que cuando éstos se fueron, Amosis tomó el cetro en nombre de Amón, y el pueblo que veneraba a Ptah, así como los judíos convertidos en hermanos de sangre, padecieron el yugo de los *Impíos* y después el de los *Malditos.* Y esta nueva dinastía, negando a Dios para sólo adorar al Carnero, fue vulnerable espiritualmente hasta el rey Thutmosis II.

La vida de Moisés, tal y como la he establecido basándome en los textos más antiguos a mi disposición en la biblioteca de Chantilly y los conseguidos en Jerusalén, concuerdan por igual con la cronología de Manetón y los anales históricos de Egipto. Yo la conservo con mimo, ya que los cuatro faraones nombrados por este historiador vivieron en la dinastía XVIII, ya tengamos en cuenta a Amenofis, o los Thutmosis nombrados. Pero, repito, que el único cuyos anales fueron suprimidos es el segundo, y su reinado se deduce de los que le preceden.

Para poder comprender mejor Egipto en tiempo de Moisés, conviene remontar algunos decenios antes, es decir en plena decadencia de la XVII dinastía, poco tiempo antes de que se iniciara la siguiente y, con ella, lo que todos los historiadores han nombrados el "Nuevo Imperio".

Esta dinastía XVII, de la que Manetón enumera la impresionante lista de los reyes, contiene de hecho todos los reyezuelos que gobernaron bajo su única autoridad aunque fuera en uno o varios nomos, o provincias, en un Egipto roto. Hubo, pues, de forma incontestable, desde la salida de los invasores hicsos, varios reinados simultáneos en diferentes lugares de lo que antes había sido un vasto imperio.

En primer lugar estaban los jefes "colaboradores", muy poderosos, deseando salvaguardar lo que consideraban como su propio patrimonio; luego estaban los adoradores del Carnero-Amón, o los de Set y por último los que a pesar de todo seguían venerando a Ptah: los de Osiris. Fue así en la mayor confusión cuando tuvieron lugar los ajustes de cuentas que acabaron en esta XVIII dinastía, donde el caos sólo fue evitado en el último momento.

La lucha de un Apepi, o Apophis, contra un "colaborador" de los hicsos vencidos, y a propósito de un hipopótamo, donde el ensañamiento que tuvieron las tropas del primero en el mismo cuerpo del jefe de los segundos fue el testimonio más evidente.

Y si en esta guerra tan encarnizada y sanguinaria para detentar el poder, Apepi no tuvo la última palabra a pesar del asesinato de Sekenen-Râ en una emboscada, fue a través de Kâmenset, o Kamôse, o Kamés, su joven elegido como jefe de los ejércitos en un primer tiempo, que las hordas semitas fueron perseguidas hasta delante de su ciudadela, capital de Avaris. Los textos de este tiempo abundan en relación épica acerca de los grandes hechos de armas de algunos soldados valientes cercanos a Kâmenset. El número de manos cortadas a los "Inmundos" para deducir el número de muertos era impresionante.

Pero el final de este combate tampoco fue contemplado por el joven rey, ya que murió también en una emboscada montada en la nueva frontera de Egipto, establecida en el desierto de Fayum, situado a más de cien kilómetros de la que constituía el límite del Imperio Medio. No fue más que con la sucesión del joven Nek-Iâmet, el "Descendiente de Nek-Bet", la Nephtys de los griegos, es decir, con el que había nacido de una "estrella", cuando la situación evolucionó rápidamente de forma muy favorable para este Segundo Corazón, que tanto lo necesitaba.

Por ello Iâmet, pronunciado Ahmés por los griegos y Amosis por Manetón, fue considerado, por éste último como el primer faraón de la XVIII dinastía. Y el cetro le fue entregado exactamente el día 16 del mes de *Choïak* del año 1.580 a.C.

Lo más importante, y que no se escribe en esta cronología manetoniana, es que este mismo año nació una "envoltura carnal" de sexo masculino, que no tuvo ningún nombre conocido para sellar la entrada de su "parcela divina" en su cuerpo. Sin embargo, tres meses más tarde, el nombre de "Moses" le fue dado por la joven y bella Thermutis que lo había encontrado entre las cañas más cercanas a la playa del palacio de verano, ahí donde se bañaba en compañía de su séquito. Esta joven y bella Thermutis era la hija primogénita del antiguo faraón, del mismo padre aunque no de la misma madre de este "lâmet" o "Amosis". Pero, como era estéril, no se había casado con él, por no poder asegurarle la succesión faraónica.

Este acontecimiento tuvo lugar en medio de la indeferencia general de los grandes del palacio, y ello por dos motivos muy importantes. En primer lugar porque la mayoría de los poderosos del reino estaban en el campo de batalla en compañía de Amosis, y en segundo lugar porque la divina esposa real, Nefertari, esperaba su primer hijo. No debemos confundir además el nombre de esta reina con el de Nefertiti, como a menudo ha sido el caso, ya que está última fue la esposa de Akhenaton, o Amenofis IV.

Dejemos pues, durante un momento aún, la vida de Moisés a la espera para poder de forma resumida dibujar su futuro entorno ya que entre su nacimiento y su huida al desierto del Sinaí, cuatro faraones se sucedieron en el trono de lo que más tarde fue el mayor imperio del mundo: Amosis, que tuvo el cetro de 1.580 a 1.555 a.c; Amenofis primero, que reinó de 1.555 a 1.532; Thutmosis primero de 1.532 a 1.520; y Thumosis segundo de 1.520 a justo 1.500.

Algunos meses antes de que el legislador de los judíos llegase al mundo, Amosis subió al trono casándose con Nefertari, la "Bella Compañera". Este joven pero fogoso faraón inspiró desde su ascenso una gran esperanza para todos los ciudadanos del país. Efectivamente, su nombre mismo, "*Nacido de la Estrella*", era un llamamiento a la neutralidad entre los del Sol y los de Ptah, para poder encontrar un terreno de entendimiento y expulsar de Egipto a los últimos hicsos, estos invasores impíos.

El ardor de los combatientes era admirado por las legiones nubias; estas tropas con piel negra formaban parte integrante del ejército egipcio desde que los territorios del sur habían sido anexados al "Segundo Corazón". Y el epílogo de este largo conflicto tuvo lugar en

Avaris, que era la última fortaleza de los hicsos, acabaron con los invasores y los que les habían ayudado que eran los "colaboradores".

Todo se dibuja admirablemente, y es falso pretender o escribir, tal y como lo han hecho múltiples egiptólogos, que los egipcios pensaban que los hebreos eran unos apestosos y unos esclavos, ya que habían confundido a estos "Ebers" con el "Pueblo" que Moisés llevó casi un siglo más tarde al éxodo, que incluía a todos los oprimidos, judíos y egipcios mezclados.

La desgracia o la buena suerte, según nos situemos en el contexto israelita o egipcio deseó que Amenofis no tuviese hijo alguno. Lo que fue primordial y desencadenó contra Moisés el gran poder de los sacerdotes de Amón que no deseaban un faraón educado en la veneración a Ptah. Y organizaron pues un verdadero escándalo para desacreditarlo vergonzosamente frente a una gran parte del pueblo fiel por su cariño hacia la princesa Thermutis y su hijo adoptivo.

El éxito del plan fue casi total, ya que Moisés tuvo que huir al extranjero. No habiendo muerto en este odioso atentado en el que se vió implicado pudo, por este hecho maquiavélico, adoptar el espíritu necesario para organizar el éxodo de su pueblo convirtiéndose en legislador terrestre, tal y como Dios lo había deseado para él impregnándolo desde su nacimiento, a través de las Combinaciones-Matemáticas-Divinas, las coordenadas de su vida y se convirtió en un clásico Rebelde en lucha, primero de forma clandestina, contra los del Carnero.

Así, a la muerte de Amenofis, poco tiempo después de su huida calificada de vergonzosa, el cetro fue entregado a un medio hermano alejado del anterior faraón que estaba totalmente bajo la voluntad de los sacerdotes de Amón, en Tebas. Su nombre de Thutmosis primero, "Hijo de Teta", es decir de Thot, dejaba entender que estaba destinado a volver a las tradiciones ancestrales. Pero su reinado que duró 25 años se ensombreció por numerosos fallecimientos de familiares precipitando su final. Primero fue la reina madre quien murió, luego su esposa y simultáneamente sus dos hijos primogénitos, que eran todo su orgullo a pesar de ser de madres diferentes.

Thutmosis además tenía muchos más problemas por resolver, entre otros el de su sucesión. Le quedaban dos hijos legítimos: un niño y una niña. Curiosamente, fue hacia ella que volcó toda su confianza. Quizás porque nació de su esposa divina, hija misma de un descendiente ilustre de Set, mientras que el hijo menor nació de una concubina sin gota alguna de sangre noble, o quizás porque Amenset, la que se convetiría en la famosa Hatshepsut, tenía gran personalidad, mientras que su medio hermano menor era enfermizo y sin voluntad.

El hecho es que cuando murió Thutmosis primero, durante unas cuantas semanas la dinastía se quedó en suspenso frente a los intereses opuestos. Amenset revindicaba el trono para ella exclusivamente, y los sacerdotes de Amón preferían a su hermano. Finalmente fue él quien fue declarado faraón con el nombre de Thutmosis II a sus 16 años. Amenset tenía 18 años y fue obligada a casarse para convertirse en la "Gran Esposa Real".

Fue en este período revuelto cuando Moisés volvió a Egipto. Y sus negociaciones con los jefes de las familias de Israel pasaron desapercibidas o fueron juzgadas sin importancia. El faraón tenía otras preocupaciones con las plagas que un día tras otro llegaban al país, también staba la educación de su hijo, criado en la más importante Casa-de-Vida de los templos de Amón en Tebas.

Y en cuanto el joven príncipe tuvo 16 años fue juzgado apto para ayudar a su padre como corregente del reino. Un decreto lo designó formalmente con este título en descrédito contra Amenset, siempre reina consorte. La violenta cólera que la sacudió ciertamente dirigió la continuación de los acontecimientos, el príncipe heredero entregó el alma en ese momento, ya que Moisés, preparando la partida de su pueblo, judíos y egipcios juntos en una única familia, fue recibido en una última audiencia por Thutmosis II ya vencido por el destino y por Amenset.

La reina seguía con sumo cuidado los acontecimientos, e intervenía a través de consejeros bajo su sueldo. Su esposo deseaba rechazar la salida, pero ella lo empujó a deshacerse de esos inoportunos a los que acusaba de poner el país a sangre y fuego. Luego el rey cedió y ella le insufló la idea de perseguirlos para exterminarlos.

La partida era fácil de jugar para la reina, ya que además de los judíos, toda una parte de la población huia con ellos: la de los partisanos del monoteísmo de Ptah. Rechazando doblegarse a la voluntad del faraón y de Amón, debían ser juzgados como impíos de una misma rebelión. Se trataba verdaderamente de un crimen de lesa majestad que no podía quedar impune. Y como era la última oportunidad de Hatshepsut para poseer el cetro del reino, fomentó la muerte de su esposo, de esta forma ayudarían los azares de esta guerra santa a su voluntad. Es, pues, posible afirmar que fue Thutmosis II el que murió efectivamente ese año en 1.500, justo antes de nuestra era cristiana, cruzando el mar Rojo.

Los primeros años que siguieron fueron muy confusos. Un joven príncipe nacido de una concubina, apoyado por los sacerdotes, rehusaba dejarse desposeer y se hizo nombrar rey como Thutmosis III, primero cedió el poder a Amenset, que se convirtió entonces en "faraón", luego retomó el poder después de una revuelta en palacio y de la muerte de Hatshepsut, alentada por él. De ahí, el martilleo referente al reinado de Thutmosis II por Hatshepsut, para borrar las huellas de su trágico final en el mar Rojo.

Hemos restituido la vida de Moisés tanto con la ayuda de los hechos históricos de esos tiempos revueltos como por los escritos contenidos en el segundo libro del Antiguo Testamento, indicada siguiendo la antigua costumbre judía por la palabra: "*Chemôt*", o los "nombres", que los traductores griegos han ofrecido por éxodo.

Pero en este segundo elemento principal, la concordancia con el primero no es total, ni mucho menos. Debemos reconocer que los textos bíblicos recogidos oralmente, fueron puestos por escrito, en lo esencial, cuatro siglos después de la muerte de Moisés por los sacerdotes levitas, los más fieles al espíritu mosaico. Pero el temor de perder cualquier trozo verídico vital condujo a los redactores del texto definitivo a incluir algunos relatos dobles, o unas variantes sujetas a estudio, aún con más motivo ya que se realizaron en el siglo V antes de cristo, es decir casi mil años después de Moisés.

Es por ello que este fondo espiritual del monoteísmo, que remonta a la noche de los tiempos, debe ser leído a través de los pensamientos que animaban a los sacerdotes judíos, redactores en el VI y V siglo, correspondiendo a la deportación a Babilonia, a largos años de exilio y al regreso con la reconstrucción del templo de Jerusalén. Es indispensable que las largas meditaciones en el extranjero no hayan influido en la redacción del texto del éxodo, viejo de un milenio, que recordaba de forma sorprendente la ceguera y la decadencia de otro pueblo primitivo elegido igualmente por Dios, cuyo origen egipcio remontaba a los tiempos los más remotos.

El documento sobre el éxodo fue compuesto con el único objetivo de aportar unas enseñanzas estrictas, copiadas sobre los mandamientos originales, con el fin de que Israel sobreviva en un primer tiempo, y despues viviera siguiendo unos rigurosos preceptos en acuerdo con la Tablas de la Ley y la erección del monumental templo previsto.

Esta deformación levita es la que he intentado dejar deliberadamente de lado, en el libro B-1, donde toda la vida de Moisés es ampliamente narrada, así que no seguiremos detallándola aquí. El amplio abanico de las críticas favorables, que van del *Figaro* al *Provenzal* del señor *Gaston Deferre*, como desde el Centro de documentación judía al Oficio cristiano del libro, cuyo comité de lectura agrupa pastores y sacerdotes, y me llegó directamente al corazón. Efectivamente, si algunos pasajes como cuando Moisés esposa en primeras nupcias una princesa de Saba, o bien acerca del éxodo hacia la Tierra Prometida incluía tanto a judíos como a egipcios, no se veían demasiado contestads, pienso sin embargo que el episodio del futuro legislador de Israel en el monte Sinaí sucitaría muchos reproches, pero curiosamente, nada ocurrió.

Para el fondo he aportado en las notas adjuntas al libro suficientes pruebas acerca de que los Diez Mandamientos ya existían siglos y siglos antes de que Moisés dejara las orillas del Nilo y, como gran sacerdote, conocía su contenido de memoria. Pero para la forma, es necesario que me explique con más amplitud, ya que sólo fue después de diferentes dudas, y de una estancia en el Sinaí, que escribí este capítulo vital de esta forma. He pasado tres día y dos noches en la cima, sólo, con el fin de retomar, si es que se podía hacer, el espacio y el tiempo en el que Moisés el Rebelde inspirado por Dios, se encontraba ahí. La lectura también me ayudó mucho.

Sumando los libros leído, el muy sabio de *Jean Salvador*, titulado: "Las Instituciones de Moisés" de dos tomos, editado en 1.981, me impresionó, no sólo por la erudición desarrollada, sino igualmente por una cantidad de comentarios juiciosos, que he utilizado a menudo para asegurar mi forma de ver el proceso seguido por Moisés. Uno de estos pasajes incontestablemente marcado por el buen sentido común, demostraba que los "Mandamientos" habían sido llevados desde Egipto:

"Moisés educado entre los sacerdotes egipcios sabía todo acerca de su ciencia. Así los hebreos llevaron sus ropas, vasos de oro, de plata, como los instrumentos para montar sus tiendas. Moisés también llevó algo para escribir, así como las leyes escritas en rollos de papiro conservadas en los santuarios de Egipto".

Moisés, príncipe de Egipto y gan sacerdote poseedor de todo el conocimiento de los Per-Ahâ, sin duda alguna había aprendido de memoria los "Mandamiento de la Ley", y subiendo al monte del Sinaí, estaban en el fondo de su memoria, dispuestos a brotar a la primera oportunidad. Cuando el patriarca anunció a su pueblo su subida a la "Montaña Sagrada", aún no sabía lo que resultaría de ello, pero sabía que Dios le inspiraría, incluso si no se le apareciese frente a él, ya que no podía ser de otra forma después de todas las desgracias padecidas, que lo llevaron a este lugar como "Guía" de un nuevo pueblo. Inconscientemente, para hablar utilizó las palabras y las frases aprendidas en Egipto que todos comprendían ya que provenían de este país que había sido toda su vida hasta ahora. Ocurría lo mismo, para el nombre de Yahvé, que existía mucho antes de que llegarán ahí. Este es el discurso que Moisés pronunció en esta mañana, o muy parecido, ya que en toda lógica, y diciendo la simple verdad, nada más se podía decir:

"Mañana iré a tomar las órdenes de Yahvé sobre la Montaña, para que os permita vivir eternamente en paz sobre la tierra. La Ley que es la base que fue observada por los primeros habitantes que la siguieron ciegamente bajo pena de no ver ninguna posteridad sobrevivirles. Mientras que obedecieron vivieron felices, y cuando la olvidaron, perdieron su Paraíso, y los rescatados de la cólera divina tuvieron que huir hacia otra patria, otro Corazón. Así, bajo pena de volver a perderlo todo en la tierra prometida que abordaremos, deberéis aceptar obedecer los preceptos de los mandamientos para preservar las ventajas adquiridas. Yahvé, que es el nombre bajo el que honramos a Dios, tendrá por el momento un templo portátil y un tabernáculo provisional, pero nuestros obreros van a intentar tejer, tallar, modelar, con todo el amor posible los elementos que harán de ello un lugar santo a imagen de nuestra fe y de nuestra confianza en las bendiciones que Yahve nos concederá. Los herreros y orfebres cincelarán desde ahora los ornamentos y las joyas que cubrirán el lugar sagrado. Cuando lleguemos al lugar donde se erigirá la gran ciudad de la Tierra prometida, construiremos un verdadero templo, grande, mil veces más espléndido que los que habéis podido ver en Ath-Kâ-Ptah y que no eran consagrados más que a ídolos como el Carnero".

Y los pensamientos de Moisés, de este "Rebelde" contra el "Carnero" erigido como ídolo, es decir, como falso dios, a la vez que pretendía su ascensión hacia la cumbre muy santa, no podían ser más que los numerosos años que seguirán, soportanto hasta el final su tarea. Reflexionaba sobre lo que debía hacer, preguntándose si no hubiera sido más fácil realizar sus "Tablas" de la Ley divina al pie de la "Montaña Sagrada" bajo la mirada de todos, en lugar de retirarse detrás de una barrera demasiado santa quizás para fueran comprendida por las futuras generaciones. Había abandonado una fe anterior, la de Ptah, no porque Ptah era un falso dios, sino porque los que habían luchado en contra, para acceder al poder y conservarlo, habían erigido un ídolo para derribar a Ptah.

Estos eran unos falsos hombres devotos de la destrucción. Así, el nombre de Yahvé, permitiría a todos los oprimidos de estos falsos hombres retomar su sucesión en un nuevo lugar.

Llegado a la cima de la montaña, vacilante, en un estado de agotamiento extremo, el patriarca tuvo al fin la revelación de lo que debía realizar. En un estado casi místico por su formación espiritual, y las inumerables desgracias que había padecido hasta este día, es incontestable que su espíritu era apto para percibir todas las ondas celestes como respuesta a las preguntas mentales que emitía. Un vedadero diálogo se instauró a lo largo de su sueño entre su parcela Divina y el Dios-Uno.

Yo no percibí nada semejante a lo largo de mis dos noches en soledad en la cima, y admito voluntariamente esta posibilidad. A pesar de estar minusválido y muy extenuado hasta el extremo, no sentí nada en aquel lugar tan santo, al menos bajo esta forma. Pero quizás recibí ahí el complemento de fuerzas necesarias que me faltaban para perseverar en mi tarea y realizar la obra iniciada después de mi terrible accidente.

Esta meta alcanzada me ha llevado a comprender que todo no era más que un perpetuo movimiento de reinicio en un mundo eterno, donde los imprevistos no ocurren más que para demostrar la vanidad humana en relación a la mecánica inspirada por Dios. Yo sé que la pregunta de la autenticidad divina de este decálogo ha hecho correr mucha tinta desde las succesivas composiciones de libros que formaron la Biblia. No se trata aquí de volver a abrir un polémica que se perpetua de forma casi endémica, sino demostrar sencillamente que los Diez Mandamientos de la Ley del Dios-Uno ya existían mucho antes que Moisés los volviese a poner de actualidad en el Sinaí; su autenticidad proviene de Dios mismo sin duda alguna.

Esta regla unificada en el seno de una ética rigurosa siempre había sido la forma más auténtica, y la única, sobre la que descansaba el edificio del monoteísmo retomado por Moisés. Si la salida de Egipto es el acontecimiento liberador de toda una población judía y egipcia, confundida en una sola, que huía hacia la libertad, la búsqueda del antiguo Dios olvidado era el hecho capital para firmar una nueva alianza con Él. Nueva, ya que la primera fue la de después de la resurrección de Osiris, venida para salvar la multitud para nacer de un nuevo desastre, concediéndole un "Segundo Corazón", "Ath-Kâ-Ptah", o "Egipto".

Es por lo que Moisés, instruido con toda la Sabiduría egipcia, se dio cuenta a lo largo de este período de vida en el Sinaí, antes de seguir hacia otra Tierra prometida que no alcanzaría, que volvía a vivir la pesadilla ya vivida milenios antes, después de la célebre "Cólera Divina". Y después de haber huido y ser un rebelde, un extranjero sin nombre ni patria, un cúmulo de circunstancias extraordinarias lo empujaron en primer lugar a reflexionar sobre lo que le sucedía, después acerca de lo que los demás deseaban de él, antes de decidir intentar el inolvidable diálogo del Sinaí y la bajada de los Diez Mandamiento que iban a cambiar la faz del mundo otra vez.

Palestina abría sus puertas, sus fronteras para permitir a una semilla humana echar raíces en esta próspera tierra de donde brotaban la leche y la miel. Doce tribus vivirían en paz con el resto del universo. Un pueblo elegido de Yahvé nacía, mientras que él moría en el monte Nebo.

También he subido a este monte, y he contemplado Galilea y el Jordán brillando en un fondo de niebla al atardecer. Este triste final del hombre que murió ahí en soledad es el símbolo del carnero renaciendo bajo una forma no idólatra en Palestina. Y en el sacrificio anual del carnero permanecerá siendo el acto más ferviente hasta la llegada del "Mesías" al inicio de la era de Piscis.

Era hora de aclarar la fabulación acerca de Moisés, en la que los primeros capítulos del Antiguo Testamento lo habían situado, para volver a darle su verdadera dimensión humana, con la fraternidad de sangre que une estrechamente a judíos y a egipcios en un mismo monoteísmo original, es decir, más allá de todos los movimientos políticos fanáticos.

13

DIOS OLVIDÓ EGIPTO: CAMBISES EL LOCO

El tratamiento que Cambises hizo padecer al cadáver de Amosis fue un castigo de la injuria sanguinaria que había recibido de este faraón.

A. J. Letronne, La Civilisation égytienne

A juzgar por todos sus actos, es claro que Cambises había perdido por completo la razón. Si no, no hubiera pasado su tiempo escarneciendo las cosas más sagradas.

Heródoto, Libro III – 38

Es muy característico observar que apenas se inició el último cuarto de la navegación solar a lo largo del Gran Río Celeste en Aries, Israel y Egipto perdieron su identidad al mismo tiempo. Los hebreos fueron deportados a Babilonia, y los persas transfirieron 500.000 prisioneros egipcios hacia su país, donde muy pocos llegaron vivos. Así los principales defensores de la era de Aries fueron barridos del suelo de sus dos madres patrias. Moisés y Akhenaton no habían realizado su sueño de un monoteísmo defensor de los derechos de cada ser humano para vivir en la paz de Dios en la Tierra.

Los cinco siglos que quedaban para ver la entrada del Sol en la constelación de Piscis sufrieron una enorme maceración de la población en el Próximo Oriente al corriente de todas las profecías antes de que llegara la nueva era, y cada país hacía todo lo que podía para influir sobre los acontecimientos de forma que tomasen un giro a favor del más fuerte o más listo. Numerar los movimientos entre Grecia y Egipto, Persia y Egipto, más todos los pequeños reinados que se encajaban entre estas tres naciones e Israel llevaría otro libro más.

El tercer libro de Manetón que lleva el enunciado de los nombres y los títulos de los últimos 66 faraones, ofrece una división notable de las dinastías para el período que vamos a ver a lo largo de este capítulo. En cuanto al relato de los hechos significativos que marcaron el reinado de Cambises conocemos las grandes líneas a través del relato de Herodoto, en su libro *Viaje en Egipto*.

Donde aparece con toda claridad la impiedad que se implantó cada vez más en los autóctonos, y la nueva idolatría introducida por los griegos que vinieron, como refuerzo, para apoyar el faraón Amosis en la defensa del país provocó que los persas reaccionaran rápidamente. Es por ello, los tiempos cumplidos, Dios olvidó Egipto para castigar este mundo cruel. No debemos olvidar que los persas, con *Zoroastre*, sus *Magos* y sus *Profetas* conocían perfectamente la ansiosa espera en la que vivían los egipcios sabiendo su fin cercano e inevitable. Las Combinaciones-Matemáticas-Divinas así lo habían predicho, como en los más remotos tiempos en Ahâ-Men-Ptah, los "Maestros de la Medida y del Número" ya lo habían calculado.

Los persas por su parte, lo reconocienron fomalmente y sus sacerdotes aprovecharon la oportunidad inesperada para influir en una guerra santa, a través de un Cambises, que era un espíritu débil en un cuerpo enfermo, en el que dominaba la violencia de las ideas y su deseo de someterlo todo a su voluntad. Ya que existía la certeza de que los egipcios se dejarían matar in situ más que defenderse frente a la fatalidad. Así el ejército, con Cambises en cabeza, se lanzó a la conquista de los zoólatras en una guerra religiosa, destinada a aniquilar el Toro Apis.

Estos Magos persas estaban seguros que si Amón-Râ llegaba al final de su era de Aries, no ocurriría lo mismo para los que veneraban al Dios-Uno, bajo la forma de su hijo simbolizado por un toro vivo. Y este Osiris es el que les daba miedo, debían pues destruir esta entidad al tiempo que a los idolatras si deseaban conservar su poder religioso en Persia. El antiguo concepto faraónico del monoteismo no debía bajo ningún pretexto penetrar en Persia.

En el origen fue pues una guerra donde predominaba el fanatismo religioso de los sectarios de Zoroastro con la destrucción de los vestigios milenarios de otra veneración que prejudicaba su fetichismo. Esto es más que una simple opinión personal, ya que se deduce de todos los textos en relación a la historia de esta época. Pero, ¿ninguno de esos "Magos" había previsto que Cambises se volvería completamente loco?, y que haría fracasar en definitiva el porqué del motivo del inicio de la conquista de Egipto.

Quizás se sorprenda el lector de ver cómo este período me es tan conocido, pero es debido a Pitágoras del que estudié los mínimos detalles de su vida para preparar mi tesis. Era en 525 a.C. en Dendera, año de la invasión persa. Este "Gran Sabio" fue hecho prisionero y llevado a Persia en una situación privilegiada, ya que era griego, y su pueblo estaba en paz con el invasor. Y fue, sin duda, su calidad de sabio profesor de todo el conocimiento antiguo el que lo protegió eficazmente. El primer tomo de *La extraordinaria vida de Pitágoras* apareció en 1.979. Recibí después importantes correos preguntándome: ¿Por qué no aparecía el segundo tomo?

Era, sencillamente, porque en ese momento el ayatolá Jomeiny volvió a Irán y me fue imposible ir a Hamada, Suse y Persépolis tal como deseaba para estudiar los datos en el lugar mismo y a mi manera. Como cada cosa debe hacerse en el momento propicio y tuve que mantener mi sangre fría y la paciencia necesaria. Esto además me permitió terminar la traducción de la obra pitagórica fundamental: el *Biblión*, que es el libro de las *Leyes Morales y Políticas* de su tiempo. El escrito permite comprender admirablemente la vida de los griegos y de sus vecinos en el momento en el que los egipcios vivieron la invasión de los persas.

Volvamos pues a las orillas del delta del Nilo, ahí donde vivía Amosis, poco antes de que muriese y de que Psamético tomara su lugar seis meses únicamente, siendo asesinado en ese momento de forma horrible por las propias manos de Cambises. Añadiremos que estamos aquí bajo la XXVI dinastía, llamada "Saíta", que incluía 9 faraones que reinaron desde 702 a 525 antes de nuestra era, fecha en la que Cambises se comportó como un sanguinario e intentó destruir todo lo que Egipto tenía de espiritual.

Sin remontarnos al tiempo de los Ramésidas[47], los anales demuestran que la implantación helénica en el delta del Nilo se inición bajo Ouahibripsem, o Psamético primero, que tuvo el cetro desde 664 a 610 a.C., es decir, durante más de medio siglo. Este reyezuelo, jefe de una provincia en una rama del delta del Nilo, tenía graves problemas por resolver y para mantener su puesto, cuando iba a ser desposeido de sus prerrogativas, fue avisado de la llegada a la costa, de forma no prevista, de un grupo de jonios que venían a "explorar" las tierras, lo que nunca se había visto anteriormente. Estos ayudaron a Psamético no sólo a asentar su autoridad, sino a aumentarla luchando a su lado para conquistar el cetro soberano, después conservarlo durante más de 50 años, fue un reinado donde la renovación hizo honor. Veamos este período en el siguiente cuadro:

---

[47] Comúnmente se conoce en la Historia del Antiguo Egipto como periodo ramésida al sub periodo del Reino Nuevo que abarca el desarrollo histórico de las dinastías XIX y XX. Se le llama así, ramésida, porque la mayoría de los reyes egipcios de estas dos dinastías se harán llamar Ramsés.

Noms HIÉROGLYPHIQUES	Noms GRECS	Durée Règne	Datation (avant J.-C.)	Fait marquant du RÈGNE
XXVI° DYNASTIE (suite)				
234	OUAHIBRIPSEM	54	664-610	Rénovateur de l'antique religion de Ptah
235	NÉKAO II	15	609-595	
236	NEFERIBREPSEM	18	594-588	Psammétique II
237	HAIBRIA	19	588-569	Apriès en Grec
238	KHNOU-IAMET	44	569-525	Amosis en Grec
239	ANKHREPSEM	6 mois	525	Fut étranglé par Cambyse peu après son accession au trône
XXVII° DYNASTIE (Perse)				
240	CAMBYSE	1 1/2	525-523	Termina fou, perdu dans le désert
241	DARIUS I°	37	523-486	
242	XERXES I°	20	486-466	
243	ARTAXERXÈS	41	466-425	
244	DARIUS 2°	19	425-405	

Fue a lo largo de este extenso período que fueron concedidas concesiones como agradecimiento a los jonios, luego a los carios, a los samios, y a los milesios llegados en masa con sus familias para defender al faraón, luego comerciaron con garantías entre Egipto y todas las ciudades de la gran Grecia.

Pero lo más importante fue el descubrimiento por los griegos de una civilización mucho más antigua que la de ellos, ahí, encontraron un mundo legendario del que con una genialidad supieron apropriarse.

Los eruditos siguieron a los comerciantes, se distribuyeron en todo Egipto en busca de ciencias y de conocimientos que ignoraban. Fue en este tiempo que Solón, el Sabio entre los Sabios, llegó al Alto Egipto donde vivió en un oasis, al oeste de Tebas, con los samios y con la ayuda de un sacerdote de Ptah, aprendió jeroglífica en cuatro años.

Es a este erudito al que debemos la primera mención de Ahâ-Men-Ptah, que un siglo más tarde retomó Platón bajo el nombre de la Atlántida. Psamético no sólo fue un fino diplomático y un avispado comerciante, sino también un renovador de los usos y costumbres de los Primogénitos como de su antigüedad. Es inegable que la admiración que demostraban los sabios griegos por la antigüedad de la historia egicia era por algo. El hecho es que hubo un formidable renacimiento de las artes y una vuelta general a los cánones espirituales de la III y IV dinastías.

Se vieron resurgir las formas más antiguas de la escritura jeroglífica que volvieron a situar con honor los servicios divinos de Ptah y las liturgias manifiestamente caídas en el olvido, pero fueron sobre todo los eruditos extranjeros los que se beneficiaron. Estas colonias griegas de la rama pelusíaca del delta lo aprovecharon mucho ya que fueron protegidos por los sucesores Psaméticos. Hasta Ahâ-labra, el predecesor de Amosis que reconoció tener un cuerpo de soldados griegos de élite de 30.000 hombres.

Este reinado es muy conocido, ya que la Biblia lo transcribe por *Ophra* y los griegos por *Apries*. En efecto, en 586, Sedecias, rey de Judá, pidió que le enviara su ejército para luchar contra Nabucodonosor en Siria, pero fue un grave fracaso, ya que en ambos bandos había mercenarios griegos. Así cuando el ejército se retiró para volver a su base egipcia, Jerusalén fue tomada a saco. El profeta Jeremías se había ido con las tropas de *Apries* y se quedó en Egipto en una fortaleza de Tachpanes donde fue acogido fraternalmente. Con ello tenemos uno de los más bellos pasajes de la biblia, del profeta Jeremias, en el capítulo XLVI, donde se torna en escarnio al Egipto donde no quedó piedra sobre piedra, sólo la adoración de la "ternera" por los toros griegos.

"Oh, hija de Egipto, en vano multiplicas tus remedios, no hay sanación alguna para tí. Las naciones conocen tu vergüenza, y tus gritos llenan la tierra, porque los guerreros vacilan unos sobre otros para caer todos juntos. El faraón, rey de Egipto, no es más que ruido que dejó pasar el momento. Egipto es una bella ternera, pero la destrucción se acerca por el norte. Sus mercenarios están en medio de ella como terneros cebados, y también ellos dan la espalda huyendo sin darse la vuelta. Porque el día de la desgracia cae sobre ellos para realizar su castigo."

Efectivamente, lo que debía producirse ocurrió un día, los libios pidieron ayuda a *Apries* contra los dorios de *Cyrene* que los habían desposeídos de varias partes de su territorio. Las tropas griegas venidas en auxilio cayeron en una emboscada y fueron masacradas por sus hermanos dorios. A consecuencia de ello, se declaró un motín entre mercenarios que tomó la forma de una terrible revolución militar. Con el fin de preservar lo peor anunciado. Apries envió su general de confianza, Amosis, para tratar con los rebeldes. Este Amosis era célebre por sus borracheras y sus chocantes modos, lo que le permitieron subir en grado por la fuerza de sus puños, haciéndolo muy popular entre los soldados. Así, cuando los rebeldes le ofrecieron ser faraón de Egipto se alió a su causa y sencillamente aceptó pasar a su lado para tomar la dirección de las operaciones.

En pocas semanas, Amosis dejó Apries y se hizo coronar faraón. Dos años más tarde ayudado por unos cuantos fieles celosos del nuevo monarca, Apries escapó e intentó reconquistar su reinado, pero sus partisanos fueron aplastados y él mismo asesinado en el barco en el que intentaba huir, y todo quedó hundido en el fondo del Nilo.

Amosis fue el único dueño y se convirtió en un verdadero tirano que se dedicó a corresponder y mantener unas relaciones de buena vecindad con todos los pequeños potentados griegos, como Polícrates, el tirano de Samos, quien le envió a Pitágoras a título de amistad para iniciarlo en la Sabiduría antigua. Nombramos a Tales de Mileto con quien tuvo cordiales relaciones, además fue muy perpiscaz, reuniendo a todos los griegos en una sola ciudad: Naucratis, donde tuvieron no sólo el derecho de administrase ellos mismos, sino que también podían construir templos para honrar a sus dioses.

En realidad este largo reinado de casi 50 años fue próspero para Egipto que recuperó un espíritu nacionalista. Sin embargo, el fervor religioso fue deliberadamente apartado por este faraón a quien gustaba el buen comer y el buen beber, al igual que era amante de sus concubinas. Los sacerdotes no podían entrar en el Palacio Real de Sais, y Amosis no tenía en cuenta las profecías que circulaban sobre la era de Aries y el final de Egipto. Incluso le presentaron una estela con los presagios, que actualmente figura en el museo de Palermo en Sicilia, y que fue encontrada en la ruinas de Sais más tarde, después del paso de los persas.

Representó de alguna forma el presagio que anunciaba el final de los últimos faraones, anteriores al último cuarto de la era de Aries. La observamos a continuación:

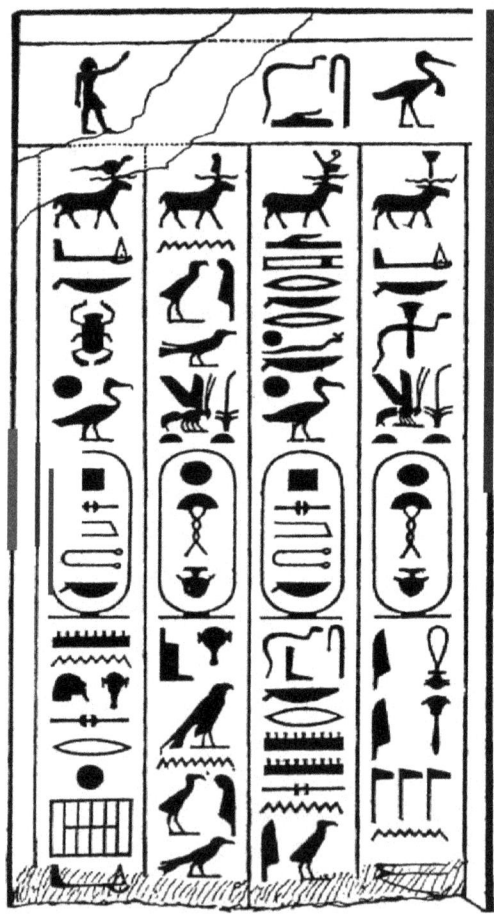

Sin embargo, Amosis debería haber escuchado las profecías, ya que una nueva potencia se levantaba en el este del Nilo. Y no sólo Egipto iba a tener motivos de lamentaciones, ya que también Jerusalén y Grecia sufrieron el espanto del filo de las espadas persas. Porque durante el reinado de Amosis, Cirio el Grande venció a Babilonia y toda Asia Menor antes de soñar penetrar en Egipto.

En 527, Ciro envió unos embajadores a Sais, para proponer un "tratado de buena vecindad", pero Amosis, loco de rabia, los hizo asesinar sin incluso querer recibirlos. Así que cuando dos años más tarde, después de la muerte de Amosis y de Ciro, cada uno en su país respectivo, los sucesores persas cometerán en revancha los más terribles ultrajes.

Cambises declaró la guerra a Psamético en 525 sin esperar, tanto para beneficiarse del efecto sorpresa como para actuar siguiendo las configuraciones celestes benéficas predichas por sus Magos. Una batalla decidió la suerte de Egipto, ya que el joven faraón para nada tenía la carrera militar de Amosis, centenares de mercenarios se sometieron a Cambises, mientras que otros huían. Y los persas cruzaron el delta sin resistencia alguna para llegar a Menfis y a Sais donde no se les esperaba. Las tropas devastaron Memfis, el Ath-Kâ-Ptah antiguo de Menes y se dirigieron en persona a Sais para asegurar la revancha póstuma.

Este período es muy conocido gracias a los escritos de los griegos que en ese momento estaban ahí, como Herodoto que cuenta a su modo la locura de Cambises, y que no está muy lejos de la realidad, en su libro II, el historiador griego escribió:

> "Cambises se dirigió a Sais, con una idea fija en su cabeza que se dispuso a ejecutar; apenas llegó al palacio real, hizo sacar de su sarcófago la momia de Amosis y la hizo azotar con látigo, hasta romperla, le hizo arrancar el cabello; y se encarnizó contra ella de todas las formas posibles, y cuando sus hombres agotados abandonaron (ya que el cadáver aún se les resistía), Cambises lo hizo quemar.
> Este tipo se sacrilegio contradecía las tradiciones de ambos pueblos, primero la de los persas, ya que consideraban el fuego como un dios y pensaron que un cadáver humano era un alimento indigno para un dios; y en segundo lugar la de los egipcios para los que el fuego era una criatura viva que se devora a sí misma como presa. En Egipto nunca se da un cadáver a ninguna criatura viva para que lo devore, por esta misma razón se momifican los muertos, para que no sean

devorados bajo tierra por los gusanos. Por ello la orden de Cambises contravenía el uso de ambos pueblos.

Pero los egipcios afirmaban que la momia sobre la que se encarnizó no era la de Amosis, sino una de un hombre de su misma edad, ya que Amosis había sido avisado por un oráculo de la suerte que le esperaba, e hizo enterrar cerca de la entrada, en su propia cámara funeraria, el hombre que sería azotado en su lugar. Y recomendó a su hijo situarlo en lo más profundo de su sepulcro. Estoy convencido, yo mismo, de que jamás Amosis tomó tales precauciones y que todo este cuento es una historia inventada por los egipcios con el propósito de salvar la cara."

En cuanto a lo que ocurrió en Memfis, la ciudadela piadosa del Dios-Uno, lo que cuenta Herodoto, no sólo no cuadra con la realidad, sino que presta al rey de los persas unas ideas de nobleza que no tenía en absoluto y que su locura de cualquier forma las hubiera impedido, tal y como lo asegura el historiador griego en otros pasajes.

La ofensa cometida contra los embajadores persas dos años antes por Amosis no podía ser borrada más que por sangre, y la vengaza iba a ser terrible. Cuando el palacio fue tomado, toda la familia faraónica fue llevada a Menfispara esperar las decisiones de Cambises. Ahí se encontraron las familias de los príncipes y de la alta nobleza egipcia. Todas las mujeres y jovencitas, fuese cual fuese su edad, fueron ofrecidas a los soldados victoriosos. En cuanto a los dos mil hombres, todos fueron atados, los unos a los otros por el cuello, apenas libres para respirar de forma a no morir asfixiados o estrangulados antes de hora. Así estuvieron esperando, aparejados durante cuatro días hasta que Cambises decidió que comparecieran frente a él.

Esto ocurrió en el gran patio del templo de Ath-Kâ-Ptah, reconstruido bajo la orden de Amosis, siempre aborrecido de Cambises que, a pesar de haber saciado esta venganza sobre la momia en Sais, hizo sacar el trono del pontífice afuera, y con gesto de desprecio se sentó frente a los 2.000 hombres que olían a excrementos, éstos se arrodillaron esperando su sentencia. Al pie del trono, extendido sobre su cuerpo estaba Psamético, su esposa, su hijo, y sus tres hijas, todos completamente desnudos esperando en la angustia y en la imposibilidad de girarse para verse o ver lo que ocurría, pasaron varias largas horas en esta postura, antes incluso de que llegaran los 2.000 hombres encadenados por el cuello.

Para llegar a su asiento, Cambises pisoteó salvajemente los cuerpos del faraón y de su progenitura, luego les dió la orden de levantarse para arrodillarse. Lo que hicieron, excepto *Ladicee*, esposa de Psamético, que se desmayó cayendo de nuevo al suelo. El fararón y su hijo, de rodillas, desnudos bajo un sol abrazador tuvieron que mirar a sus dos mil compañeros fieles ser pasados por el filo de la espada antes de que ellos mismo perdieran la cabeza. Cinco horas fueron necesarias para que acabara la carnicería. Cambises siguió con ojo febril y jadeante la abominable matanza. Y desde hacía tiempo las tres hijas de Psamético se habían desmayado al igual que su madre.

Pero Cambises no quedó satisfecho, e hizo signo a uno de los verdugos de tomar al hijo del rey para que sufriese el mismo destino que sus compañeros, se le cortó la cabeza que cayó en un mar de sangre. Después, Cambises bajó de su trono burlándose, elevó la cabeza de Psamético por los pelos hasta su altura antes de volver a soltarlo y con gesto vivo y volviendo a atraparlo por el cuello para estrangularlo con sus poderosos dedos.

Fue este momento que eligió su dulce para retomar consciencia. Dio tales chillidos frente a la visión que se presentaba ante ella que se volvió manifiestamente loca, y Cambises cansado de sus gritos, le clavó un puñal en el pecho izquierdo para no oirla. Esta muerte fue la mejor, sin duda para ella, ya que sus hijas fueron entregadas como pasto a sus tres jefes de armas por la invasión, que se las llevaron a hombros corriendo y riendo por la suerte que habían tenido.

A partir de este día, las locuras de Cambises fueron en aumento. Herodoto cuenta su segunda violenta acción, también en Menfis, algunas semanas más tarde. En el patio del templo, que ya había sido limpiado, se había encontrado un toro que respondía a las normas de la divinidad celeste para sustituir el que había muerto hacia 26 meses, y cuya muerte había sido achacada a las atrocidades cometidas, ahora ningún protector de Ath-Kâ-Ptah cuidaba ya de estas criaturas pero todos los sacerdotes cayeron en adoración frente al nuevo Apis, resurección viva de Osiris, que iba a salvarlos a todos del desastre a pesar de las siniestras profecías.

Herodoto con gran detalle y siempre en su segundo libro escribe:

"Cuando Cambises regresó a Memfis, el dios Apis (que los griegos llamaban Epaphos) se manifestó a los egipcios. Todo el país se vistió con sus mejores galas y celebró el acontecimiento. Pero Cambises convencido de que se alegraban en realidad de su derrota, convocó a los notables de la ciudad, les preguntó: ¿Por qué el pueblo no se ha entregado a ninguna manifestación en mi primera visita, y se entrega justamente ahora dando libre curso a sus alegrías después de haber padecido tantas pérdidas?

–El dios Apis acaba de manifestarse, contestaron, y como este acontecimiento se produce de forma muy escasa, todo el mundo tiene costumbre de celebrarlo con unas fiestas–. Cambises no creyó ni una palabra y condenó a muerte a los nobles por hablerle mentido.

Una vez ejecutados los nobles, fue el turno de los sacerdotes, y cuando éstos comparecieron ante él, le dijeron lo mismo. Cambises ordenó ir a por Apis. "Vamos a ver –dijo- a este Apis", que según la tradición, es un toro nacido de una vaca que será incapaz de parir otra vez. Los egipcios dicen que es concebido por un rayo que cae del cielo sobre esta vaca y la fecunda. Se reconoce un Apis si es negro con un triángulo blanco en la frente, el dibujo de un águila en el espinazo, una cola que posee un número doble de pelo, y bajo su lengua, el dibujo de un escarabajo.

Los sacerdotes trajeron, pues, al Apis, y Cambises con furiosa cólera, sacó su cuchillo, apuntó al animal en la barriga, y lo alcanzó finalmente en el muslo. Y lo tiró a los sacerdotes riendo a carcajadas y diciendo: "Idiotas, ¿alguna vez habéis visto dioses de carne y sangre que sangran cuando se les golpea? Es digno de vosotros este dios. De cualquier forma no os reiréis de mí." Y ordenó dar latigazos a los sacerdotes hasta la sangre, y detener a cualquier egipcio que fuera sorprendido celebrando dicha fiesta. Los sacerdotes fueron sometidos al látigo y las celebraciones se interrumpieron en seco. Apis, herido en el muslo, perdió su sangre y acabó por morir en su santuario. Los sacerdotes lo enterraron a espalda de Cambises. Esta locura fue seguida por muchas más.

Pero, entretanto, una idea fija tomaba cuerpo en el espíritu desviado del rey persa: Cuando muriese, ¿qué sería de él? Hacia tiempo que ya no creía en el valor de los Magos persas, ni en el de sus dioses. Sin embargo, había podido darse cuenta de la fe de los sacerdotes egipcios que se dejaban matar sin gritar ni defenderse, rezando sencillamente a su Dios Osiris para que los recibiera a su lado. Su desprecio por no conocer el gran secreto no duró mucho, ya que aprendió de uno de los disidentes griegos, que se pasó a sus filas, que el gran templo de este Dios de Egipto estaba en el sur del país cerca de Tebas, y no en el norte.

De nuevo Cambises se puso en cabeza de sus tropas y a pesar de la sumisión total del Alto Egipto, se portó como invasor omnipotente, pasando todo a sangre y fuego, robando, violando y saqueando todo lo que se le presentaba; gritaba y reía en un delirio incesante: "Romped todos esos carneros, se acabó el tiempo de los carneros. Es el toro Apis el Dios.¡ Quiero honrar a Osiris en su Reino!"

Fue al tiempo que el rey de los persas llegaba a Dendera cuando Pitágoras volvía, y fue hecho prisionero frente a Tebas. Esta escena descrita en el libro *La extraordinaria vida de Pitágoras* es totalmente exacta en su contexto, al igual que el diálogo entre el cirujano persa y el Sabio griego, que reproduzco aquí abajo, para los que aún no han leído este libro. Pitágoras fue herido y se desmayó, cuando se despertó dijo:

-"... Mi debilidad debería perdonarme en este momento cualquier diálogo que parece más un examen, tú que debes ser un médico erudito. ¿Puedo preguntarte, ahora, dónde estoy y quién eres?
- Soy Naboniram, el segundo médico de nuestro rey Cambises. Soy el que corta los miembros o los vuelve a coser, depende de los casos y del grado de la herida de la anatomía y de los huesos del esqueleto que son mis dominios, tu esclavo empezó a gritar en cuanto te caíste, fue oído no sólo por la tropa sino por el jefe de los ejércitos y fuiste traído a mi tienda bajo una buena escolta. Tenías la pierna derecha rota por mitad del muslo y la rotura era limpia. Perdiste el conocimiento, pero tu corazón latía normalmente lo que me permitió utilizar una técnica que he aprendido en nuestra capital de un médico llegado de Asia.
- ¿Qué has hecho, cortaste la pierna? No la siento.
- Tienes mucha suerte, Pitagoras, aún conservas tu pierna y volverás a caminar pronto.
- ¿Cómo puede ser?

- Ya he dicho que tienes mucha suerte, no temiendo que te movieras, corté la carne y coloqué cuidadosamente los dos trozos de huesos encajándolos perfectamente. Después, aplicando el método de mi amigo amarillo, situé fuertemente sujetas dos láminas de oro fino en la rotura. Volví a cerrar cosiendo los músculos, rodeándolos de una capa de hierbas especiales para evitar cualquier inflamación y, para terminar, dos planchas de madera te mantienen la pierna inmóvil rodeada por vendas fuertemente ceñidas.
- ¿Y cómo podré andar?
- Dentro de una o dos lunaciones quitaré las vendas y poco a poco tu pierna volverá a funcionar, te lo aseguro.
- Te lo agradezco Naboniram, mi vida entera te pertenece, con lo difícil que habrá sido conseguir ese oro.

El médico se echó a reír:
- Cuando dije que habías tenido mucha suerte, también es por el oro, ya que aquí en Tebas había tanto por doquier que nadie elevó la más mínima protesta cuando cogí las láminas de un altar de un dios carnero que se encontraba en la cima de un montón impresionante de metales y piedras preciosas.
¡Ouaset!... ¡Ouaset!... ¿Qué queda de tu esplendor y de tu cultura? El pontífice tenía razón, pero para contestar al médico mi voz no pudo encontrar la calidez necesaria:
- ¡Sí, mucha suerte!
- Y como en tu muslo ahora llevas el oro de un dios, tienes la suerte de ser tú mismo desde ahora un dios. Tú eres: Pitágoras "Muslo de Oro", y será tu nombre en nuestro idioma persa durante tu estancia en nuestro país.
- ¿En Persia?
- ¡Claro! Por ello me encargaron volver a coserte, ahora, en principio irás a reunirte con nuestros sabios en Ectabana donde está el observatorio del cielo[48].
- ¿Soy, entonces, prisionero a pesar de la amistad que tenéis con los griegos?

---

[48] Ectabana: Capital de Media, adherida a Persia en la conquista de esta zona por Cyro II, en 556 a.c., es decir, treinta y un años antes, ya que la conquista de Egipto con el encarcelamiento de Pitágoras, tuvo lugar en 525 a.c. con Cambises como rey de los Persas.

- No, extranjero, tú serás nuestro invitado de honor durante algún tiempo y no un prisionero. Los egipcios van en manada encadenados, a pie a través del desierto ardiente donde morirán por centenares de miles. Tú irás a Persia con nosotros sentado sobre un asno o en un carro, cuando tu pierna esté mejor."

Pero esto no deja entrever la realidad, ya que los médicos tenían un estatus diferente, no ocurría lo mismo con los soldados, más adelante, el joven sacerdote que había salvado a Pitágoras le contó lo ocurrido en Tebas:

- "He visto numerosos grupos reunidos aquí en Tebas, todos los que no fueron degollados durante la invasión y no tuvieron tiempo de esconderse fueron hechos prisioneros. Pero los tres días que los han mantenido aquí antes de su partida han sido los más horibles de mi vida. He visto los asesinos persas matar a todos los niños de baja edad para que no aminoraran la marcha por el desierto. Las mujeres eran llevadas por las noches a los campamentos de los soldados y desechadas por la mañana en llanto, desesperadas y desnudas.

Una única vez en los tres días trajeron comida. No quiero contarte las escenas terribles que se vivieron para esas pocas migajas. Esta mañana todos los grupos salieron escoltados por estos salvajes armados con puñales, con hachas de guerra, escudos y lanzas. Los hombres iban encadenados por los pies los unos a los otros, las mujeres azotadas para que apretaran el paso. Además, en la ciudad los cuerpos por centenares de miles están apilados, muertos o moribundos, y ofrecidos a las bestias salvajes que comen rugiendo."

En cuanto a Cambises, con una pequeña tropa de élite devota, llegó frente al pilono de entrada del templo de Isis en Dendera. El colegio de los sacerdotes ya estaba reunido en el gran patio, en la entrada de la sala hipóstila, para recibir al rey de los persas, sin demostrar temor alguno.

Algo desarmado por su tranquilidad y el silencio reinante, Cambises pataleó de impaciencia, después de haber mirado unos instantes la sonrisa de Isis que se reflejaba de pilar en pilar, como desafiándolo. Llamó con expresión violenta al pontífice Khan-Fé, único frente al grupo de los grandes sacerdotes, vestido con su larga túnica blanca. Un intérprete se apresuró en traducir las frases a un idioma popular de Egipto:

- "Desde ahora soy el rey de este país, todo me pertenece, incluso el título de Per-Ahâ, es por lo que deseo que me lleves ahí donde reside tu Dios. Quiero hablarle.

El pontifice reprimió una sonrisa de desprecio antes de contestar en lengua persa:

- Por supueto que eres el dueño de Ath-Kâ-Ptah, Cambises, pero Osiris sólo es perceptible por los que tienen un corazón puro.

Cambises pataleó una vez más.

- ¿Y qué, no tengo el corazón puro?

El pontífice no contesto a esta pregunta capciosa y el rey de los persas se acercó, levantó una mano frente a la cara de Khan-Fé:

- He destruido los templos del Sol de Tebas, tus enemigos. He matado sus sacerdotes y he amasado su oro en beneficio mío. Pero entregaría una parte a tú Dios en guía de buena fe.
- Tienes demasiada sangre en tus manos, Cambises.
- Y puedo añadir la tuya, y la de todos los sacerdotes, llevamé cerca de Osiris sin demora.
- Tú no puedes entrar, ya que no tienes el corazón puro.
- Reconoces que este lugar existe pues, pontífie. No agotes mi paciencia, y date prisa en obedecer.

Después de un corto lapso de tiempo, el pontífice decidió:

- Te llevaré donde descansa nuestro Primogénito. Pero no puedo obligar a Osiris a manifestarse si no lo desea, o pedirle que te proteja para sobrevivir a los pecados que cometes.
- Me hablará, ¡Vamos!
- Puedes destruir todos nuestros templos, matar a los sacerdotes que no retrocederán ni un milímetro.

El rey de los persas, con espuma en la boca, se retuvo, y farfulló:

- ¡Llevame ante tu Dios! Rápidamente antes de que te aplaste.
- Bien, Cambises, pero no estás preparado para este encuentro.

El pontifice se giró para entrar en el templo sin preocuparse si el rey de los persas le seguía. Los grandes sacerdotes abrieron paso para dejarle entrar, Cambises siguió precipitademente, acompañado por unos veinte soldados. Pero llegando frente a la pequeña escalera descendiente hacia la cripta de la resurrección de Osiris, el pontífice se detuvo para hacer signo a los militares de no ir más allá. Éstos se detuvieron manifiestamente satisfechos de no tener que bajar hacia lo desconocido que les ponía el pelo de punta. Un sacerdote ofreció a su jefe religioso una antorcha encendida y los dos hombres bajaron mientras que la voz del pontífice sonaba de forma extraña:

> - Deseas ver el lugar donde reside el Hijo Primogénito de Dios: hay doce criptas como esta alrededor del templo, Cada una personifica uno de los doce "Corazones" del cielo, que forman un gran cinturón que rige todas las Combinaciones Divinas. La morada de Osiris es la del Alma del Mundo, ya que cada una de las Parcelas de este alma es implantada en los cuerpos humanos a su nacimiento.

Todo a lo largo de su caminata por los pasillos, los grabados parecían tomar vida bajo los reflejos cambiantes a la luz de las llamas. Cambises sintió un sudor frío ceñirle la espalda, pero deseaba ir hasta el final para llegar a la vida eterna, se había convertido en faraón, es decir, igual a Osiris, y no debía tener miedo, ¿miedo de qué?

Cuando penetraron en la cripta, Cambises se sintió aliviado de ver que era grande y espaciosa. Todo un muro estaba ocupado por un extraño grabado; un hombre medio tumbado sobre su cama mortuoria, velado por dos mujeres arrodilladas. El rey de los persas estalló a carcajadas, seguidas de hipo:

> - ¿Pero qué... éste es tu Dios? Pero si está muerto.
> - Estaba muerto, pero resucitó. Su esposa y su hermana volvieron a llamar su Parcela Divina del centro del Alma del Mundo, donde se había ido, para que esté entre nosotros para juzgar a los vivos y a los muertos.
> - No te creo, pontífice, sólo es un cuento para dar miedo al pueblo y presionarlo para que vosotros engordéis. Quiero más pruebas. ¡Que me juzgue en carne y hueso, si es que resucitó!

El pontífice tendió su antorcha hacia la escena a la vez que decía en voz alta y fuerte:

> - Mira, Cambises, con los ojos bien abiertos si tu espíritu está encerrado. Tú quieres hablar con Osiris, miralo, arrodíllate y pide

perdón por todos los horrores que has cometido. Si no mueres partido por un rayo y si tu alma no es reducida a cenizas sin esperanza de renacer en la eternidad del más allá de la vida terrestre, entonces soy yo el que moriré, ya que Osiris no puede tolerar tales infamias. Arrodíllate, Cambises, y espera la muerte eterna.

El rey levantó sus dos manos, como para alejar una visión del muro y gritó:

- No, no, devuélveme al sol. El Sol... rápido, rápido, me quemo... ¡me quemo!

El pontifice rechazó con un gesto de desprecio al rey que se agarró a su brazo, prendiéndole fuego a su túnica sin darse cuenta:

- Atrás, Cambises, ya te avisé. Volvamos al aire libre, pero para salvar tu alma, ¡ya es demasiado tarde!

La venganza de Cambises fue terrible, ya que mandó matar a todos los sacerdotes y destrozar el templo que sólo fue reconstruido tres siglos más tarde bajo los Tolomeos. El rey de los persas persiguió con su locura todos los lugares de culto de Egipto. Y fue delante del Serapeum de Saqqara cuando se volvió completamente loco.

La crónica informa que después de haber ordenado la destrucción de todos los sarcófagos conteniendo los cuerpos de los toros momificados; los amontonó para prenderles fuego. De pronto se quitó el casco, tiró su escudo y se precipitó al desierto gritando que se quemaba... Así fue como el loco sanguinario desapareció de la historia y si los 64 Apis fueron salvados de esta forma, ya no quedaba gran cosa de la espiritualidad del antiguo Ath-Kâ-Ptah.

Sin embargo, durante la ocupación grecorromana que siguió a los persas, y antes de la entrada del Sol en la constelación de Piscis, el gran Alejandro se enamoró de Egipto y empezó la restauración de los lugares de culto, pero fue un último arrebato. Los verdaderos monoteístas se juntaron en una población espiritual diferente, que guardó el patrónimo de "Corazón de Dios", Kâ-Ptah, que se convirtió en Koptos en griego, y copto en español.

Su signo de unión fue un pez grabado sobre un escarabajo dentro del ojo de Isis, para engañar a los que deseaban su pérdida impidiéndoles reunirse. En la entrada de la era de Piscis, el Mesías apareció. Y el pez fue el símbolo de los primeros cristianos.

14

LA ERA DE LOS PISCIS: JESÚS EL CRISTO

> *Hermanos míos, observad los días de fiesta, y en primer lugar el de la Natividad, que se debe celebrar el día 25 del noveno mes; después de esta fiesta, ofreceréis mayor solemnidad al día de la Epifanía, en el que el Señor nos manifestó su divinidad; sin embargo esta fiesta debe tener lugar el sexto día del décimo mes.*
> Constituciones apostólicas, Libro V, 13

> *Aquí empieza en sí el drama de la pasión cuyas luchas en los días anteriores no fueron más que el prólogo. Este drama desgarrador es contado por los evangelistas con un tono impasible que nos desconcierta.*
> Ferdinand Prat S. J. *Jesús Cristo*, 320

Inevitablemente unas preguntas cronológicas van a interferir cualquier recuerdo de la vida de Jesús, ya que el punto vital es evidentemente la fecha precisa de su nacimiento. Es fácil volver a calcularla muy precisamente en el contexto histórico entre los años que preceden la era cristiana con Herodes, luego los años que siguieron con Poncio Pilatos.

Como anexo al este capítulo se incluirá el gran calendario para que el lector pueda comprender con más facilidad. Un ejemplo preciso, antes de entrar de lleno en el tema, permitirá juzgar el motivo de este regreso cronológico en el tiempo astronómico: el que se refiere al mismo día del nacimiento de Jesús.

Los textos más antiguos se han desvelado en las "Constituciones Apostólicas" libro V, pág. 13. No hay motivo para dudar de esta autenticidad, ya que es aprobada por la sabia y magistral demostración realizada por *Simeón de Magistris*, ya reproducida en los "*Patroliges de Migne*" (pág 523 y siguientes) donde sólo se refutan algunas alteraciones de suma de *Paul de Samosate* y demuestra que San Clemente, papa y discípulo de los Apóstoles, al igual que san Hipólito, conservó la estricta verdad. Sin embargo para comprender bien el pasaje de estas "Constituciones" citado en el epígrafe de este capítulo, debemos decir que todas las fechas, días y meses, son descontados por el *calendario hebraico*, único válido en tiempos de los Apóstoles, casi todos de origen judío, que no conocían nada más. Y el año santo se inciaba entonces el día del regreso de la primavera. Por consiguiente, los primeros cristianos nombraron el mes de abril, el primero del año eclesiástico.

Partiendo de este axioma erigido en ley, el día 25 del noveno mes, se situó el 25 de diciembre del año civil romano y pagano. En cuanto a la Epifanía, el sexto día del décimo mes, fue pues el 6 de enero. No hay necesidad de ser un docto en religión, ni un gran clérigo, para comprenderlo. El resto de esta obra imponente de las "Constituciones" regula todo con este calendario que no fue cambiado hasta el reinado de Carlos IX en Francia. Pero ello basta para demostrar aquí que estas dos fiestas remontan efectivamente a los tiempos apostólicos, ya que es seguro que la composición de los textos está muy alejada de la época en la que vivían los Apóstoles.

El modo y el tono demuestran totalmente que estas fechas existían para recordar la obligación de celebrarlas. Y en ese tiempo habría en la Iglesia, como en los que perseguían a los cristianos, una avalancha de protestas o sarcásticas risas contra el anunciamiento de estas dos fechas, habiéndose falseado. En ningún momento, nadie ha elevado la voz, o escrito en contra de la realidad por los mayores que aún vivieron este período, en cuanto a los más jóvenes, habiendo confirmado sus padres estas aserciones, las mantuvieron como exactas.

Por otra parte, existe en los libros santos, tres puntos de referencia para delimitar esta fecha en san Mateo y san Lucas:

A. Jesús nació antes de la muerte de Herodes primero, llamado el Grande.

B. Tres acontecimientos entre el nacimieto de Jesús y la muerte de Herodes: la adoración de los Magos, la huida a Egipto, y su regreso después de la muerte de Herodes.

C. El nacimiento de Jesús coincidió con el censo general de los habitantes del Imperio Romano.

La muerte de Herodes ocurrió en el año 4 antes de nuestra era, y las huellas del paso de Jesús a Jerusalén para celebrar ahí la Pascua judía, en el año 7 cuando tenía entonces 12 años, hecho históricamente demostrado, es fácil obtener igualmente el año del nacimiento del Mesías.

Jesús nació pues, según nuestro calendario actual, el 25 de diciembre del año 5 antes de nuestra era. El calendario al final del capítulo ofrece la explicación de la elección de este año con precisión. Añadiremos que los Kâ-Ptah, (Koptos) siguiendo lo que decía Clemente de Alejandría al inicio del siglo II que el bautizo de Jesús ya se había celebrado el undécimo mes del Tybi, mes egipcio correspondiente al 6 de enero[49].

Esta nueva prueba tangible nos basta por ahora, con el fin de no prolongar inútilmente este demasiado corto capítulo, los lectores pueden investigar todas las informaciones complementarias.

Estamos pues en el año 751 de Roma, durante el reinado de Augusto, que corresponde al del nacimiento de Jesús. El Impero romano era poderosísimo. Reunía bajo un sólo cetro a casi todos los pueblos de Europa, Asia y África, la mayor fuerza de conquista y de organización política que el mundo jamás había visto. Grecia e Italia, las islas y los márgenes del Mediterráneo, Asia Menor y Asia interior, Siria y Fenicia, Egipto y África septentrional, España y las Galias, Germania desde el Danubio hasta el Rhin: Roma los había vencido a todos y los había conquistado. Sus legiones, sus generales y sus gobernantes brillaban al norte hasta Escocia, en el oeste hasta Lusitania y el océano, en el centro más allá de la Tebaida y en el este hasta el desierto de Arabia.

---

[49] Clemente de Alejandría, Stromata, libro primero, 21.

Por doquier la autoridad venía del pueblo romano, así como sus derechos, su idioma y sus usos y costumbres. El resto del mundo, Germania del norte, Armenia, el reino de los Partos; India, China, Arabia y Etiopía formaban las fronteras del colosal imperio.

Augusto reinaba, concentrando en sus manos todas las fuerzas y todos los poderes. Era tribuno y procónsul, prefecto de los usos y gran sacerdote enviaba a geómetras para medir el mundo, censores para inventariar sus riquezas y contar sus súbditos; construía carreteras, acueductos, templos y ciudades dando a su pueblo pan hasta la saciedad, juegos y fiestas.

Pero este pan hasta la saciedad y las continuas fiestas ocurrían en Roma. Cuando nació Jesús, Herodes era el maestro de Judea bajo el mandato de Agusto. Era el hijo de Antípatro, un medio beduino nómada de Edom, y suprimió a todos los que parecían peligrosos antes de tomar definitivamente el poder. Sólo fue después cuando buscó ganarse los favores del pueblo judío antes que los de Augusto, el César del Imperio romano.

Fue en esta atmósfera tumultuosa, al igual que propicia, cuando nació el Mesías, el 25 de diciembre del año menos cinco en Belén, en un pequeño pueblo donde había un complejo administrativo de Herodes. Ahí se realizaban todos los censos. Era, pues, una etapa importante hacia la que confluían todas las caravanas, pero que sólo entraban después de pasar por esta depresión montañosa que domina la llanura de Jezraël. Muchas cuevas en el flanco de la colina facilitaron alojamiento a los caravaneros con falta de morada.

Poco antes, nació Zacarías en los días en que Herodes era rey de Judea. Pertenecía a la "clase de Abia", es decir a la clase de sacerdotes que por sorteo debían realizar una semana de servicio por año, en el templo de Jerusalén.

El resto del tiempo, como había demasiados sacerdotes, oficiaba en las montañas de Judea, no lejos de Aïn-Karim, donde vivía con su mujer Elizabet, ella misma de la clase sacerdotal de Aarón, es decir de origen egipcio lejano. Es por lo que este joven sacerdote tenía una vida singular que lo aislaba algo de las comunidades judías a pesar de ser él mismo sacerdote.

Quizás sea por ello, que al inicio, la instintiva pregunta de los creyentes fue: "Quién pecó en la pareja por no tener hijos: ¿Él o ella?"

Ya que el tiempo había pasado, y a pesar de ser muy respetada, la pareja se mantenía algo alejada debido a esta desgracia al no tener progenitura. La idea era que Dios no lo deseaba porque había un pecado secreto, si no por parte de Zacarías, por parte de Elizabet la "Egipcia". Sin embargo, los años pasaban apaciblemente para ambos.

Ocurrió que en el primer día del Sabbat, un viernes, Zacarías, después de depositar unos granos de incienso en las brasas del santuario, se postergó para adorar a Yahvé, a derechas del altar de los perfumes, muy cerca del calendabro con siete brazos. Un gran fervor lo sacudió cuando se reincorporó ya que un ángel lo miraba con benevolencia. Los textos santos informan:

"No temas nada Zacarías, ya que tu oración ha sido escuchada. Tú mujer Elizabet engendrará un hijo y le darás el nombre de Juan. Será para ti un motivo de alegría, y muchos se alegrarán de su nacimiento. Ya que será grande frente a Dios. No beberá vino ni nada que emborrache, y estará lleno del Espíritu Santo desde el seno de su madre. Devolverá muchos hijos de Israel al Señor, su Dios. Será él quien camine frente al Señor, en el espíritu y la fuerza de Elia, para devolver los corazones de los padres hacia sus hijos y así procurar al Señor un pueblo bien preparado".

Nadie puede decir si Zacarías había orado para tener un hijo, o si Elizabet se mantuvo como la piadosa niña del antiguo Egipto, pero después de un período de nueve meses nació Juan, en un pequeño pueblo de Karem, convertido en Aïn-Karim, y fue él quien bautizó más tarde a Jesús.

A partir de este punto preciso debemos hacer algunas observaciones sobre lo que va a seguir. Efectivamente, al igual que para el nacimiento de Osiris, nacido de su madre Nut engendrada por Ptah bajo un sicomoro sagrado, el creyente, en tiempos faraónicos renovaba su fe en cada lectura de este pasaje de los Escritos sagrados, los de Râ se encogían de hombros burlándose, ya que para ellos era Râ, el Sol, quien había engendrado el primer humano.

Ello no impidió en absoluto que el gran Ramsés, idólatra del Sol, y cuyo nombre era un insulto a Ptah, hiciera aceptar igualmente su titularidad por Isis, en un célebre grabado donde la diosa del Cielo está situada bajo un sicomoro sagrado, le dio nacimiento para que se pudiera llamar "Per-Ahâ", o "Faraón", es decir "Hijo de Dios" como lo vemos en la representación que sigue:

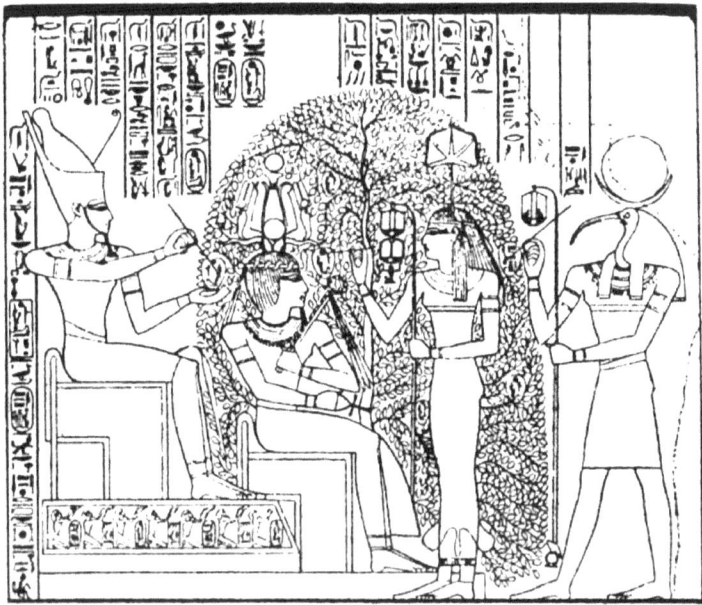

En nuestros días los ateos se encojen de hombros leyendo los textos del Nuevo Testamento, mientras que los que creen en este nacimiento divino de Jesús encuentran en ello un ápice de esperanza pensando que Dios lo puede todo a condición de vivir en la pureza y según los mandamientos del Eterno Uno. Pero sólo es necesaria una sequía o un terremoto para que incluso los no creyentes vayan a la iglesia a pedir clemencia. Por si acaso...

Entonces, ¿porqué no aceptar este hecho sin pedir pruebas formales sobre la concepción divina de María engendrada por Dios?

Así que sólo recordaré brevemente lo ocurrido a María que era la prima de Elizabet, pasaron seis meses después de la concepción del que sería Juan Bautista. El ángel vino a visitar a María para decirle que sería bendecida entre todas las mujeres, teniendo la gracia frente a Dios: "*Tú concebirás un Hijo cuyo nombre será Jesús. El ser santo que nacerá se llamará Hijo de Dios*".

Tal y como el ángel añadió, en prueba de esta posibilidad única, que había visitado seis meses antes a Elizabet, anunciándole que daría a luz un hijo de su esposo Zacarías a pesar de la avanzada edad de los dos esposos. En seguida María visitó a su prima Elizabet. El resto es muy conocido por todos y no hablaremos aquí de ello, incluyendo el espléndido cántico de María y su diálogo con Elizabet. Al igual que para el nacimiento de Juan Bautista y el infortunio de José, el novio.

Volvamos ahora a los tres Magos. El libro de Daniel está lleno de la sucesión de imperios para calcular el tiempo y la llegada del Mesías. Todos los profetas y los Magos habían igualmente realizado sus cálculos sobre este tema y sin duda alguna, eran factibles para los que conocían los movimientos de las Combinaciones Matemáticas Divinas, con sus diversos engranajes precesionales llevando al Sol a la entrada de la constelación de Piscis para hacer nacer un "Pescador de hombres". Tres de ellos fijaron un punto preciso: Jerusalén, hacia el que se pusieron en marcha. Sus caravanas, ricas y brillantes despertaron la curiosidad y muchas envidias. Se informaron en diferentes lugares de la ciudad acerca del lugar donde el gran hombre de este nuevo tiempo debía estar naciendo, ya que aseguraban:

"hemos visto su estrella elevarse desde Oriente y venimos a adorarlo".

No estamos en Francia, sino en Oriente Próximo, donde el cielo es semejante al de Egipto. La noche estrellada es de una belleza casi indescriptible. No se ve ese velo opaco como en Europa, las estrellas brillas, vibran, respiran con su ritmo, ya que se pueden reconocer sus diferentes pulsaciones a través de su brillo con colores particulares.

La Vía Láctea ahí también es un enorme río celeste de luces, y no una nube pajiza, como nuestro cielo occidental. Y podemos seguir la aparición, la subida en el cielo y luego la desaparición de los grupos estelares, o constelaciones, que rodean este río de diamantes. Igualmente se ven las gruesas estrellas que las rodean como fue el caso para los Magos, perfectamente informados acerca de lo que debían observar.

No hay duda de que esta estrella era Sirio, es decir Isis para los egipcios antiguos, cuyos reflejos en algunos momentos alcanzan una intensidad cegadora, más fuerte que la de Venus, por ejemplo, siempre visible la primera. Así, del 18 de febrero al 20 de marzo de 1.981, Sirio era 17 veces más brillante que Venus en su aparición. Sin embargo, con el desplazamiento anual de la estrella en relación al movimiento de retroceso precesional de la tierra, Sirio se situaba en posición de primera grandeza, justamente en diciembre, al inicio de nuestra era.

Pero volviendo a las preguntas de los tres Magos, éstas llegaron a oídos de Herodes, que se emocionó por el nacimiento de un "Futuro Rey". Preocupado convocó de inmediato los jefes religiosos y los médicos, preguntando acerca del lugar donde debía nacer el Cristo. Todos contestaron:

"En Belén, tierra de Judá".

Las escrituras eran formales, la tradición unánime, y un profeta dijo sin temor a equivocarse:

"Y tú Belén, tierra de Judá, no eres la más pequeña de las ciudades de Judá, ya que de ti saldrá el Jefe que gobernará mi pueblo Israel".

El viejo tirano, avisado, hizo llamar en secreto a los Magos y se informó del tiempo exacto en el que la estrella apareció, y acerca del significado de sus investigaciones. La respuesta lo satisfizo aunque no lo tranquilizó. Herodes, después de un momento de reflexión les dijo:

"Id a Belén, ya que no está ni en Jerusalén ni en otro pueblo cerca de la ciudad. Buscad ese niño. Y cuando lo hayáis encontrado, venid a decírmelo, para que yo también vaya a adorarlo."

No pareció que los Magos pudieran percibir astucia en las hipócritas palabras del déspota sanguinario que, estando al corriente acerca de las profecías, actuaba para poder pasar él mismo por el Mesías. Y para comprender el hilo de los acontecimientos que transcurrieron, hay que impregnarse de la topografía de los lugares. Jerusalén y Belén no están alejadas más que por dos horas de marcha a pie.

Cuando se deja las montañas de la ciudad por la puerta de Jaffa, y se cruza los profundos barrancos, el aspecto del paisaje cambia y de inmediato se descubre el territorio de Belén, a pesar de que la aglomeración no esta cercana. Lo que explica el conocimiento de este lugar por Herodes, es porque la puerta de Jaffa está cerca de su palacio. En cada una de sus salidas cruza Belén.

En la famosa noche de la matanza de los niños, nadie se preocupó en Jerusalén de la salida de los soldados de Herodes, ya que no debían cruzar la ciudad, sino franquear directamente la famosa puerta de Jaffa. En varias ocasiones al ir a Jerusalén, he cruzado esta célebre puerta para poner en escena este atroz episodio. Estaba, además, en compañía de otra Elizabet, que me asistía y me facilitaba mucho mi tarea, lo que me permitió no olvidar nada de los paseos panorámicos que me devolvían a casi 2.000 años atrás.

En fin, si esta noche sangrienta fue posible, fue por causa del censo. Ahí también, los ateos o los ignorantes pueden pensar en una fabulación, ya que se no se comprende cómo toda una población pudiese desplazarse así, únicamente para declarar su estado civil, pero el Imperio romano era todopoderoso y tiránico.

Augusto había decidido este censo general ya que tenía poca confianza en Herodes, no se trataba únicamente de declinar su identidad frente a los escribas de Roma, sino de efectuar también un censo de los verdaderos recursos de Palestina así como establecer un catastro general. Roma preparaba de esta forma la transformación del país en una de sus provincias, y disponía a este efecto todos los funcionarios cualificados para hacerlo.

Un ejemplo chocante, que he recuperado en Egipto de esta misma época, mientras que el país ya estaba bajo dominación romana, era que los censos tenían lugar cada 14 años, es un "Apographon". Se trata del documento establecido justamente para dictar un censo similar, que se hizo hasta en las más pequeñas aldeas de la Tebaida, uno de ellos se ha conservado y dice:

> "Yo, Gallus Vibius Maximus, gobernador de Egipto, doy a conocer que el censo de las familias es inminente, es necesario ordenar a todos los que, por un motivo cualquiera, se encuentran fuera de su lugar de nacimiento, que vuelvan a su hogar originario para participar en la ejecución del censo acostumbrado."

Las órdenes fueron más o menos idénticas en Palestina, a pesar de que fuera el primer censo que precedió la anexión del país. Los Magos, en cuanto a ellos, después de haber encontrado al bebé, y adorarlo, volvieron directamente a sus hogares. Estaban cansados y les hubiera supuesto un gran rodeo volver a Jerusalén, ya que no era su ruta.

Herodes entró en cólera y dio la orden de la matanza. Teniendo en cuenta la mentalidad de Herodes, esto se puede explicar con facilidad, durante mucho tiempo lo he pensado en el libro: *"Jesús el Cristo"*. Añadiremos que ello no sirvió para nada, porque José, María y el recién nacido ya habían huido a Egipto. Se necesitaron seis días para efectuar este periplo por el desierto a lomos de burro, donde aún hoy cualquiera puede desaparecer sin dejar rastro alguno. Y fue ese espacio de tiempo el que esperó Herodes antes de enviar sus esbirros a Belén, tan seguro estaba de volver a ver a los Magos, en su furor, ordenó el crimen de todos los niños varones de menos de dos años.

A lo largo de la estancia en Egipto de la Santa Familia, Palestina vivió prácticamente asediada. Todas las reuniones estaban prohibidas en todo el país, incluso el hecho de caminar en grupo estaba prohibido bajo pena de arresto inmediato. Y cualquiera era llevado a la prisión de Hircania desapareciendo para siempre. Pero Herodes estaba cada vez más enfermo, y cuando el pueblo estuvo seguro que no se recuperaría, se sublevó llevado por dos rabinos Judas y Matías, e hicieron desaparecer el águila de oro de la entrada del templo, insignia de Roma. Sin embargo, el moribundo aún tuvo la fuerza de detener a los cabecillas y quemarlos vivos antes de morir él mismo. Su cadáver fue llevado en gran pompa a la fortaleza de Herodium, al sur de Belén, para ser enterrado en un inaudito fasto.

Durante este tiempo, la Santa Familia descansaba a orillas del Nilo, esperando con paciencia la orden de regreso. Cerca de Heliópolis, en Matarieh, aún se muestran los venerados restos del sicomoro bautizado "el árbol de la Virgen", bajo el que asegura la tradición oral, descansó María para dar el pecho a Jesús. Lo cierto es es que sin esta huida a Egipto, y esta tranquila estancia esperando que la tempestad amainara, Cristo no hubiera podido existir, ya que el bebé hubiera muerto en el baño de sangre de Belén. Egipto también jugó un papel importante en el origen del cristianismo, a pesar de ser por un corto período, los coptos aún hoy son muy conscientes de ello.

Efectivamente, debemos abrir un paréntesis sobre ello, ya que los monasterios coptos del desierto del Fayum poseían una multitud de manuscritos y de papiros totalmente inéditos, no sólo vueltos a copiar en copto del siglo IV al IX de nuestra era a partir de papiros más antiguos, sino que también hay manuscritos abisinios, sirios, arameos, etc.

Aún existen copias de evangelios llamados apócrifos, como el Evangelio de Nicodemo, que Sozomeno y otros muchos informadores de los primeros siglos cuentan en su Historia Eclesiástica, en griego y en latín. Sin embargo, en el evangelio conocido y reconocido de la Iglesia, está relatado el episodio de Matarieh y del sicomoro, añadiendo incluso hasta el lugar donde la sombra del árbol santo se detuvo y donde surgió una fuente de forma que María pudiese lavar la túnica del pequeño Jesús. Varios autores del siglo XVIII informaron de la presencia de esta fuente en pleno desierto, hoy desaparecida. El evangelio de Nicodemo cuenta la estancia en Egipto de la Santa Familia, que visitó ocho ciudades, siendo la primera Men-Nefer, o Memphis en griego. Luego el ángel ordenó a José volver a Nazaret.

Es perturbador leer estos textos de los primero siglos, escritos en un espacio considerable los unos de los otros, y que todos con mínimos detalles diferentes cuentan los mismos acontecimientos. Es sobre este problema que hay que meditar, ya que parece imposible que tantos escribas inventen la misma historia. Es obligatorio que ello haya ocurrido.

Algunos lectores, demasiado fervientes e incondicionales del catolicismo en este final de era, dirán que tengo demasiada inclinación para hacer remontar a Egipto el Dios-UNO. Es cierto, pero es por la realidad demostrada por cada acto monoteísta desde Menes hasta nuestros días, a lo largo de 6.000 años.

Cuando estaba en Chantilly, hace tres años, un Sínodo de padres del Santo Espíritu reunió unos 120 prelados de esta orden venidos del mundo entero. Una noche, se me pidió hablar frente a ellos para explicar mi atribución del monoteísmo original a los faraones, y la reminiscencia existente entre Osiris y Jesús, entre la Tríada Divina y la Santa Familia.

La discusión se acaloró mucho y duró hasta más de las 2 de la mañana. Fuera de quicio las prórrogas, las respuestas basadas sobre las formas y no sobre el fondo mismo, yo replicaba para concluir que en el límite que si la Santa Familia no se hubiese refugiado en Egipto, nunca hubiese habido una era cristiana, y que ellos mismos estarían en otro lugar, serían leñadores o cultivadores, pero ciertamente no distinguidos obispos. Fue un error dejarme llevar, pero pienso que el Egipto original aseguró la unión entre el primer Ahâ, el primer Adán, el Hijo Primogénito de Ptah que pobló el Edén, Ahâ-Men-Ptah y que la cólera divina hundió. Las tierras que rodean el Nilo son el resurgir de esta desaparición. Todos los monumentos y todos los textos son una explicación a gritos.

Pero volvamos a José y María, que llevaban a Jesús a Nazaret, después del nacimiento, llega la muerte que es importante, el resto no era apenas más que un segundo de la eternidad en las vías combinatorias calculadas por Dios. Lo que viene con la muerte, y después con el Más Allá de la vida terrestre, corresponde a dos milenios en el ciclo de los Peces, que introducirán la era de Acuario.

Jesús, como Cristo, conocía no sólo la hora de su final terrestre, sino igualmente la forma atroz para un humano en la que se produciría. Desde la ruptura con el pueblo de Galilea, su vida fue un viaje sin descanso ni reposo moral, lejos de Cafarnaún y del lago, cruzando las ciudades y pueblos donde se esforzó por mantenerse desconocido. De esta forma recorrió aldeas hasta la frontera del los países de Tiro y de Sidón, así como Diaspólis antes de proseguir su ruta con sus discípulos, hacia Cesárea, en busca de una soledad aún más profunda. Jesús sabía que su fin estaba cerca, y deseó prepararse como debía para que la historia divina continuara según los deseos celestes.

Fue esa famosa noche que preguntó a sus amigos la pregunta de confianza: "¿Quién soy?"

Si hizo esa pregunta, no fue de forma interrogativa, sino para obligar a sus discípulos proclamar en voz alta, en oposición a las aserciones populares, lo que ellos mismos pensaban sobre él. Y ellos contestaron según los Textos Sagrados:

> "Unos dicen que eres Juan Batista, otros Elías, otros aún Jeremías, o cualquier otro resucitado entre los antiguos profetas".

Por el intermedio de Pedro y de los demás, este testimonio refleja entonces exactamente la opinión del pueblo judío, que no ve en Jesús el "Mesías" profetizado. Era a sus ojos uno de los profetas anteriores al verdadero Mesías. Fue el momento del desastre. Sin embargo, esa misma noche fue la de la "Transfiguración". Frente a todos sus discípulos, cada uno contó su esplendor sin contradecirse, y por fin apareció el "Mesías". Fue en este momento que para todos los discípulos, Jesús se convirtió definitivamente en el "Cristo", en toda la majestuosidad del reinado que será el del "Más Allá de la Vida Terrestre". Así llegó el día fatal, pero no funesto, Jesús dejó los emisarios del Sanedrín, los divinos doctores de las escuelas judías venidos a interrogarle.

Él sabía que éstos no le perdonarían haberse hecho llamar "Hijo de Dios", pero su sabiduría inspiró temor a sus jueces, lo que le valió los aplausos del pueblo que reconoció entonces al Mesías en él. Así que Jesús fue llevado frente a Pilatos, ¿sabría a qué atenerse? Poncio Pilatos era entonces el gobernador de Siria y de Palestina, uno de los puestos más importante del Imperio romano, ya que estos dos países situados entre el Nilo y el Eúfrates hacían de puente en un puesto militar clave entre los antiguos centros de la civilización asiática y el poder romano.

Pilatos, como los militares de fama de su tiempo, estaba mal dispuesto hacia los judíos. Además, eso ocurrió bajo el yugo ministerial de Sejano, que ejerció del año 23 al 31, es decir aún dos años más después de la muerte de Jesús. Y este Sejano era hostil a los judíos, al igual que el mismo emperador Tiberio. Así desde la llegada de Poncio Pílatos en el año 26, éste mostró a todos que la situación cambiaba y que ya no era cuestión de cuidar a los judíos. Los levantamientos fueron reprimidos con baños de sangre, que es inútil recodar aquí, pero las ideas "agnósticas" de Pilatos eran muy conocidas, Jesús se encontró a su llegada frente al gobernador un "no creyente moderno" que superó serenamente.

Algunas objeciones han sido elevadas contra el carácter histórico de este juicio evangélico, la coexistencia de dos tribunales de derecho tan diferentes, el tribunal judío y el tribunal romano, no podían interferir como informan los relatos bíblicos que han llegado a nosotros. Aquí también estoy en una situación comprometida, ya que fuera de los textos, existen documentos egipcios del mismo tiempo de Cristo que informan de los mismos detalles sobre estos aberrantes procesos.

Poco antes del inicio del interrogatorio, Pilatos había recibido la noticia que un prisionero le era traído del Sanedrín. Como había oído hablar de este apacible pero orgulloso Jesús que se tomaba por el Hijo de Dios, escuchó con atención al centurión que tomó parte en el arresto. Por ello, nada más llegar, preguntó de la forma más oficial posible a los rabinos: ¿Qué recriminación tenéis contra este hombre? La respuesta lo incomodó, ya que comprendió, de hecho, que el juicio era requerido por un tema de herejía religiosa. Así que desviando con amabilidad el problema dijo:

"Juzgadlos vosotros mismos según vuestras leyes".

La respuesta fue inmediata y sin recurso posible:

"Este hombre merece morir, y no nos está permitido matar. Subleva al pueblo y prohibe pagar el tributo a César".

De esta forma pusieron a Pilatos en la obligación de proceder él mismo al interrogatorio de Jesús, bajo pena de ver al Sanedrín enviar una denuncia a Roma que demostraría la ligereza con la que el gobierno consideraba tan grave acusación. Y ello hubiera sido para él la desgracia.

Tertuliano cuenta perfectamente esta escena, (Apol., XXI):

"Los doctores y los primeros entre los judíos, revueltos contra la doctrina de Jesús que los confundía, y furiosos de ver al pueblo correr en masa tras sus pasos, forzaron a Pilatos, comandante romano de Judea a entregarlo para su crucifixión. Él mismo, lo había predicho. Aún más, ya que los Profetas lo habían predicho anteriormente".

Estas palabras concuerdan perfectamente con el relato evangélico donde vemos que no hubo juicio en el Pretorio, sino que sólo hubo violencia por parte de los judíos, coacción para Pilatos y sufrimientos para Jesús. Ya que es muy cierto que los doctores judíos presionaron a Pilatos a entregárselo, y forzaron al gobernador a actuar contra la íntima convicción en la que se situaba comprendiendo la inocencia de Jesús.

A propósito del Pretorio, del que habla Tertuliano, que estaba en el palacio de Poncio Pilatos, éste estaba decorado de un adoquín *mosaico*, o *lithostrote*, que era el simbolismo de la elevación en hebreo, y que los judíos llamaban *Gabbatha*.

De nuevo hay un simbolismo deseado por Dios, con el fin de que Jesús sea juzgado como criminal en este lugar elevado calificado de "Pretorio" para tal fin.

De la misma forma Lactancio, más tarde (276/311), escribió en el mismo sentido que Tertuliano, en sus *"Instituciones",* Libro IV- 18:

"Los judíos, habiendo tomado a Jesús, lo presentaron a Poncio Pilatos, que en calidad de delegado del Imperio, entonces gobernaba Siria. Le pidieron atarlo a la cruz, ya que sólo reprochaban a Jesús haberse apoderado diciendo que era el Hijo de Dios y el Rey de los Judíos. Pilatos, escuchando estas acusaciones y viendo que Jesús no decía nada para defenderse, declaró que no encontraba nada en él que fuese causa de muerte. Pero estos acusadores injustos, en concordancia con el pueblo que habían excitado, se pusieron a gritar y a solicitar inopinadamente su crucifixión a través de gritos amenazadores y violentos. Entonces Poncio fue vencido por estos clamores y por instancia del tetrarca Herodes que temía ser destronado. Sin embargo, no pronunció sentencia alguna, pero se lo entregó a los judíos para que lo juzgasen según su ley."

El verdadero drama de este "juicio en el Pretorio" de Pilatos reside en el hecho de que los judíos, acusadores frente al gobernador romano, no se mostraron como defensores de la religión judía ultrajada, sino más bien como delatores preocupados por quitar de en medio a Jesús de cualquier forma. Es por lo que dejando de ser judíos, cometieron la infamia de defender los intereses de Roma acusando a Cristo de sublevar al pueblo, y pedir no pagar los impuestos al opresor que ocupaba Palestina.

Existe además la prueba judicial y legal de que Jesús fue condenado a muerte por un crimen político, y no religioso de blasfemia o sacrilegio, y aún menos por haber predicado un nuevo culto en contradicción con la ley de Moisés. Efectivamente, esta prueba es el proceso verbal de la misma sentencia pronunciada por Poncio Pilatos, en virtud de la cual Jesús fue llevado al suplicio por los soldados romanos.

Existía en Roma un uso, adoptado desde entonces por la jurisprudencia francesa, que es realizar frente a los condenados un escrito informando sobre su condena para que el público supiese por qué crimen fue ejercida la condena a muerte. Bien, Pilatos ordenó poner encima de la cruz un letrero en el que se escribieron cuatro palabras: "*Jesús Nazarenus Rex Juderum*", que desde entonces han sido reproducidas por la abreviación "I.N.R.I."

La causa de esta condena así fue sellada: Jesús debía morir porque era el "rey de los judíos" lo que demuestra la politización de esta crucifixión por la conducta de los príncipes de los sacerdotes. Su odio (la palabra no es demasiado fuerte) no descuidaba el menor detalle. Temiendo que las cuatro palabras fuesen tomadas de forma literal, pidieron a Pilatos no poner esa mención, sino: "I.N. se dice R.I.": Jesús de Nazaret dijo ser rey de los judíos. Y Poncio Pilatos, cansado de la hipocresía de los que le habían obligado a este fin horrible, contestó: "*Lo que está escrito, escrito queda*".

Sobre éste propósito hubo un intercambio de correspondencia entre Teodoro y Pilatos, veamos los dos extractos que se refieren al juicio y que lo confirman.

En primer lugar el de Teodoro a Pilatos:

"¿Quién era ese hombre contra el que se ha elevado una acusación y que ha sido crucificado por el pueblo de Palestina? y ¿Si gran número de ellos elevaron esta acusación con justicia, por qué no les has concedido la justa petición? ¿Y si era injusta, por qué has transgredido la ley y has ordenado algo que estaba lejos de ser justo?"

Pilatos contestó:

"No quería crucificarlo porque daba indicios, pero lo he hecho crucificar porque sus acusadores dijeron: "Pretende ser Rey".

Pero la carta la más importante fue la dirigida por Poncio Pilatos a Herodes Antipas, en respuesta a una misiva que había recibido.

Este precioso documento figura entre los apócrifos oficiales del siglo II, vuelto a copiar en cirílico, y que está retomado del Codex Thilo. Leamos su transcripción de forma íntegra:

Pilatos a Herodes el Tetrarca, saludos,

"Debes saber y considerar que el día en el que me entregaste a Jesús, he sentido piedad de mí mismo y lo testimonié lavándome las manos, yo era inocente de la sangre de Él, que salió de la tumba tres días después; pero he aplicado sobre él tu buen gusto, ya que tú deseabas que me uniese a ti para crucificarlo. Pero, ahora, he aprendido por tus verdugos y por los soldados que vigilaban su tumba que ha resucitado de la tumba, y por encima de todo me he asegurado la verdad de lo que me han dicho, que lo han visto vivo en Galilea, con la misma forma, la misma voz, las mismas doctrinas y los

mismos discípulos, nada ha cambiado, predica abiertamente su resurrección y el Reino Eterno.

El cielo y la tierra estaban en la alegría y mi mujer Procla que creía en Él debido a unas visiones que tuvo cuando me enviaste la nota diciéndome que entregara a Jesús al pueblo de Israel por su mala intención. Luego, cuando mi mujer Procla supo que Jesús había resucitado y que lo habían visto en Galilea, llevó con ella a Longinus, el centurión, y a los doce soldados que guardaban y se fueron con gran parafernalia para ver la llegada del Mesías. Y mientras que lo veían con sorpresa, él los fijó con la mirada y les dijo:

"¿Ahora creéis en mí? Debes saber, Procla, que en el testamento que Dios ha entregado a los patriarcas, se dice que todos los que habían perecido volverían a vivir por mi muerte que habéis presenciado. Y ahora veis que estoy vivo, yo al que habéis crucificado, he padecido mucho antes de ser llevado a mi sepultura. Hoy debéis escucharme y creer en Dios, mi Padre, que está conmigo. Ya que he roto las ataduras de la muerte, y he hundido las puertas del Sheol [50] y es mi advenimiento el que vendrá a continuación".

Y cuando mi mujer Procla y los soldados oyeron estas cosas, vinieron y me las dijeron llorando, porque ellos también habían estado en contra de Él cuando con complicidad lo trataron mal, de forma que yo ahora también me siento afligido en mi cama y me he puesto la ropa de duelo y he tomado 50 soldados y con mi mujer he ido a Galilea. Y en el camino di testimonio de que Herodes había arreglado este asunto conmigo, que me había forzado armar mi brazo contra Él y juzgar al Juez

---

[50] Sheol, es un término hebreo intraducible que designa la "tumba de los muertos", la "tumba común de la humanidad", el pozo, sin ser realmente capaz de decidir si es o no Una vida futura.

de todos, flagelar al Justo, el Señor de los Justos. Y cuando llegamos cerca de él, ¡Oh Herodes! oímos una formidable voz que venía del cielo y un trueno terrible hizo temblar la tierra dejando escapar un suave perfume jamás nada semejante fue visto en el templo de Jerusalén. Cuando me detuve en la carretera, Nuestro Señor me vio, Él mismo estaba parado hablando a sus discípulos.

Pero yo recé en mi corazón, ya que reconocí que era el que tú me habías entregado y que era el Señor de todas las cosas creadas por el Creador de todo. Pero nosotros, cuando lo vimos, caímos a sus pies con rostro contra el suelo. Y en voz alta le dije: "He pecado, Señor, porque yo he presidido el tribunal que te ha juzgado, a ti que venías con toda justicia. Y, desgraciadamente, yo sé que tú eres Dios. El Hijo de Dios y he visto tu Humanidad pero no tu Divinidad. Herodes con los hijos de Israel me forzó a torturarte. Tengas pues piedad de mí, ¡Oh!, Dios de Israel".

Esta carta fue uno de los motivos del arresto de Poncio Pilatos en Roma, el otro era evidentemente el temblor de tierra y las tinieblas que siguieron un momento sobre toda la superficie del imperio. La orden de arresto firmada por Tiberio fue lanzada dictando cargarlo de cadenas y llevarlo a Italia.

Fue estando en el Panteón, en sesión de pleno frente al Senado reunido, cuando el emperador hizo comparecer a Pilatos. El primer interrogatorio contra el anciano gobernador de Palestina fue por "haber expuesto el imperio a una destrucción completa por su negligencia y su incapacidad".

No es el propósito de este libro ofrecer el proceso contra Pilatos, que se prosiguió en el Capitolio, y que obligó a Tiberio a tomar nuevas decisiones aún más duras contra los judíos de Palestina. Pero compulsando los originales de las órdenes dadas a Liciano, el sucesor de Pilatos en Jerusalén, es fácil hacerse una opinión justa de lo acontecido.

Los gritos de la inmensa muchedumbre judía, en Jerusalén, estaban lejos de Roma y de la atmósfera particular de este otro proceso. Pero

Pilatos aún tenía que oír los gritos de: "A muerte, a muerte..." Esta masa furiosa y vociferante seguía gritando: "A muerte, a muerte..." cuando estaba pidiendo la palangana en la que debía echar el agua sobre sus dedos. Los judíos conocían esta ceremonia del gobernador desde hacía tiempo. Así un gran silencio se hizo en la multitud, que comprendió que había ganado. Cuando la voz de Pilatos se elevó para decir: "me lavo las manos acerca de vuestra decisión y me mantengo inocente de la sangre de esta víctima. Sois todos vosotros los que responderéis por ello". La muchedumbre unánime aceptó la acusación: "Sí, sí, que su sangre recaiga sobre nosotros y nuestros hijos"...

Si Poncio Pilatos fue el primero en padecer, los judíos sufrieron una gran parte, sin que ellos hablaran de causa/efecto, o que Jesús fuera o no el Hijo de Dios; el origen del mal fecha del día de la crucifixión. La muerte sobre la cruz era la más dolorosa, y las circunstancias que lo hicieron aún más infame. Con esta forma de suplicio mortal, y a pesar de que ningún órgano principal fuese alcanzado, el condenado moría muy lentamente, por agotamiento de sus fuerzas físicas y morales por el terrible sufrimiento que padeció por el agarre de los largos clavos. Además, este dolor humano infinito, en todo su horror, fue hecho en vivo, con la curiosidad malsana y la odiosa venganza de los allí reunidos. Al menor grito dado por la víctima, al menor movimiento marcado en el cuerpo por un dolor más agudo, se oían chillidos de alegría de la delirante muchedumbre. Sin hablar de los enjambres de moscas y mosquitos que se aglomeraban en las manos y los pies donde chorreaba la sangre.

Todo ello volvió seguramente a la memoria de Ponce Pilatos, mientras él mismo esperaba su detención y su muerte. Pero si conocía perfectamente el proceso de desintegración del cuerpo humano, por haberlo a menudo observado minuciosamente en el suplicio padecido por los condenados a muerte, imaginaba menos el dolor anterior andando el camino para ir desde palacio al Gólgota, y que todo el mundo conoce bajo el nombre de "Vía Dolorosa" o el "Camino de la Cruz".

No se trata aquí de abrir un debate para saber desde dónde salió Jesús para subir a su calvario, si del fuerte Antonia o de la fortaleza de Herodes. La distancia del Gólgota en relación a las dos fortalezas es la misma, tal y como su altitud. El Gólgota está a 755 metros; Antonia a 750 metros, y el palacio de Herodes a 755 metros. Sin embargo el camino con el peso de la cruz es mucho más duro desde Antonia, un desnivel importante seguido de una subida idéntica dificulta el camino, pero fue desde el Palacio de Herodes de donde salió el triste cortejo. La muchedumbre era numerosa y disciplinada, y el espectáculo de los soldados romanos utilizando látigos para abrirse paso no tiene nada de extraordinario en el contexto de este día que marcó la vida del mundo por más de dos milenios.

Veamos el plano de Jerusalén de ese día. Es fácil reconocer la fortaleza Antonia, en lo alto del segundo muro, y el Palacio de Herodes justo al oeste, con el Gólgota fuera de los muros y entre los dos marcado por una cruz, vean el mapa de la página siguiente.

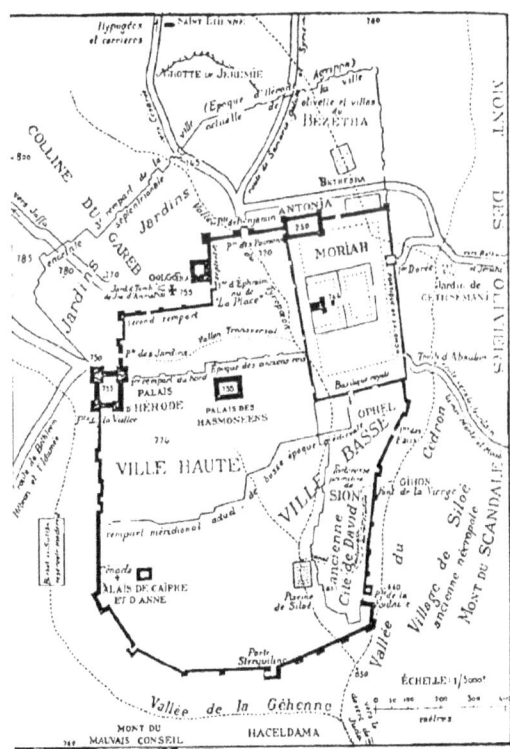

La puerta del Oeste, o puerta de los Jardines, justo al norte del palacio de Herodes, no sólo daba a la ruta de Jaffa, sino sobre todo a los espléndidos jardines del monte Gareb; esta puerta no se convirtió en la de Jaffa más que once siglos más tarde.

Así Gólgota, que significa en hebreo "el lugar de la calavera", permaneció eternamente como el lugar de renuncia para salvar el alma del mundo.

¿Pero qué otro camino pudo recorrer la cruz hasta nuestros días? En 1.976 estuve en Semana Santa en Jerusalén esperando para penetrar en el Santo Sepulcro. Sin hablar del propio horror de la misma construcción llamada "lugar santo", bloqueada con un gran cerrojo en el exterior para impedir a cualquiera llegar durante los 45 minutos concedidos a la congregación que se encontraba para celebrar "su" misa según "su" concepto del día de pascua. Se debía evitar cualquier incidente dogmático.

Sobre la explanada, dominando al gentío desde arriba entre dos soldados israelitas armados con metralletas, estacionados ahí para proteger a la muchedumbre de posibles terroristas dispuestos a soltar una bomba. Y esta masa bulliciosa y gesticulante llevando grandes cruces semejantes a la de Jesús el Cristo, se peleaba literalmente por temas de dogmas o de preeminencia. Habían llegado a las manos para mayor alegría de los soldados y para mi mayor vergüenza.

¿Cómo era eso posible aún después de dos mil años de cristiandad?

¿Qué ejemplo concreto más desgraciado concluiría mejor este final de era, donde Piscis, derrotado, simbolizó el inicio?

- 8 (4.706) censo de los ciudadanos romanos.

- 6 (4.708) el 25 marzo (el 25 diciembre): Natividad.

- 5 (4.709) Al inicio del año: adoración des los Magos.

- 4 (4.710) Muerte de Herodes.

- 3 (4.711) Regreso de Egipto de la Santa Familia.

+ 6 (4.719) Judea se convierte en provincia romana.

+ 7 (4.720) Jesús, con doce años de edad llega a Jerusalén para la Pascua.

+ 29 (4.742) Jesús es bautizado por Juan el Bautista.

RESTITUCIÓN DEL CALENDARIO HEBRAÍCO: 4.726 – 4.744

ÈRE CHRÉTIENNE	PÉRIODE JULIENNE	Lettre dominicale	NISAN NÉOMÉNIE VRAIE	NISAN NÉOMÉNIE MOYENNE	NISAN 1er du mois	PAQUE LÉGALE
av. l'ère chr. 7	4707	D	31 mars, 4 h. 15'	31 mars, 0 h. 31'	31 mars	Mardi 11 avril
6	4708	C	20 mars, 5 h. 45'	20 mars, 9 h. 19'	20 mars	Samedi 3 avril
5	4709	BA	7 avril, 1 h. 45'	7 avril, 6 h. 52'	7 avril	Jeudi 23 mars
4	4710	G	27 mars, 11 h.40'	27 mars, 15 h.41'	28 mars	Mercredi 11 avril
3	4711	F	15 avril, 11 h. 29'	15 avril, 13 h. 13'	15 avril	Dimanche 31 mars
2	4712	E	5 avril, 4 h. 27'	4 avril, 22 h. 2'	5 avril	Jeudi 20 mars
1	4713	DC	24 mars, 19 h.45'	24 mars, 6 h. 51'	24 mars	Mercredi 7 avril
apr. l'ère chr. 1	4714	B	12 avril, 17 h.10'	12 avril, 4 h. 23'	12 avril	Lundi 28 mars
2	4715	A	1 avril, 22 h.52'	1 avril, 13 h.12'	1 avril	Dimanche 10 avril
3	4716	G	21 mars, 23 h.28'	21 mars, 22 h. 1'	22 mars	Jeudi 5 avril
4	4717	FE	8 avril, 16 h. 48'	8 avril, 19 h.34'	9 avril	Lundi 24 mars
5	4718	D	28 mars. 22 h.20'	29 mars, 4 h. 22'	29 mars	Dimanche 12 avril
6	4719	C	16 avril, 20 h.30'	17 avril, 1 h. 55'	17 avril	Vendredi 2 avril
7	4720	B	6 avril, 11 h.16'	6 avril, 10 h. 44'	6 avril	Mardi 22 mars
8	4721	AG	26 mars, 4 h. 28'	25 mars, 19 h.32'	26 mars	Lundi 9 avril
9	4722	F	14 avril, 4 h. 2'	13 avril, 17 h. 5'	14 avril	Vendredi 29 mars
10	4723	E	3 avril, 14 h.56'	3 avril, 1 h. 54'	3 avril	Jeudi 17 avril
11	4724	D	23 mars, 18 h.37'	23 mars, 10 h.42'	23 mars	Lundi 6 avril
12	4725	CB	10 avril, 11 h. 0'	10 avril, 8 h. 15'	10 avril	Samedi 26 mars

15

Lo que he visto y he comprendido

> *Si quieres salvarte, la puerta está abierta, sólo depende*
> *de ti conocer el Hijo de Dios, ser perfecto y ser feliz.*
> Justin. Diálogos, VIII, 1 – 42.
>
> *Mis pasiones terrestres han sido crucificadas,*
> *el fuego de los deseos materiales ya no está en mí,*
> *Pero un agua viva murmura en mí,*
> *me dice en la intimidad: "Ven hacia el Padre"*
> Ignacio de Antioquía, Aux Romains, VII – Año 102 a.C

Según Descartes, la extensión es la esencia de los cuerpos. No soy cartesiano, y mi cuerpo enfermizo no me interesa más que en el sentido en el que permite a mi Parcela Divina actuar en la dirección en la que deseo ir. Así debería decir en lo que a mí respecta que el alma posee la insondable densidad del espacio que la propulsó en la envoltura carnal, siendo la poseedora a lo largo de la estancia terrestre.

No está en mis intenciones filosofar sobre ello, sino sencillamente contar lo que he visto, y que me permitió comprender el conjunto de la realidad cósmica con sus detalles, tampoco deseo hablar interminablemente de los accidentes casi mortales que me permitieron desarrollar algunas capacidades y facultades mentales al igual que espirituales, más bien mi deseo es hablar de este momento primordial, al salir del último coma, en el que descubrí la luz que me faltaba para realizar el enlace entre todos los elementos dispersos de la comprensión hallada que tenía almacenada y que sólo me proporcionaba hasta entonces algo de entendimiento. Después vino el principio del "Conocimiento".

Esta luz vino con la confirmación de la exactitud de la geometría combinatoria que preside todos los nacimientos naturales, sean cosas o seres: el saber acerca de la existencia muy real de la ley de la Creación. La apariencia de que la realidad es grosera en su generalidad, y que sólo la idea que se hace uno permite desvelar la verdad, y así la pureza toma todo su valor.

El ejemplo dado por la continuidad de las generaciones que no desean comprender la mentalidad de sus Primogénitos, y ello sea cual sea el ciclo, es típica de hecho. El eterno reinicio en otro espacio de tiempo, al inicio de cada era, debería impregnar a todos los que buscan comprender. Además, admitir que la eternidad de esta combinación Espacio-Tiempo es el único hecho del deseo divino corresponde a los que por fin han comprendido. Estos lectores no se extrañarán de la paradoja aparente entre el que puede comprender y el que lo desea y lo consigue. La diferencia reside únicamente en el gran poder detentado por la Parcela, el Alma, sobre el espíritu que no es más que una razón razonable. Era además mi sentencia proverbial personal en el tomo (A-2) de la Trilogía de los Orígenes: *Los supervivientes de la Atlántida*:

"La razón humana no posee ningún razonamiento razonable en su concepto de Dios".

No se trata ahí, por la simple razón, obligar a una convención protocolaria para adorar a Dios por su creación y los mandamientos que se derivan. Adorar algo, o alguien, o Dios, está al alcance del ser humano más sencillo si consiente arrodillarse por ello. Cada uno llega a hacerlo a vista de todos o de forma disfrazada, más o menos hipócrita, en la iglesia. Debemos estar bien en regla con la sociedad, a pesar de que hoy se está perdiendo. Pero el razonamiento del que hablo es el del alma, que es una trama desde el nacimiento para vivir en armonía con las decisiones celestes. Hará el bien cuando deberá hacerlo, y se abstendrá de cualquier voluntad personal cuando las configuraciones celestes combinatorias le son nefastas.

En primer lugar, es necesario un cierto tanteo para acostumbrarse a este cálculo cerebral que no depende de ninguna formulación religiosa contemporánea, no más cristiana que neo-troista, teosófica como espirita, si es que esta última secta está dotada de una verdadera espiritualidad. Ya que la abstinencia de toda voluntad frente a Dios, no significa que se deba abdicar de su propia personalidad recibida desde el nacimiento, Filón de Alejandría decía que el sueño caracterizaba y simbolizaba a los ignorantes, estos ciegos que se sumergen fuera del mundo material de tal forma para ignorar la verdad.

Un documento copto primordial (¡otro más!) del año 148 de nuestra era, encontrado en 1.945 cerca de Nag-Hamadi, a medio camino entre el Cairo y Dendera, pero ya en el Alto Egipto, y que ha sido autentificado desde entonces como un quinto Evangelio por todos los sabios y eruditos mundiales: "*Évangilium Veritatis*", o más sencillamente el "Evangelio de la Verdad".

Ahí también la copia copta fue realizada por un escriba partiendo de un texto griego de la Escuela de Alejandría, pero nadie pudo decir en qué lengua ni de quién era el original. Si hablo de ello aquí, es únicamente a propósito de la verdad, ya que volveré con más detalles sobre este evangelio en el último capítulo de esta obra.

Efectivamente, este preciado texto de la mitad del segundo siglo habla de esta dualidad extrañamente sentida por el hombre deseoso de conocer "lo impensable", "lo escurridizo" y "lo incomprensible". El folleto 17 anuncia que el deseo de conocer no es una borrachera de los sentidos, sino una "*investigación de Él, de donde salió: todo lo que está en él mismo*". Es este desconocimiento el que produce la impotencia, la angustia y el temor. Lo que ha asentado el olvido, luego la mentira, mientras que el Conocimiento engendra la Verdad estable, inquebrantable e inalterable, perfectamente bella.

La ignorancia no viene pues del sueño sino, al contrario, del rechazo de abrir los ojos sobre esta belleza tan sencilla y sin embargo suficientemente complicada para que sea la causa del sueño agitado o los sobresaltos de la angustia y del terror.

Todo eso lo he conocido a lo largo de mis hospitalizaciones prolongadas ya que tenía tiempo de abrir o cerrar los ojos, de reflexionar, de ver las luces, o de mantenerme en las tinieblas. Buscaba la Luz y vino a mí, poco a poco, a fuerza de reflexionar.

En este Egipto fascinante medité mucho tiempo, pero la presencia aglutinante de la imponente masa de turistas, incluso de noche, hacía que no pudiera tener el recogimiento necesario tal y como deseaba, excepto en Dendera. No podía, sin embargo, mantenerme encerrado con Isis en la oscuridad, o con una única lucecita. Convenía escribir en blanco sobre negro el resultado de mis reflexiones, y revelar centenares de diapositivas que tomaba para estudiar atentamente la jeroglífica. Porque todo estaba ahí, grabado, dibujado, contestando en guía de advertencia destinada al futuro. Nada más era posible.

Pero mi comprensión global de los hechos ya me había permitido discernir el principio comunitario de estos antiguos que no veían más que dos clases: la del pueblo y la de los extranjeros. Ellos comprendían, prácticamente sin estudios, la necesidad de ponerse bajo la protección de Dios. Era innato en todos los nativos de esta segunda tierra. Para los otros, los que vivían en otro lugar, les era indiferente, y permanecían por ello en la ignorancia, ya que no buscaban extender la buena palabra y los interesados sólo tenían que venir a establecerse a orillas del Nilo. Los demás eran los infieles de Ptah, pero no unos enemigos, permanecían siendo extranjeros indignos de ser instruidos.

Su gran temor venía del hecho previsible de que las futuras generaciones, las de sus menores, olvidasen las lecciones del Pasado, y se convirtieran en extranjeros sobre un suelo bendecido por segunda vez por Ptah: Ath-Kâ-Path, el "Segundo Corazón de Dios". Ahí, residía su principal razón de la enseñanza indestructible grabada sobre los muros de piedra, por doquier en el templo de Dendera. Ahí estaba la razón de estos enormes bloques apilados para mantener esta escritura sagrada destinada a desafiar el tiempo, para volver a ser encontrada más adelante, si Ptah decidía olvidar Egipto en los tiempos previstos.

El pueblo formaba una sola y verdadera entidad. Del faraón al más humilde de los trabajadores, todos eran iguales frente al "Juez Último" que pesaba las almas a la hora de la entrada en el "Más Allá de la Vida Terrestre". La igualdad no era una palabra en vano, ya que cada uno comía a su satisfacción y se vestía sin problemas. Era de alguna forma un socialismo integral antes de término. La diferencia siempre válida de nuestros días, residía en un concepto paralelo proveniente de algunos recovecos de las almas, llamadas populares. Éstas no penetraban en el mundo cósmico, ya que superaba el estudio acordado a su comprensión.

No debemos ver, pues, ningún desprecio por parte de los sacerdotes, ni ninguna iniciación específica para conseguir el "Conocimiento del Creador y de su Creación". No hubo ninguna pretensión de desear esconder lo que sea por unos "Misterios", en palabras herméticas, sino el deseo de querer dejar una jeroglífica a los que fueran capaces de comprenderla algún día, si ésta llegara a no ser leída por los que tenía dicha capacidad.

Todo esto está muy bien explicado en los textos que han sido indebidamente añadidos al libro llamado "de los Muertos", del que extraí la totalidad del capítulo XVII y que es en realidad una gran parte de la teología tentirita. Otros confirman, sólo por sus títulos, la realidad de lo que precede. Un capítulo siempre famoso, ya que aparentemente oscuro, dice que este "libro se transmitirá así de generación en generación, sin accidente", al ser muy sencillo de descifrar para el que admite el valor de este monoteísmo original donde el Per-Ahâ, o el faraón tenía el papel justiciero y equitativo del Hijo de Dios. En este mismo capítulo CXXXV, la prohibición de dejar leer a cualquier hombre, "excepto por sus hijos" significa bien lo que decreta.

El que es poseedor del papiro es obligatoriamente digno. Pero este hecho, no debe ser mostrado más que a sus menores, que lo transmitirán de la misma forma.

Más explicito aún es esta puesta en guardia del capítulo CXLVIII:

"Este libro que es la verdad, sólo el que es puro lo conoce, en ningún lugar, jamás, en toda la eternidad pasada o por venir. Tú lo lees en este momento, pero jamás, en ningún lugar, otro ojo impuro lo interpretará a su manera, de forma que ninguna oreja impía lo oiga. Que no sea leído más que por ti, y escuchado por quién tú enseñarás".

Es por ello que a la llegada de los griegos en el siglo VII y VI antes de nuestra era en el delta del Nilo, todos los templos echaron un tipo de velo decretando el oscurantismo por un misterio sistemático introducido. Cuando los eruditos interrogaban a los sacerdotes, estos se parapetaban detrás de la absoluta autoridad de los textos sagrados... apenas travestidos. Así, los jeroglíficos incomprensibles de los Helenos se convertían en las siguientes frases:

"Lo que dice este libro, no se debe contar ya que los dioses se enfadarían. Es por lo que debe permanecer el mayor de los misterios".

O bien:

"No cuentes nunca este libro, ya que sería una abominación dárselo a conocer a los hombres".

Aquí únicamente la palabra "extranjero" fue cambiada por "hombre", y este pasaje piadoso debía hacer sonreír al sacerdote, ya que para él, un "hombre" no podía ser un "extranjero", sino uno de sus semejantes del pueblo elegido por Ptah para detentar el Conocimiento de su

Creación. Es probablemente a partir de esta restricción que partieron todas las fabulaciones de los autores griegos. Herodoto cuenta su enfado por ser insatisfecha su curiosidad por el sacerdote de Sais:

> "Si yo te confiara por qué los animales sagrados son momificados de tal forma, penetrarías hasta las cosas divinas, de las que no puedo decirte nada. Y si un día se me ocurrió rozar este tema, no lo he hecho más que forzado por la necesidad".

Diodoro de Sicilia fue aún más explícito:

> "Los egipcio practican en honor a los animales sagrados muchas ceremonias increíbles de las que nos es imposible dar explicación alguna acerca del origen, ya que los sacerdotes conservan estas doctrinas secretas y les está prohibido hablar".

Era un deber, una verdadera obediencia a los preceptos de Ptah no desvelar nada a los extranjeros de lo que formaba el "Corazón" mismo de este país bendito. Y este concepto del deber de cada momento trajo cada vez más, conforme pasaba el tiempo, una lucha interior del alma de los eruditos en posesión de las claves de los Textos sagrados. El instinto de conservación frente al fin cercano desencadenó unos prodigios de sistemas de preservación de los escritos. Jamás el temor o el miedo provocaron que alguno de ellos traicionara el pacto mental que unía su Parcela Divina al Dios-Uno. Y esto ya era válido mucho antes de nuestra era.

El mito de Prometeo, por ejemplo, es uno de las más bellas joyas de Hesiodo, que profetiza a Cristo. Me había fascinado por sus reminiscencias innegables, surgiendo a su vez de las tradiciones originales y del inicio del cristianismo. Veamos resumidamente, el recuerdo de esta historia de Prometeo, siendo uno de sus protagonistas Quirón el centauro, que es puesto de relieve por Nostradamus[51].

Prometeo era hijo de un Titán, Japet, y pues un Titán él mismo y padre de Deucalion y Helén[52]. En el tiempo en el que vivía, Júpiter, que

---

[51] Ver pág 63 del libro, Nostradamus thari, de E. Bellecour, ed. Laffont.

[52] En la mitología griega, **Helén** era hijo de Deucalión y Pirra, personaje que era un héroe epónimo de los helenos: el territorio que ocupaba este pueblo fue llamado Hélade. Este héroe da nombre a toda la raza de los griegos.

venía de destronar a Saturno, fue pues el rey de los dioses, presidiendo el Olimpo. Para vengarse del desinterés humano por su nueva gloria, Júpiter escondió la comida a los hombres, obligándolos así a un trabajo penoso para conseguirla y subsistir. Lo que degeneró más adelante en una pelea memorable entre los diversos dioses y las criaturas de la tierra acerca de la parte que correspondía al Olimpo, por el sacrificio que ello provocaba a los mortales.

Fue en este momento que Prometeo intervino, para arbitrar justamente la discrepancia, dividió un buey en dos partes, situando a un lado todos los huesos cubiertos de grasa del animal, y por una parte toda la carne bajo la piel entera del buey. Júpiter, rey de los dioses, simuló dejarse engañar, y eligió expresamente los huesos cubiertos de grasa, y castigar a Prometeo por su rebelión, escondió el fuego a los hombres, por su habilidad, el Titán lo volvió a encontrar y lo introdujo junto a los mortales. Nueva venganza de Júpiter: Pandora, la primera mujer fabricada del limo por Vulcano bajo la orden del rey de los Dioses, para seducir Epimeteo, el hermano Titán de Prometeo. Ella fue la que por cuya curiosidad se castigó a toda la tierra, ya que abrió el ánfora de donde salieron todos los males de la humanidad. Y Prometeo fue atado a una columna donde un águila llegaba cada día para devorar su hígado inmortal, y esto indefinidamente. Fue Hércules, el propio hijo de Júpiter y de Alcmena quien libró a Prometeo, que por ello perdió su inmortalidad. Sólo será más tarde, gracias a Quiron el Centauro, que la volverá a recuperar. Aquí lo importante consiste en las semejanzas entre este mito y la cólera divina contra la humanidad seguida de la redención de los rescatados. Incontestablemente, Hesiodo, seguido por Exquilax, cuenta una tradición oral egipcia deformada, y retomada por los hebreos antes de ser el fundamento tradicional cristiano.

Habiendo lanzado la tradición los antiguos egipcios, no hay nada sorprendente en que los griegos hayan ido en busca de un ideal mucho más superior de los nacidos de su mitología, es seguro. Pero su decepción por no conseguirlo desencadenó en ellos este espíritu destructor de lo que habían renunciado a comprender por falta de integrarse al pueblo egipcio, y ello fue el principio de su decadencia.

Ya que el ideal buscado es el de todo hombre que posee un alma y un corazón, pero para los antiguos descendientes de Ahâ-Men-Ptah, la única humanidad era la del pueblo de Ptah, y para acceder a este ideal, era necesario aceptar no ser un extranjero, sino un *residente* en este país, es decir, un hombre por completo.

Fue la primera luz, la chispa que acabó por engendrar la llama y la luz. Había visto esta pequeña claridad en el hospital antes de mi convalecencia, dialogando con un sacerdote acerca de Moisés y de Egipto. Fue a través de esta observación religiosa, sacando su Biblia de bolsillo que me leyó el pasaje que desencadenó el inicio de mi percepción:

> "No tendrás al egipcio en abominación, porque has sido residente en su país. Los hijos que nacerán en tercera generación tendrán acceso a la asamblea de Yahvé".

Está en el Antiguo Testamento, en el Deuteronomo XXIII -8 y 9.

Si los judíos admitían que los egipcios eran sus *"alter ego",* los descendientes de un único origen popular, era porque a pesar de las divergencias de opinión, eran hermanos. Ellos servían juntos al mismo ideal de Dios, ya se llamese Path o Yahvé. Este ideal se vuelve a encontrar, además, bajo una forma admirable en *Lamartine.* Un amigo me entregó, para meditar mejor a mi pie de cama convaleciente, las *Meditaciones poéticas.* En la primera, se puede leer un pasaje que conservo precisamente en el fondo de mi corazón:

> *"Pero quizás más allá de los límites de su esfera,*
> *lugares donde el verdadero sol alumbra otros cielos,*
> *si yo pudiese dejar mi despojo a la tierra,*
> *lo que tanto he soñado aparecería a mis ojos.*
> *Ahí me emborracharía en la fuente donde aspiro,*
> *ahí recuperaría la esperanza y el amor,*
> *y ese bien ideal al que toda alma aspira,*
> *y que no tiene nombre en la estancia terrestre."*

Los egipcios y los judíos habían iniciado una acción que judíos y cristianos deberían haber perpetuado por Jesús. Yo había tenido todo el tiempo para ver antes de mi accidente, luego para leer durante mi convalecencia, y de pronto comprendí el encadenamiento de este monoteísmo transmitido íntegramente de Osiris a Moisés, luego de Moisés a Jesús, al igual que lo fue de Atêta (Thoth-Hermés) hasta Akenatón, de Akenatón a Pitágoras, de Pitágoras a Galileo.

El cristianismo de los Peces es la continuación lógica de la religión judía del Carnero como esta última fue de la de Osiris el Toro. No sólo fue la consecuencia, sino la continuación del monoteísmo el más antiguo de la humanidad. Todo un mundo hipócrita ha rechazado admitir esta "Verdad", a pesar de los tímidos intentos realizados a título de sondas de prueba destinados a levantar el velo. Todas han fracasado y por causa. Mi sorpresa se encontraba en un libro de Raymond Weill acerca de las "Transcripciones literarias de Egipto a Israel":

> "¿De donde viene que un hecho tan flagrante y tan sencillo no haya sido percibido y apuntado desde tan larga fecha? Al igual que otras lagunas de observación del mismo orden, ello parece ser debido a que el esfuerzo egiptológico, mucho tiempo aplicado a la traducción y a la explicación de los textos, con miras a registrarlos y acumular sus testimonios más que a discutirlos, en la intención de un uso histórico directo, y bajo el imperio de un sentimiento de reserva muy fuerte que impedía la búsqueda y observar las consideraciones de la crítica documental. En el dominio de los acercamientos de sabiduría egipcia con la de los libros bíblicos, vemos, el primero de todos sin duda alguna, Chabas, que desde 1.857, estudiando a Ptah Hotep del papiro de Prisse, y anotando la analogía que el libro presenta en general con los Proverbios, registra después, paso a paso, las numerosas correspondencias que vemos entre el egipcio por una parte, y el lado bíblico, principalmente Proverbios, pero también Job, Isaías, Salmos, Eclesiastés y Sabiduría: ¿a qué conclusión llegan? Los sentimientos que condenan todas sus obras son naturales para hombre; no deberemos sorprendernos de encontrar en el texto que acabo de traducir unas máximas que la Escritura repitió más tarde, sin tener la necesidad de tomarlas prestadas a la sabiduría egipcia. Un problema persiste, no obstante: Es sin embargo bastante interesante ver al filósofo egipcio prometer al hijo respetuoso una larga existencia sobre la tierra, en términos casi idénticos a los que el dedo de Dios grabó en las tablas de piedra del Decálogo... El análisis atento y el movimiento de sorpresa no disimulado descubren el rayo de genialidad en el precursor, demasiado mal armado aún para seguir los hechos, y dispuesto a defenderse

contra los hechos y obsérvalos con cuidado porque tiene la intención muy clara del fenómeno que traducen".

La verdad, como vemos, está muy ceñida, hubiera sido extraída si Chabas no se hubiera mantenido en su punto de vista central de una independencia evidente de las elaboraciones de las ideas en los dos pueblos. Y este principio, desgraciadamente, es el que desde entonces prevaleció. Otro egiptólogo alemán, del mismo tiempo, *Brugsch*, hablando de la moral y de los tratados de sabiduría de los egipcios, sólo podrá decir:

> "Estos numerosos ejemplos nos enseñan que la caridad universal no es en absoluto una adquisición de nuestros tiempos modernos".

Raymond Weill, por su lado, retoma su admirable cuadro cronológico descriptivo en cuanto a los "parecidos":

> "Se puede considerar que las observaciones incidentes de Wiedemann, en 1.903 y de Erman en 1.906 han sido la semilla de la concisa, substancial y muy notable memoria en la que Gunkel, en 1.909 intentó por primera vez establecer un cuadro de las correspondencia egipcias con el Antiguo Testamento. Pasó en revista todos los mitos y leyendas, los himnos a los dioses, los cantos de amor, y reconoceremos que desde Erman, hemos empezado a buscar en la poesía amorosa de los egipcios la explicación de la Biblia; él observó en el mismo lugar, que la exhortación para disfrutar la vida material que el autor de la Sabiduría de Salomón pone en boca del impío, está reproducida a partir de un viejo tema familiar de la poesía egipcia.
>
> En esta excelente vía, Gunkel encuentró con facilidad cómo enriquecer sus notas, en 1.912 señaló para el gran público las analogías de los himnos a los dioses en Egipto y de los himnos de los Salmos. De forma general, sin embargo, y tal como se presenta en este momento, la pregunta parece haber alcanzado todo el desarrollo posible en las condiciones de las informaciones documentales y de hecho, no se le ve el progreso hasta la hora de la gran sorpresa que debía aportar la revelación del libro egipcio de Amenemope, publicado en 1.923."

Sea como sea, desde 1.924, este papiro tomó y mantuvo su lugar como objeto central en el cuadro de las correspondencias de la literatura de la sabiduría de Israel y de Egipto. Los paralelismos de los Proverbios con el libro egipcio están recogidos con detalle, una vez más por *Gressmann*, en una obra clara y útil, que lamentamos sea tan concisa, debida a la intención manifestada por primera vez, de presentar la sabiduría sapiencial[53] de Israel, generalmente, en su relación con la literatura universal. Este libro se une directamente al excelente ensayo de *Gunkel* de 1.909, que lo prolongó repitiéndolo a menudo, sobre todo, acerca de la sátira de las profesiones en la literatura egipcia y en *Sirach*, igualmente Job está muy bien caracterizado.

En plena época romana, en el libro judeo-griego de la Sabiduría, vemos aparecer una transposición de los temas egipcios, muy diferente del espíritu de las que habían encontrado su lugar en las composiciones israelitas de los siglos anteriores. Esta vez, la tesis epicúrea de la vida y de la muerte ya no está presentada como recomendable, sino con el fin de que su carácter odioso e impío sea puesto a la luz, y que se pudiera refutarse desde el punto de vista de la creencia en la inmortalidad y en las sanciones divinas. Es exactamente, tal y como yo lo veo, el plano del compuesto en el que la vieja tesis materialista de Egipto, había sido cubierta, desde el nuevo imperio, por unos innovadores deseosos de seriedad religiosa y de ortodoxia; forma compleja de las que algunas apariciones se manifestaban en los documentos egipcios ulteriores y que sale a la luz en la Sabiduría judeo-alejandrina, con una fuerza y una franqueza muy significativas cuando no olvidamos que a esa misma hora Israel, bajo las influencias del mundo egipcio y greco-oriental en las que se bañaba, llegó a aceptar la necesidad de la vida eterna con sus castigos y sus recompensas.

Esto es lo que he visto y he comprendido dolorido en mi cama, es de hecho la complicidad, hablando de forma espiritual, entre todas las teologías hebraicas, cristianas, e incluso griegas, pero saliendo de un sólo monoteísmo: el que estaba sumergido con Ahâ-Men-Ptah, retransmitido por sus seguidores hasta en Ath-Kâ-Ptah. A lo largo de los 26 meses de convalecencia, estudié en cada momento, día y noche, los textos de las Combinaciones Matemáticas Divinas. Sólo dormía de

---

[53] Que pertenece a la sabiduría, especialmente la heredada del Rey Salomón en el Antiguo Testamento (por ejemplo, el Libro de la Sabiduría o el libro sapiencial).

dos a tres horas cada noche, ya que no deseaba tomar somníferos para no disminuir mi nivel de comprensión de los textos, aún abstracta, pero que pronto se aclaró. No era más que una débil luz aún muy alejada del faro que alumbra. No me sentía aún maestro de mis fuerzas, tanto en el sentido propio como figurado. Mi debilidad completamente física requería una larga convalecencia, y sobre todo una readaptación de mi deficiente musculatura. Mi voluntad aún se dirigía hacia esta función esencialmente laboriosa.

La lectura de los textos antiguos era mi descanso, me permitió memorizar lo que debía ser grabado en mi inconsciente. Todo demostraba mi debilidad, y nadie creía en mi recuperación. Yo estaba en el fondo de mí mismo espantado por lo poco que representaba, entonces todo se arregló al mismo tiempo, no sólo para ahorrarme dolor, sino para enraizar sólidamente en un mundo nuevo. Cada segundo que pasaba, nuevas fuerzas penetraban en mí, unas se oponían a mis deseos, las otras a mi voluntad rompiendo la menor resistencia hacia lo que se debía cambiar.

Una absoluta convicción me penetró: para entrar en el Santo Sanctorum de Osiris en Dendera, con el fin de convertirme a mi vez en un "residente", incluso de forma simbólica, teniendo en cuenta mi estado, debía forzar más aún mi voluntad hacia la posibilidad de volver a Egipto. Sin embargo, tuve que ir antes de ello un año completo a Marruecos para mejorar mi convalecencia, y fue la oportunidad para aumentar mis conocimientos acerca del periplo de los supervivientes de Ahâ-Men-Ptah, tema del que ya he hablado ampliamente en el libro (A-2): "Los Supervivientes de la Atlántida".

Sólo fue después de un largo tiempo de dura paciencia, de resistencia física y de estudios sobre el terreno siguiendo la "Vía Sagrada de los grabados rupestres", que pude llegar a los que aún eran capaces de asegurarme el enlace entre lo que yo ya sabía y lo que me faltaba por conocer. Para remontar este plan de estudios hasta el origen de la humanidad divina y su universo terrestre, era conveniente demostrar de antemano que Dios-Uno ya no tenía secretos para mí, en cuanto a la Ley que había instaurado para permitir escrutar el destino de las criaturas, en el futuro, y convertirse pues, no en el igual del Creador, sino en su verdadera imagen terrestre.

Yo, ya interpretaba las Combinaciones Matemáticas Divinas, encajando las unas en las otras en mi intelecto, obnubilado entonces por la reeducación de los miembros del lado izquierdo de mi cuerpo. Pero el poder ineluctable de las Radiaciones se ejerció desde entonces en una acción tan lenta como saludable. Lo absurdo de cualquier otro elemento a este tipo de resurrección se había anclado definitivamente en mí el día que me quitaron el yeso que aprisionaba mi cuerpo, y al mismo tiempo me devolvía la libertad de mis movimientos, a los que se unieron mis reflejos. Los dos años de sufrimiento en este yeso, encamado, habían pasado de forma extraordinaria, al igual que toda la estancia de convalecencia en Marruecos. Había tenido no sólo tiempo de realizar viajes imposibles para un inválido, sino de devorar varios centenares de textos cuyos datos estaban en los pliegues de mi memoria: el cielo, la tierra, los astros, el día y la noche se encajaban de forma metódica y lógica, como verdaderos granos nutritivos del antiguo Egipto. Fueron ellos los que permitieron a los Menores crecer para que sus destinos se cumplieran. Y ahí, el espíritu invisible y la materia palpable se encontraron para manifestar de una forma tangible y triunfal la supremacía del Creador sobre la creación de sus criaturas. Yo estaba dispuesto a volver a Dendera, no sólo para ver, sino sobre todo para comprender.

Por supuesto, tres seres extraordinarios me ayudaron en el lugar a vivir, ya he hablado de mi buen médico jefe del hospital de Luxor, hoy jubilado, pero por el momento no puedo desvelar la identidad de las otras dos personas, sabios coptos, que no desean que se les agradezca de ninguna forma. No es por timidez o por miedo, pero lo que saben acerca del monoteísmo antiguo es demasiado peligroso para su vida actual, quieren sobrevivir para poder transmitir todo lo que está en su posesión llegado el momento.

Una serie de circunstancias debidas a las Combinaciones Matemáticas Divinas muy favorables en ese momento, intervino a mi favor. Estaba en un estado muy débil, con los ojos brillantes de fiebre que me daban un aire de místico fuera de lugar. Necesitaba tanto esta preciada ayuda, y la tuve, ya que estas dos almas casi divinas se dieron cuenta que yo podía ser uno de esos frágiles hijos susceptible, llegado el día, de escribir para los "Menores del futuro" el texto monoteísta original. Por ello escribí con una forma poco habitual para comunicar el conjunto del Conocimiento adquirido en la primera trilogía bajo una forma popular truncada la mayor parte del tiempo como novela. La segunda, más consecuente, es Moisés y Akenatón, que incluyen notas históricas e interpretativas. La tercera con Jesús y el final de la era de

Piscis, prevista desde el Origen, gracias a las Combinaciones Matemáticas Divinas.

Los grabados que forman el entorno de las tumbas y de los sarcófagos debían mostrar el valor intelectual de este pueblo derrotado por olvidar su origen. Los monumentos más antiguos enseñan la familia constituida, el padre, siendo el jefe, mandaba en la casa, dirigía los trabajos, era obedecido por todos. En las pinturas de las mastabas, su tamaño era dos o tres veces mayor a los de los personajes vecinos, y simbolizaba su supremacía.

Pero ahí también no se trataba de un simbolismo evidente, ya que la comodidad de su mujer y de sus hijos era su primera preocupación. La esposa controlaba la casa, él criaba a sus hijos, los instruía, les inculcaba sus ideas y sus conocimientos, los establecía, los casaba, y se esforzaba por hacer de ellos unos seguidores de su personalidad. Así la familia se unía a la vez sobre la autoridad y en el afecto.

El hijo alegraba el corazón de los primogénitos desaparecidos, se mostraba fiel hacia su padre como hacia Ptah y hacia su hijo terrestre: el faraón. Él era amado por su padre, que le devolvía el bien, al igual que buscaba merecer igualmente las alabanzas y el afecto de su madre, de sus hermanos y hermanas, e incluso de sus criados, vecinos y todos sus compatriotas. Así se situaba el contexto familiar a lo largo de las primeras dinastías. Cada una de las tumbas dibuja esta epopeya familiar apacible y natural que deberíamos envidiar.

Sin duda, hubo en los antiguos hijos de Dios, más o menos, gente poco delicada como ladrones y bandoleros tal y como los procesos verbales administrativos dan testimonio acerca de los desvíos de fondos por ciertos administradores. Otras piezas demuestran el saqueo organizado de las necrópolis, pero todos eran crímenes desaprobados en el nombre de la honestidad pública. Los grandes se vanagloriaban de haber echado a los ladrones, detenido a los bandoleros, garantizado la seguridad de los campesinos y viajeros. Los pequeños profesaban no haber hecho daño a nadie, jamás habían hecho daño a terceros, jamás cogían peces de los estanques de los dioses, jamás defraudaban en la balanza con el peso. Todos odiaban la violencia: unos se abstenían y otros la combatían.

En cuanto a lo que toca las tareas: ¿qué falta por decir? Los hebreos sin duda guardaron rencor a Egipto por la construcción de nuevas ciudades, pero conservaron un buen recuerdo de las cebollas y de los víveres distribuidos a los trabajadores ya que se ponían en huelga si había algún retraso en este avituallamiento tan goloso. Un proceso verbal en tiempo de Kufu nos enseña que incluso un intendente Real fue decapitado por haber fallado en esta labor. ¡Cuántos sufrimientos! dicen los modernos cuando conocen la erección de las Pirámides, olvidando el episodio de este intendente Real. Labor y disciplina, sí, pero no más sufrimientos que en cualquier otro país.

Estas relaciones, tanto pascuales como funerarias, permiten volver a dibujar las acciones observadas, su vida terrestre para acceder a la vida eterna. Ello debería volver a situar al lector en estado de gracia, para que pueda admitir la veracidad de la función original de Dendera. Estando solo para realizar este inmenso trabajo, quiero nombrar, ya que para llegar hasta ello, a los que me han precedido, que no son pocos: *Auguste Mariette*, en su descripción del gran templo, no escondió su valor espiritual y secreto de Dendera. *Maspero*, en cuanto a él, desviaba todas las dificultades contando a su manera las preguntas que levantadas por el templo de la diosa Hator:

> "Las inscripciones enseñan además que establecida la cámara secreta, se tomaban todas las precauciones para que permaneciese ignorada, no sólo por los visitantes, sino también por el bajo sacerdocio. Ningún profano conoce la puerta, si se busca no se encuentra, excepto los profetas de la diosa. Como arquitecto, estos profetas de Dendera sabía cómo penetrar en un espacio lleno de metales y objetos preciosos, y eran los únicos en saberlo. En una piedra elevada que nada indicaba al vulgar, ellos apercibían ahí una entrada a un pasillo: se introducían reptando y llegaban poco después al lugar del tesoro. El bloque de piedra, vuelto a colocar, hacía que el mejor ojo avizor no pudiese distinguir el lugar preciso donde estaba el pasaje".

Para concluir lo que he visto y he comprendido traduciendo las más antiguas historias del viejo mundo, ya que remontan al tiempo de Ahâ-Keops, o Khufu, de la IV dinastía, es decir hace más de cinco mil años, se trata del: "Gran Rey y de los Magos".

> "En esta narración, un viejo profeta de 120 años conoce el número de cofres con escritos, en madera de sicomoro, encerrados en la cripta de Atêta, que él mismo había colocado

conteniendo los nombres, la jerarquía, las cualidades de todo lo que formulaba el universo en el Círculo de Oro. No sólo el número que tienen, sino también el lugar".

En tiempo de Keops, que había hecho demoler el templo de Isis para poder encontrar la entrada perdida al subterráneo que daba acceso al Círculo de Oro, había ahí un símbolo fácil de comprender, ya que cualquiera podía leer los libros de esta biblioteca y comprenderlos (o que se los explicaran) sería entonces tan poderoso como lo fue este Atêta, o Thot, o Hermes tres veces grande: podría considerarse como el Maestro real del Universo. Pero Keops fracasó en este intento, lo que le obligó a realizar una tercera reconstrucción del tempo de la buena "Dama del Cielo", aún más resplandeciente y siguiendo los planos exactos conservados sobre pieles de gacela, dibujados por los Grandes Arquitectos de los lejanos tiempos de los reyes predinásticos. Fue el único medio para él hacer perdonar su blasfemia e intentar recuperar su entrada al *Más Allá de la Vida Terrestre* para la Eternidad. Así lo negro del mal pudo convertirse en el preludio de un renacer del Bien. Y por ello deducimos que "ver" no significa especialmente "comprender".

16

LA ETERNIDAD SÓLO PERTENECE A DIOS

Mezclándose a las cenizas ardientes, los ríos corrían por las mismas calles. Y uno de los torrentes había invadido con rabia el lugar mismo donde los sacerdotes se habían reunido alrededor de los altares.
George B. Lytton, *Los últimos días de Pompeya*

El disco solar no brillaba, las nubes lo harán desaparecer. La noche reinará eternamente y los hombres atónitos por esta ausencia ya no podrán vivir.
Papiro Hierático n° 1116, museo de Leningrado.
El cuento profético

Existen relatos proféticos y no cuentos del tiempo de los primeros faraones. Todos han sido autentificados, no hay ninguna estafa. Los profetas existían y tenían consejeros muy escuchados por los Primogénitos. La negrura de los cuadros que establecen del futuro de la humanidad no tiene nada que envidiar a la de Isaías, San Juan... o Nostradamus. Es con la ayuda de un relato en particular que deseo cerrar este conciso estudio de mi vida y del trabajo que llevo a cabo desde hace quince años. Se trata de: "*El Gran Rey y los Magos*".

Por supuesto, que la narración que voy a traducir aquí del texto original ha sido reproducida numerosas veces como un cuento para no dormir. Pero una vez más, ninguno de los eminentes egiptólogos contesta la autenticidad del documento original que remonta a 5.000 años. No obstante en esta misma época nuestros propios antepasados vivían desnudos en las cuevas ahumadas. Y no sé si aún poseían el fuego para cocer la carne que devoraban hasta los huesos luchando entre ellos para conseguir los mejores trozos. Los salvajes no pudieron en ningún caso ser los que escribieron los relatos que profetizaban lo que ocurriría milenios más tarde.

Debemos dejar de creer de una vez, o considerar a estos antiguos sabios como salvajes, cuando aún lo somos nosotros con nuestra carrera insensata de las armas. Es el único medio de comprender el oscurantismo en el que nos hundimos cada vez más, y que tiene el riesgo de llevar nuestro planeta al negro absoluto.

Conviene leer para comprender. Veamos pues este texto que remonta a la noche de los tiempos, tal y como lo he traducido, y que pone en escena a Khufu, el Keops de los griegos, al que se atribuyó la Gran Pirámide y que hizo reconstruir por tercera vez el templo de la "Dama del Cielo" en Dendera:

> "Ocurrieron grandes cosas en el tiempo en el que Su Majestad Khufu reinaba en los Dos-Países. Aprende esto, ¡Oh Tú! que lees las palabras que dibuja el Escriba Râbsenir, pero consérvalas para ti mismo, ya que sería una maldición para toda tu familia y una desgracia muy grande para ti, si llegaras a propagarlas a los extranjeros. Así aprenderás la Sabiduría del Faraón, a Él larga Vida, Fuerza y Salud (L.V.F.S.). Khufu fue el bienhechor de la tierra entera que se extiende desde el Poniente, donde descansan los Bienaventurados Dormidos, hasta su capital Men-Nefer, donde ahora preparo mis cálamos para ennegrecer estos rollos de papiro expuestos sobre mi paleta. Ya que aquí está el corazón de Ath-Ka-Ptah.
>
> Sin embargo, una mañana cuando los Consejeros íntimos del Faraón, a Él muy Larga Vida, Fuerza y gran Salud habían terminado con su deliberación diaria y se habían retirado como de costumbre para dedicarse a sus numerosas e importantes ocupaciones, Khufu, tomado por una inspiración divina, ordenó a su gran Chambelán que nunca dejaba el trono mientras que Su Majestad estuviese ahí: "Corre y vuelve a llamar a mis Consejeros íntimos incluso si ya se han ido de Palacio, ya que deseo de nuevo hablar con ellos. Vamos, deprisa, ve y tráelos. He terminado. Gran Chambelán no esperes más, corre fuera de los muros, vuela hasta los consejeros, tráelos temblando preguntándose en qué se habrán atraído la cólera del Faraón, a ÉL L.V.F.S, y lo que les espera. Apenas frente al tono de Su

Majestad, todo el mundo se tiró al suelo, llenos de temor, esperando una terrible sentencia, en un silencio absoluto.

Pero el silencio permanece, ya que el Faraón, a Él L.V.F.S., se sorprendió de este miedo que siente salir por todos los poros de la piel de sus Consejeros íntimos. Khufu sólo puede hablar con voz serena, neutra e imperativa, ya que su requerimiento es la conclusión de un sueño que Osiris le inspiró, a Él la Vida Eterna eternamente, preguntad a un mago la revelación del Gran Secreto.

Su Majestad, habiendo recuperado el total control de su voz, la elevó con un matiz de irritación: "Pues bien, mis fieles Consejeros que os postráis como esclavos, ¿qué habéis hecho para merecer mi furia?"

Los cuatro Consejeros íntimos y el gran Chambelán se levantaron con dificultad, preguntándose por qué extraña suerte nada les había sido reprochado. Fue Khafriré, el hijo real quien contestó en nombre de todos, a su padre el faraón, a ÉL L.V.F.S.: "Es poco habitual que Tu Majestad, vuelva a llamar de esta forma a sus Consejeros para deliberar una segunda vez, nosotros temíamos haber ofendido de alguna forma tu augusta persona Divina, ¡Oh!, Khufu, a Ti larga Vida, gran Vigor, y Salud eterna.

Entonces Su Majestad excedida habló de esta forma a Khafriré, su hijo: "¿Y qué? Tú estado es similar al de la plena vejez, ¿no sabes discernir un oprobio de una petición urgente de un consejo? ¿Tendrás mala conciencia, Khafriré? ¿Mis Consejeros me mienten en algo y tienen algo que temer?" Khufu, a Él L.V.F.S, no se daba cuenta que teniendo derecho de vida y muerte sobre todos sus súbditos, cada uno temía ofenderlo en lo más mínimo, incluyendo su propio hijo, el príncipe Khafriré. Así que este le contestó: "Que Tu Majestad me perdone por este fallo en tu divino juicio. Nada hubiera debido trastocar nuestras Parcelas Divinas, ya que ningún sujeto susceptible de irritarte las mancha."

Tendiendo los dos brazos frente a él en signo de lealtad, seguido por los otros tres Consejeros íntimos y el gran Chambelán, que hicieron el mismo gesto secular, el príncipe Khafriré concluyo su frase de este modo: "Nosotros escuchamos con atención la urgencia que Tu Majestad nos quiere comunicar. Tal como nuestras envolturas carnales alteradas de buenas palabras, nuestras orejas bien abiertas se disponen para la entrada de Tu Voz Justa. Habla...

El faraón, a ÉI L.V.F.S., habló: "Esta noche, la Divina Voz se ha dejado oír, con una serie de colores y de oscuridades. Todo estaba luminoso, dorado, resplandeciente, luego, de pronto, era la oscuridad total, absoluta, y pensé haberme vuelto ciego, a pesar de saber que ello era imposible. Se repitió ocho veces seguidas, con las mismas alternancias y las mismas palabras. ¿Qué significa este sueño? Vosotros que sois mis Consejeros debéis tener alguna explicación. ¿Es un mal presagio o una profecía benéfica? Contestad con toda sinceridad."

Frente al silencio del príncipe Khafriré, el pontífice de An del norte, el venerado Amemkâ, consejero real para las cuestiones religiosas tomó la palabra: "Tu eres el descendiente de Râ, Señor de la Eternidad toda poderosa, ¡Oh Khufu. Que sus rayos te divinicen por ¡millones y millones de vidas a venir! Tu sueño no es totalmente un presagio, ni únicamente una profecía. Es la marca real de tu súper poder. Djoser, tu ancestro divino, a Él Vida Eterna, elevó un grandioso templo del Sol en Saqqara antes de hacerse construir una tumba casi tan fastuosa como la que será la tuya a finales de tu vida terrestre tuvo en varias ocasiones unas visiones semejantes a la que fue la tuya esta noche. Los escribas reales de su corte lo atestiguan en sus informes diarios."

El faraón, a ÉI L.V.F.S., sacudió la cabeza, como para aprobar la existencia antigua de un sueño idéntico, antes de preguntar: "Es esto cierto, Amenkâ, recuérdame entonces el valor concedido por los magos de esta remota época lejana con el mismo sueño al de mi ancestro del gran Per-Ahâ Djoser, a Él Vida Eterna, eternamente."

Amenkâ contestó a este requerimiento sin mostrar la menor duda: "Las alternancia de claridad cegadora y de oscuridad total, ocho veces seguidas, son la prueba de la influencia divina de Râ sobre toda la tierra. Su presencia ilumina y dispensa la Vida y su desaparición ciega y siembra la muerte. Así los magos preconizaron al gran Djoser, tu antepasado, a Él Vida Eterna, ordenar la construcción del más bello templo dedicado al Sol, como ningún rey jamás hubo construido. Lo cual hizo, ¡Oh! poderoso Khufu, y su minuto de eternidad sobre el suelo de nuestro Segundo Corazón duró más tiempo de lo habitual"...

El silencio meditativo del faraón, a Él L.V.F.S., no duró más que el tiempo de un suspiro, y su majestad de Voz Justa, dijo: "Ello es perfectamente cierto, Oh Amenkâ, que se lleve al altar del Per-Ahâ Djoser, a Él Vida Eterna, una ofrenda de mil panes, cien cántaros de cerveza, diez cuencos de incienso, para que sigan glorificando eternamente la grandeza del alma de su Per-Ahâ, en el país de los Bienaventurados Dormidos."

Amemkâ contestó: "Que sea conforme a la voluntad de Tu Majestad". Y el pontífice se inclinó, antes de ir a sentarse a su lugar habitual, sobre el pequeño taburete de ébano, algo más atrás del príncipe Khafriré. A continuación, fue el hijo de Khufu, quien se levantó para llegar frente a su majestad. Y a su vez dijo: "El Rey Djoser ciertamente mereció acceder a la eternidad de la vida celeste después del fervor con el que autorizó el cumplimiento de los deseos de Râ introducidos a lo largo de las noches de sus presagios. Sin embargo, los Per-Ahâ siguen, pero sus sueños no se parecen. Su seguidor, el Rey Nebkâ, a Él toda la Eternidad, ha sido poseído por las mismas visiones que las del Rey Djoser e idénticas a las de Tu Majestad. Pero su mago le indicó que esta alternancia, entre una gran claridad y una oscuridad total, era el signo del gran equilibrio universal, lo que era significativo, que esa majestad sería el Rey más grande de Voz Justa desde el inicio de los tiempos, lo cual fue este Nebkâ durante su larga vida terrestre. Hizo Justicia con tal equidad que en el momento del Juicio Último, su entrada en el Más Allá de la Vida Terrestre sólo levantaba alabanzas."

El faraón, a Él L.V.F.S, asintió y preguntó: "¿Puedes citarme un ejemplo de esta luz que lo iluminaba?" Khafriré sacudió la cabeza: "Su Justicia era tal que se decía realizaba prodigios. Un día, pues cuando el Rey Nebkâ, a Él Vida Eterna, se dirigía al templo de Ptah, en la tan bella capital cuyos Muros Blancos resplandecen hoy por tu presencia. Sin embargo a diferencia tuya, cada vez que el rey se dirigía al templo de Ptah, el Rey Nebkâ, a Él Vida Eterna, se hacía preceder por su jefe de protocolo, el Khaï-habi Oubaousir, para que éste cuidara los lugares del sequito real durante la ceremonia dedicada a Ptah.

Pero, la esposa de Ubausir era pérfida, ya que en el sequito real existía un vasallo que, desde la hora en la que ella lo vio por primera vez, le hizo olvidar el lugar del mundo donde se encontraba su hogar. Ya que cada vez que Ubausirse unía al rey para una larga ceremonia en el templo, ella enviaba a su criada, cada vez con nuevos regalos bajo la forma de ropa.

Y el rico vasallo dejaba su túnica de Patio para vestirse con sus nuevas galas de fiesta y visitar la esposa de Oubaousir, en la amplia propiedad que éste tenía a orillas del gran río Hapy. Pasaban ahí los dos, horas de embriaguez para el placer de los sentidos, sobre la cama de un pequeño quiosco situado casi en la isla que acababa el jardín frente al río. Después se bañaban para que no quedase huella de su cansancio. Sin embargo, un día que el vasallo no hubo agradecido como de costumbre al jardinero, éste se fue a ver a su dueño el Khaï-habi, para contarle todo el asunto.

Entonces Ubausir se hizo traer su cajita de ébano incrustada de oro, en la que conservaba una recopilación de antiguas recetas para maldecir este listillo. Y concibió un crocodilo de cera, largo de siete pulgadas siguiendo el ritual, para que la maldición actuara eficazmente. Ubausir sabía que no era suficiente echar un hombre con buena suerte, como este vasallo, al río ya que sería capaz de volver a la superficie con un bello pez entre los dientes. Así leyó con convicción acerca del crocodilo, la fórmula escrita en el libro de hechizos sagrados añadiendo: "Y Divino

Umbu, en cuanto el vasallo traidor a su juramento, se bañase cerca de mi kiosco, arrástralo hasta el fondo del gran río y guárdalo ahí hasta que te lo reclame. Haz lo que te pido en nombre de Khum"

Luego le entregó el crocodilo al jardinero diciéndole: "En cuanto el vasallo, para lavar el resultado de su fechoría, se haya metido en las aguas del gran río, echa este crocodilo en seguida". Ello ocurrió al día siguiente, cuando, Ubausir ausente, el vasallo acudió, se bañó antes de irse. Y el crocodilo de siete pulgadas de cera se transformó en un crocodilo de siete codos que se llevó de inmediato al vasallo bajo el agua. Mientras tanto Ubausir hablaba al Rey Nebkâ, a Él la Vida Eterna: "Le gustaría a su Majestad ver el prodigio que se ha producido en mi casa, por culpa de la horrible conducta de tu vasallo con mi esposa".

El Rey siguió a Ubausira su casa y le miró hablar a las aguas del gran río: "Trae al vasallo fuera del agua, ¡Oh! Umbu". Y el crocodilo de siete codos surgió del agua sujetando al vasallo medio ahogado. Su Majestad Nebkâ, a Él muy larga Vida en la Eternidad, no se asustó al verlo. Su Voz Justa sólo se estremeció un poco para decirle al crocodilo: "esta envoltura carnal ya no tiene Parcela Divina, es tuya, guárdala".

El cocodrilo de siete codos se volvió a sumergir con su presa en el fondo del gran río y nadie supo lo que aconteció, ni con uno ni con el otro. Nebkâ de Voz Justa para la Eternidad, hizo llevar a la esposa de Ubausira la cara norte del cerro real, donde fue quemada viva antes de tirar sus cenizas al río. De forma que la luz de las llamas regeneraran la negrura de los sentimientos que habían animado esta mujer, triste representante humana de la especie que el Per-Ahâ, a él Larga Vida Fuerza y gran Salud, había engendrado: "He aquí, Poderoso Toro que reina sobre Tus Hijos como sobre los de los Dos Países, el significado de la luz y de las tinieblas de tu sueño".

El silencio de meditación del Faraón, a Él L.V.F.S, no duró más tiempo que el de la primera narración. Khufu no suspiró más que por espacio de una inspiración antes de pensar que la Justicia de Nebkâ no valía más que la nobleza de Djoser en relación a Su Majestad Khufu, es decir, él mismo. Sin embargo dijo: "Es cierto, Khafriré; que se lleve al altar del Per-Ahâ, a Él Vida Eterna, una ofrenda de mil panes, cien cántaros de cerveza, diez cuencos de incienso, y un toro cortado ritualmente según los principios del Gran Ptah que protegió a Osiris durante el reinado del rey Nebkâ, a Él la Eterna Eternidad. Que también se ponga en el altar de su Khaï-habi, Ubausir, una buena ración de carne pura, una jarra de cerveza, una torta y un cuenco de incienso"

Khafriré respondió: "Que se haga según Tu Majestad". El príncipe se inclinó frente a su padre el faraón, a Él L.V.F.S., antes de volver a sentarse cerca del pontífice Amenkâ. El tercer Consejero íntimo, ya se había levantado acercándose a Khufu. Era el noble descendiente de la familia Zamankhou, su padre había sido el Kaï-habi del gran Snefru, a Él larga Vida en la Eternidad donde estaba desde hacía pocos años, llorado por las numerosas mujeres y concubinas que lo habían dotado de una floreciente progenitura de la que justamente provenía Khufu, a Él L.V.F.S, y que había tomado en ese momento el cetro de las manos del rey dormido.

Zamankhou, el Consejero Íntimo de Khufu, había elegido iluminar el sueño de su rey por el que había tenido Snefru en compañía de su padre, el Kaï-habi. Empezó a hablar de esta forma; "Esto no es más que uno de los prodigios vividos por tu padre, el gran Snefru, a Él Vida eterna, después de un sueño idéntico al tuyo, ¡Oh! Poderoso Toro que reina sobre los Dos Países". Aquella mañana Su Majestad hizo llamar a mi padre, el Kaï-habi, para pedirle explicaciones de su sueño. Después de un momento de reflexión, Zamankhou comprendió el sentido de la visión, y le explicó a Snefru: "Tú estás triste, Oh gran rey de la Tierra, porque tu corazón es pesado por todos los pecados cometidos por los menores, tus súbditos. Todo se oscurece y todo se ennegrecerá totalmente si tú no pones remedio. Para iluminarte debes partir sobre el gran río, y el que inspiró tu sueño te iluminará entonces con su esplendor para indicarte la Verdad." El faraón, a Él la Gloria Eterna, hizo una mueca, ya que un paseo sobre Hapy con los remeros prisioneros para nada le encantaba.

Como si hubiera seguido el hilo de los pensamientos de su maestro, Zamankhou añadió: "Mandarás armarlo con unas bellas mujeres de tu harén y no con los prisioneros. Tú corazón se aligerará con su vista, y los campos de las orillas del gran río te parecerán más bellos, manda traer veinte ramas de madera de ébano incrustada de oro, cuyos remos sean hechos con el corazón de la madera de sicomoro para estar bajo la protección de la divina Isis. Y luego ordena la subida de las veinte más bellas y nuevas llegadas de tu harén, las que tengan un bello cuerpo, bellos cabellos y ningún hijo, únicamente vestidas de la fina redecilla encima de su desnudez. Y algo ocurrirá que hará que tus sombríos pensamientos cesen para protegerte en la inexplicable claridad".

Así se hizo llegado el momento del crucero. Las hermosas hijas del harem remaban con cadencia encajadas sobre los bancos, los músculos de las bellas pieles bajo el esfuerzo alegraban Su Majestad viéndolas ir y venir al ritmo de los movimientos, cantando a plena voz para darse fuerza y tirar de los remos. El corazón de su majestad estaba a punto de cantar también, cuando de pronto una de las maderas, habiendo fallado el agua, rebotó, y pasando por encima de la cabellera de la remera del banco anterior, barrió el pez de malaquita que estaba ahí puesto. Desesperada la joven se calló y dejó de remar. Lo que hicieron también las demás bellas jóvenes.

Su majestad que vio la escena, se acercó a la remera que dejó en primer lugar de remar, ya que no había visto la desaparición del pez de malaquita. Ella explicó el porqué al Rey Snefru. Su Majestad le contestó que dejara de llorar y volviese a remar ya que le daría otro igual de bello. La joven le contestó que no era otro pez de malaquita lo que deseaba, sino volver a encontrar el que había perdido.

Fue entonces cuando el faraón, a ÉI L.V.F.S se apresuró en enviar dos correos de los más rápidos para que mi padre

Zamankhou llegase a él sin demora, ya que su corazón que había estado a punto de alegrarse se apesadumbró hasta el punto de hundirse. Mi padre se dio para llegar cerca de Snefrou antes del desastre. Recitó la formulación del grimorio antiguo para rechazar las aguas del gran río más lejos. Y los doce codos de espesor del agua subieron más allá sobre los doce codos normales del las aguas, para vaclar el lugar donde había caído el pez de malaquita de la bella mujer del harén real. Zamankhu bajó a recogerlo a pie seco y lo devolvió a Snefru antes de recitar el final de la formulación del libro de hechizos para que el agua del río Hapy volviese a su curso normal.

Su majestad dio el pez de malaquita a la bella remera que volvió enseguida a su trabajo al igual que las demás compañeras. Fue un día memorable para todos, y esa noche, para la joven y bella portadora del pez de malaquita, cuya bella cabellera resplandecía de claridad, acabó en la cámara real. De todas las cosas buenas que siguieron, la más importante fue el nacimiento del esplendor en los Dos Países de hoy: su majestad Khufu. La luz resplandeciente había triunfado sobre el oscuro abismo de las aguas, para que se asegurase la gloria brillante del Segundo Corazón.

El faraón, a Él L.V.F.S, esta vez meditó más tiempo, ya que conocía este signo divino de su nacimiento, y de pronto sentía la necesidad de ir él mismo al harén, pero sorprendió una mirada furiosa de su hijo Khafriré, y prefirió dar un tiempo, escuchando su cuarto y último Consejero Íntimo. Éste era el más secreto y el menos prolífico en palabras, y pensó que no sería mala idea. Así dijo a Zamankhu, que esperaba de pie e inmóvil el buen deseo de su real persona: "Haz hablado muy bien de su majestad Snefru, a Él Eternidad de la eterna Paz bienaventurada de los Justos. Llevad a su altar una ofrenda digna de la virilidad, deposita dos mil panes, quinientas jarras de cerveza, diez cuencos de incienso, un toro blanco cortado según los ritos tradicionales de los hijos de nuestro venerado Set. Así tendrá un suplemento de fuerza eterna de la que podré disfrutar. En cuanto a tu padre, el Kaï-habi, lleva a su altar privado, de parte de mi Majestad, un cuenco de incienso que rodearás de tortas y de jarras de la cerveza que tú mismo juzgarás conveniente, ve, he hablado".

Zamankhu se inclinó respetuosamente y volvió a sentarse, mientras que el último Consejero Íntimo, el gran vidente Senenpthah se acercaba a su rey que lo miraba avanzar con un ojo cada vez más escudriñador. Senenpthah venía del lejano Alto Egipto, de esta Tebaida donde Khufu no había aún tenido la oportunidad de ir. En su tratado de paz y de fraternidad con esta importante región, su gobernador había incluido la presencia amistosa de un consejero. ¿Sería un espía, sería un consejero? Un poco ambas cosas a ojos del faraón, a ÉI L.V.F.S. Y con el objetivo de que Senenpthah no pudiese leer sus pensamientos, su majestad se apresuró en preguntarle: "Y tú, ¿qué piensas de mi presagio y de lo que han dicho tus colegas consejeros?"

El gran vidente que no era ingenuo acerca de los pensamientos, ni de las intenciones escondidas de Khufu, le contestó: "Para contestarte, gran rey de los Dos Países, voy a recurrir a mi doble Dadukhuru". Su Majestad se sorprendió: "¿Por qué este doble, cuyo nombre significa quién conoce el pasado y el futuro? Nunca has hablado de ello y nunca lo has traído frente a mí". Senenpthah contestó con aire triste: "El momento aún no había llegado, ¡Oh! tú el Todopoderoso poseedor del cetro de los Dos Países. Ante tu sueño de esta noche es hora de llamarlo, ya que la oscuridad del futuro que deja presagiar me preocupa".

El faraón, a ÉI L.V.F.S. se ensombreció al oír esta frase y dijo: "¿Por qué hablar aquí de oscuridad, cuando también he visto la Luz? No puede ser negro, pero en fin preséntame en seguida este Dadukhuru. Hazlo venir, tú que eres mi consejero, para que lo sepa todo". Senenpthah respondió sin sonreír: "Él está en mí, ¡Oh! gran Khufu, le pregunto sobre el pasado o el futuro y él me responde y yo transmito su respuesta por mi voz". Khufu tomado por sorpresa aunque no lo demostró, preguntó: "¿Por qué no habla también del presente?".

Senenpthah contestó: "Porque el pasado ya ha ocurrido, y cada uno puede contar su propia percepción desde detrás del espejo del tiempo, Dadukhuru conoce la verdad del Bien y del Mal pasados. Tus tres consejeros han descrito tu sueño siguiendo unos presagios pasados, cada uno a su manera te presentan de esta forma tres caras diferentes y satisfactorias de tu visión. Es imposible de hablar de ello en presente, ya que en el mismo segundo en el que hablo, el futuro se convierte en pasado sin que el presente subsista. Incluso después de haber escuchado mis palabras, tú no podrás utilizarlas en el presente, sino preparar únicamente el futuro con..."

El Faraón, a ÉI L.V.F.S. frunció las cejas haciendo un esfuerzo de comprensión poco habitual, antes de volver a preguntar: "¿Qué piensas enseñarme de nuevo acerca de mi sueño, Senenpthah? Habla con toda franqueza". El gran vidente se enderezó un poco más, para decir con tono algo despreciativo: "Hasta ahora, los consejeros de tú majestad han hablado de los prodigios realizados por tus Ancestros más o menos lejanos acerca de sueños simbólicos aparentemente idénticos al que has tenido esta noche.

Son conocidos por los escritos de escribas reales, pero el simbolismo de algunos hechos, como la transformación del crocodilo de cera en real, o abrir las aguas del Gran Río en dos partes para recuperar la malaquita de la hija del harén, no pueden ser garantizados como verídicos con esta forma concreta. Yo no digo que haya fraude, sino una transformación de la verdad para explicar un pasado profético que se ha realizado, como el de tu nacimiento. Y es lo que te propongo: dar a conocer a Tú Majestad, Dadukhuou, mi doble interior, que aún no conoces bien, a pesar de que está eternamente en el presente para sólo hablar del futuro".

El Faraón, a ÉI L.V.F.S. preguntó de nuevo: "¿Cómo es eso posible, Senenpthah?" El gran vidente le contestó encogiéndose de hombros: "No lo sé exactamente. Lo que puedo decirte es que entró en mí, al mismo tiempo que mi Parcela Divina, y que actualmente tiene más de 120 años. Ya vivía en tiempos del

Gran Cataclismo cuando el Sol avanzaba en lugar de retroceder en Leo. Luchó con el buey Hapy y a menudo en mi compañía va al gran río para esparcir sus fuerzas renovadas. Sobre todo asistió a Atêta tres veces bendito, en su obra salvadora de los rescatados del pueblo elegido, ayudando al este faraón, a Él Vida Eterna a la derecha de Ptah, para reintroducir la marcha del Tiempo, el seguimiento de la Vida y del Conocimiento de la Eternidad del Creador".

Khufu suspiró en voz alta apesadumbrado. La historia de Atêta cuya Eternidad estaba asegurada le recordaba la del rey Mêna, Vida Eterna al Unificador igualmente, constructor del templo de Men-Nefer por cierto, pero también del Círculo de Oro del An-del-Sur, construido sobre la misma tumba de Mêna. ¡Ah! Este An-del-Sur en el que sé hay montañas y montañas de oro y de pedrería. Llegar a esta inconmensurable riqueza que brillaba frente a sus ojos, como el deslumbramiento que tuvo en su sueño nocturno, el faraón, a ÉI L.V.F.S. de pronto tuvo la certeza que era el conocimiento del Círculo de Oro lo que le había sido anunciado. Así que cerró los ojos un momento, tiempo para volver a recuperar su autocontrol y no dejar translucir sus sentimientos frente al gran vidente.

Con voz más neutra, Khufu dijo: "Atêta, Gloria eterna a su nombre tres veces grande, fue el gran renovador de toda nuestra literatura sagrada, ¿No escribió él mismo todos los textos?". Senepthah contestó: "No sólo sabía volver a coser las cabezas sobre los hombros y hablar a los astros, sino que él mismo escribió los cuarenta y dos libros antes de encerrarlos en sus baúles de escritos que bajó a la cripta reservada a este efecto en el Círculo de Oro protegido por Isis".

Al oír estas palabras Khufu se sobresaltó y preguntó sin mirar a Snepthah: "¿No puedes hacer alguna copia para mi tumba que llevaría conmigo al Más Allá de la Vida Terrestre?". Él contestó a Su Majestad: "no puedo interrogar Dadukhuru acerca del pasado, ya que no contesta. Pero puedo preguntarle sobre el futuro". El Faraón, a ÉI L.V.F.S. con gran dificultad disimuló su despecho, y dijo: "El futuro importa poco en relación con esto, mejor interrógale sobre este relato del pasado". Senenpthah sacudió la cabeza: "Él no contestará. Con su avanzada edad, está protegido de este tipo de requerimientos".

Sólo espera que le llegue el momento de poner las vendas para volver cerca de su Creador. Pero puede que haya una posibilidad de interrogarlo sobre ello". Su Majestad dijo: "Dime cual rápidamente". El gran vidente contestó: "Me voy a tumbar en el suelo y ordenar a Dadukhuru que me duerma y utilizar mi cuerpo para contestar tus preguntas. Interrógalo sobre los reyes futuros que intentarán penetrar en el Círculo de Oro para apoderarse del gran tesoro original, él te hablara quizás del lugar de los cofres de libros y de la forma de conseguir una copia para tu tumba".

Khufu consintió: "Está bien, Senenpthah, pide a tu Dadukhuru que te duerma y yo le hablaré". Cosa que ocurrió con rapidez. Cuando el gran vidente no tuvo más que un aspecto rígido como una envoltura carnal sin alma, el faraón, a Él L.V.F.S. se levantó de su trono y bajó cerca del cuerpo inerte extendido. Khufu se inclinó y dijo: "¿Qué es esto?". Otra voz mucho más grave le contestó saliendo del cuerpo de Senenpthah para contestar: "Porque yo soy una alma errante sin cuerpo en esta vida, tú no puedes verme, pero te oigo y te contesto, Rey".

Khufu dijo de nuevo: "El gran vidente pretende que tú sabes volver a coser las cabeza". La voy contestó: "Puedo, ¡Oh! rey. Rompe una cabeza y la arreglaré". Su Majestad se irguió y ordeno al Chambelán: "Que traigan frente a mi a un prisionero cuya condena ya esté dictada, de inmediato". El gran Chambelán se precipitó hacia el sótano del palacio con unos soldados y un carcelero, volvió con un prisionero fuerte como un toro, cargado de cadenas, que había matado a dos soldados de la guardia real un día que estaba borracho, únicamente con sus manos desnudas.

Los soldados lo obligaron a postrarse frente al faraón, a Él L.V.F.S. con la cabeza puesta sobre un taburete de ébano donde anteriormente estaba sentado Senenpthah. Y un soldado armado con una maza la golpeó rompiendo el cráneo del prisionero, al tiempo que rompió el taburete. Y Khufu dijo al cuerpo siempre rígido del gran vidente: "Veamos si lo que dices es verdad, Dadukhuru: vuelve a coser éste cráneo". Lentamente el cuerpo de Senenpthah se levantó. En cuanto estuvo de pie, con mucha rapidez, empezó a sacar las herramientas de los pliegues de su túnica y se puso a la obra, rasuró la cabellera, cortó la piel, sacó los trozos de hueso, limpió la sangre y volvió a poner la piel en su lugar. Después se giró hacia Khufu y le dijo con la misma voz grave:"el prisionero volverá a recuperar la consciencia y vivirá. Ahora déjame en paz, ¡Oh!, Rey".

Pero su majestad dijo con viveza: "Espera Dadukhuru. Tengo una petición importante que pedirte". La voz grave respondió con el cuerpo en pie: "te escucho". Khufu dijo: "Senenpthah pretende que tú conoces el lugar donde se encuentran los cofres de los escritos, los de Atêta, a Él la Eternidad eterna del Más allá. ¿Es eso cierto? Dadoukhorou". La voz grave en el cuerpo inmóvil contestó: "Es exacto, Oh Rey, detrás de la gran piedra de arenisca que forma el acceso a la Sala de los Archivos de la Cámara de los Registros en el An-del-Sur".

Su majestad dijo entonces conmovido: "¿Puedes llevarme?". La voz grave contestó: "No puedo, porque no tengo ningún recuerdo del pasado". Khufu con voz apenada dijo: "Entonces partiré para el Más Allá sin copia alguna para que estos textos sagrados estén en mi tumba. ¿Existe alguna forma para poder conseguirla, Dadukhuru?". La voz grave contestó: "Existe una, Oh Rey. Debes preveer en tu tumba una solicitud destinada a tus nietos, ya que uno de ellos intentará penetrar en el Círculo de Oro, y si no vuelve a salir, su séquito encontrará un escondite donde ya están depositados unas copias del contenido de los cofres de escritos".

La desilusión del faraón, a Él L.V.F.S. era grande pero no se desesperó por conocer el secreto de la entrada del subterráneo que daba acceso al Círculo de Oro preguntando aún más a Dadukhuru. Su Majestad dijo: "Bien así lo haré. Pero ya que sabes leer en el futuro, contéstame a esto: ¿Quién penetrará el secreto del Círculo de Oro, hoy perdido?".

La voz grave salió del cuerpo siempre inmóvil y en pie para decir: "Sólo será dentro de cinco milenios, veo llegados los tiempos prescritos para un nuevo ciclo de las Combinaciones Matemáticas Divinas, cuando el Círculo de Oro entregará su contenido a los Menores de esa época, y no antes". Khufu dijo: "¿Qué será de aquellos que intentarán penetrar en el Círculo de Oro?, Dadukhuru". Y la voz grave dio un fallo sin recurso: "Todos aquellos que intenten penetrar el secreto antes del tiempo indicado perecerán. Esto es irrevocable, ¡Oh! Rey".
El faraón, a Él L.V.F.S. estaba muy desilusionado ya había formulado el deseo de ir él mismo al lugar en busca del gran tesoro. Su Majestad añadió: "¿Estos reyes no podrían ser redimidos por su curiosidad?, Dadukhuru". Y la voz grave respondió: "Sí, gastando, sin mirar el resto de su cofre real, para reconstruir un templo a Isis, aún más hermoso del que han profanado sin éxito. Y ahora descansaré para que Senenpthah recupere su cuerpo". Khufu dijo con voz viva: "Espera, espera por el Dios que te ha creado tal como eres. ¡Espera! Senenpthah tiene tiempo". La voz grave contestó: "El gran vidente no está contento, tiene miedo que aprendas demasiado".

Su majestad se impacientó: "Qué me importa Senenpthah. Contéstame a esto: ¿Quienes serán los futuros reyes que intentarán desvelar el secreto del Círculo de Oro? ¿Lo sabes? La voz grave contestó: "Lo sé, ¡Oh! Rey, pero ello no te ayudará en nada ya que no puedo contestarte más que bajo forma de parábolas proféticas.

He aquí lo que las Combinaciones Matemáticas Divinas anuncian: Del cielo bajarán tres príncipes malditos, nacidos de la rama fraticida del viejo León, muerto de joven. Su nacimiento fue tan difícil que Isis, Nephtys y Khnum tuvieron que unir sus esfuerzos en cada alumbramiento, haciéndose ayudar por, su sistro, por su bastón, por sus najas⁵⁴. De esta forma vinieron al mundo los tres apestados. El primer hijo tenía una gran barriga, el segundo tenía la boca fuerte, el tercero, a pesar de ser más normal, estaba señalado por sus cabellos lapislázuli. Este es el detalle preciso de los tres curiosos por nacer, que morirán todos en justos dolores, a la altura de sus crímenes de lesa divinidad. Ahora descansaré".

Rápidamente el Faraón, a Él L.V.F.S., dijo: "Dame antes sus nombres". La voz grave dijo: "Descansaré ahora". Khufu se lo impidió reteniéndole, diciendo: "Dame el nombre de los tres futuros reyes. Yo soy tu Primogénito y así lo deseo". El cuerpo inmóvil permaneció un tiempo sin voz, y Su Majestad creyó haber perdido el contacto. Pero la gravedad vocal dudosa y más lejana dijo: "El tercero el más perverso para el Círculo de Oro, vendrá del extranjero. Se llamará Khambénui el sanguinario, pero el primero, que iniciará esta serie será llamado Rakôui el tenebroso. He acabado es demasiado tarde para asegurar mis vendas..."

Su majestad, fuera de quicio, no comprendió el terrible sentido de estas palabras. Khufu retuvo el cuerpo que se inclinaba por la túnica, pero ésta se quedó entre sus manos. La envoltura carnal se fundió. La materia se redujo a cenizas en un pequeño montículo que el rey miró de forma consternada. Y Senenpthah y Dadukhuru se redujeron a la nada. Un intermedio ocurrió con el prisionero que volvía a la vida, y a quien el faraón, a Él L.V.F.S., le devolvió la libertad, antes de ordenar: "Que se lleven estos restos en una urna y que la depositen cerca del altar del templo de Ptah con cien manojos de cebolla de verdeo y cien manojos de ajos. No merecen nada más por haber desaparecido antes de revelarme la Verdad... ¡El Tenebroso!... ¿Quién me puede hablar de Rakâoui el Tenebroso?".

---

⁵⁴ Nombre genérico dado a un grupo de ofidios al que pertenecen la cobra y otras serpientes venenosas tienen un surco en los dientes.

Ninguno de los tres Consejeros íntimos que quedaban pudo resolver este enigma. Y como el Faraón, a Él L.V.F.S., sabía que no formaba parte de los tres malditos, decidió ir a este lejano lugar de Sakhibou, a esta Tebaida poseedora, por Isis y Atêta, de tan terribles secretos al igual que de inmensos tesoros. Y si fracasaba, haría reconstruir un templo espléndido en el honor de la Buena Madre del Cielo, para seguir reinando sobre los Dos-Países, en toda claridad terrestre, y lejos de toda oscuridad celeste".

Esta página enigmática y hermética merece una obra completa, ya que una multitud de anotaciones serían necesarias para intentar explicar cada palabra que forma el contexto de las frases. Había escrito justamente un apunte de la página 174 del libro: Y Dios resucitó en Dendera (A-3) diciendo que me reservaba escribir posteriormente un libro acerca de la vida de Khufu. Pero desgraciadamente, cuanto más pasa el tiempo, más me doy cuenta de que la dificultad de realizar tal obra ya que podría llevarme unos veinte años...

Pero añadiré sencillamente aquí, para la buena comprensión, la explicación de las abreviaciones L.V.F.S., que eran empleadas por los escribas antiguos mismos, para ocupar menos sitio en sus textos escritos, ya que eran protocolarios y necesariamente obligatorios adjuntarlos después de la palabra "Faraón", esta fórmula de Larga Vida, Fuerza, y Salud. Y los escribas habían observado que escribiendo únicamente L.V.F.S., cuyos jeroglíficos son, según los manuscritos:

Fuerza, Vida, Salud, para el Primogénito del Sol; o bien:

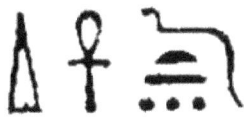

Fuerza, Vida, dispensadas para el Eterno de los Cielos;

El simbolismo original era "Ankh" (la Vida).

No obstante añadiré estas consideraciones: he aquí un pasaje de la vida de Keops donde a través de un nuevo decreto, ordenó la tercera reconstrucción del templo de Isis en Dendera:

> "El Sol apareció en el horizonte oriental, justo en el lugar hacia el que centenares de pares de ojos lo esperaban. Pareció balancearse con su oro fusionando frente a los parpados intermitentes y, muy rápidamente, matizó el lugar por completo de Dendera con los más vivos colores. El abrigo de la noche se había evaporado, para ceder el lugar a un bello día que se anunciaba bajo buenos auspicios.
>
> Porque las ruinas de este lugar iban a renacer del sacrilegio que había sido cometido. Un rey maldito –y no un verdadero Per-Ahâ- de un misticismo desmesurado había ordenado, en nombre de su idolatría solar derribar los templos de Ptah en todo el país, en el norte, en Men-Nefer, como aquí en Dendera. Veinte años habían pasado bajo su dictadura, acentuando la miseria del pueblo elegido de Dios, y enviciando una atmósfera ya asfixiante. El rey Khufu, si no se volvió más sabio, pareció buscar la benevolencia de Ptah por todo el mal que le había hecho buscando la entrada al Círculo de Oro e intentando apoderarse de las grandes riquezas. Había sido maldecido y su reinado no tardaría en acabarse lamentablemente. Buscando atraerse todas las gracias celestes para su llegada al Más-allá de la Vida, ordenó restablecer la libertad de los cultos en todo su reino e incluso en las dos tierras: Ath-Kâ-Ptah, y Ahâ-Men-Ptah.
>
> El pontífice Khânepu sonrió amargamente ante este pensamiento ya que Amenta era la tierra de los *Bienaventurados Dormidos*, y los que sin duda alguna se mofaban totalmente de los decretos de base terrestre de este adorador del Sol. Pero la orden llegó la víspera, emanando de su misma Majestad, y emprendió la reconstrucción del Templo de Nut, la Diosa Madre

de los Dos Hermanos, siguiendo los planos originales erigidos por los supervivientes de Horus, hacía mucho tiempo de ello.

Fue su propio hijo, Djedef-Râ, su menor y heredero, desde la muerte del príncipe Khafriré, el que había llevado el papiro del decreto real. Era corregente, y con ese título, asistía en este alba excepcional a la oración de purificación del aire del templo, ahí donde se erigía de nuevo el edificio santo, idéntico al anterior.

Saliendo de un retiro prolongado, el pontífice había acogido a este príncipe heredero usurpador, y a su numeroso séquito, como lo debía la circunstancia. La meditación silenciosa que los mantenía a todos dialogando con su "Kâ" parecía una glorificación externa al Sol, pero la mayoría, como el An-Uno, debían agradecer a Ptah concederles la revancha espiritual, para permitir a este lugar sagrado renacer de sus cenizas".

Inexorablemente, la historia y las profecías se enredarán en la longitud del tiempo terrestre para realizarse siguiendo las predicciones. El Círculo de Oro reaparecerá sin duda alguna en el momento propicio, deseado por las Combinaciones Matemáticas Divinas. No hay duda alguna tampoco de que los que "predicen" el regreso de la Atlántida por un nuevo cataclismo en 1.983 o 1.984 se equivocan. No por el sentido propio de las profecías, sino, otra vez, por la interpretación que dan a los Textos sagrados. Estos dicen efectivamente que una Ahâ-Men-Ptah resurgirá de sus propias cenizas en una determinada configuración celeste en 1.983, únicamente posible para ello.

Pero, ¿no se puede decir, más bien, que los documentos originales, todos los escritos sagrados de los primeros días de Ath-Kâ-Ptah, dibujando la completa historia de Ahâ-Men-Ptah, serán puestos al día en ese momento en el Círculo de Oro? Sería toda una revelación que la Atlántida resurgiera verdaderamente de sus cenizas. Ya que la Eternidad sólo es poder de Dios. Es por lo que me limito a registrar los datos proféticos sin divulgarlos.

A MODO DE CONCLUSIÓN

PARA NUESTRO TIEMPO

*He visto bajo el sol
la impiedad en el lugar del Juicio
y la iniquidad en lugar de la Justicia.
Y he dicho en mi corazón:
Dios juzgará al justo y al injusto;
Entonces será el tiempo de todas las cosas.*
Antiguo Testamento, Eclesiastés, III, 16 - 17

*Interroga a las generaciones pasadas,
Escucha la Sabiduría de sus padres;
Porque somos del ayer y no sabemos nada.
Nuestros días pasan como la sombra sobre la tierra: Pero
ellos te van a hablar e instruir, y
Sacarán estas lecciones de sus corazones.*
Antiguo Testamento, Job, III, 8 - 10

A modo de conclusión muy provisional, veamos algunos puntos concretos que permitirán a cada uno reflexionar y meditar acerca de la necesidad del destino y del conocimiento del futuro.

Entre los profetas más eminentes, los verdaderos visionarios de los tiempos heroicos fueron los judíos no canónicos de los siglos bíblicos de la Escuela de Alejandría, la más famosa, es decir entre 150 a.C. Y 150 años después de la era cristiana. No sólo crearon el verdadero pensamiento, ya que Tertuliano, Celso, Eusebio y Cesáreo formaron parte, pero igualmente Orígenes, san Ireneo y Clemente de Alejandría hablan de ello en su texto original griego, que luego desapareció. Hasta 1.877, Oxford poseyó un manuscrito de Enoch en su versión etíope descubierta en Abisinia, en la que todos los países trabajan.

Una versión copta de Enoch encontrada en Egipto en un monasterio perdido en el desierto de Fayum fue publicada por la Escuela francesa del Cairo. Veamos el primer extracto turbador, ya que une lo Antiguo, "Osiris", al "Hijo del Hombre", Jesús:

"Ahí vi el Anciano de los días, cuya cabeza era como de lana blanca, y con él otro, que tenía el rostro de un hombre. Esta figura estaba llena de gracia, como la de un santo ángel. Entonces interrogué a uno de los ángeles que estaba conmigo y que me explicó todos los misterios que se refieren al Hijo del Hombre. Le pregunté quién era, de dónde venía y porqué acompañaba al Anciano de los días. Me respondió: Este es el Hijo del Hombre, a quien corresponde toda justicia, el que vive con ella, y que posee la clave de todos los tesoros escondidos. Ya que el Señor de los espíritus lo ha elegido con preferencia, y le ha dado una gloria por encima de todas las criaturas. El Hijo del Hombre arrancará los reyes y a los poderosos de sus voluptuosas camas, pondrá freno a los poderosos, romperá los dientes de los pecadores, XLVI, 1–4."

El segundo extracto a continuación precisa aún mejor las relaciones alejandrinas de Enoch y todos los papiros jeroglíficos que tuvo en sus manos, su descripción del Toro Celeste lo demuestra:

"Tuve una visión en mi cama. Vi un toro saliendo de la tierra y ese toro era blanco. Luego salió una becerra, y con ella dos jóvenes bueyes, uno era negro, y el otro rojo. El negro golpeó al rojo... levanté los ojos, y vi el cielo encima de mi cabeza, y una estrella caer del cielo que se erigió en medio de estos toros. LXXXIV."

No se trata de diseccionar el libro escrito por Enoch cuya primera parte ofrece un resumen visionario de la mecánica combinatoria celeste. La segunda, el Apocalipsis en sí, y la tercera su visión histórica de los acontecimientos. Deseo sencillamente llamar la atención de los lectores acerca de este profeta y de su verdadera misión, ya que sin duda alguna escribió al estilo de las generaciones futuras.

Otro profeta de la misma clase fue Esdras. El contenido de su "Cuarto Libro" lo demuestra. Se nombra por los propios autores, y por los padres de la Iglesia, que Enoch es igual de importante. Existen también varias versiones de esta obra, estando el original en arameo.

Copias hebraicas, armenias, etíopes, sirias y coptas fueron descubiertas desde entonces, y no tienen grandes diferencias. *La Vulgata* publicó incluso una versión latina. Al igual que San Juan, pero varios siglos antes, Esdras tuvo siete visiones que, en la publicación original, son precedidas de una introducción.

Esdras adopta en sus visiones, la forma de un diálogo con el ángel Uriel, estando él mismo exiliado en Babilonia. ¿Por qué Israel, el pueblo elegido de Dios, se ha convertido en el más desgraciado de los pueblos cuando era el más justo? Y Uriel profetizando la respuesta, dice que si los designios de Dios son impenetrables, el espíritu humano es limitado y ciego. Después del anuncio del Mesías y de los Cultos que siguen, lo interesante, históricamente hablando, son los capítulos apocalípticos XI y XII que simbolizan enigmáticamente pero de forma real el Imperio romano con varios siglos de adelanto:

> "Un águila inmensa (el símbolo del Imperio romano) extiende sus alas sobre toda la tierra y la tiene en sus garras. Tiene seis pares de grandes alas, cuatro pares de alerones y tres cabezas. Los seis pares de grandes alas son seis emperadores. El segundo de ellos reinará tanto tiempo que ninguno de los que le sucederán llegará a la mitad del número de años que le fue asignado."

Se trata sin confusión posible de Augusto, y los 6 emperadores de los que se tratan son los de la casa de los Julios: César, Augusto, Tiberio, Calígula, Claudio y Nerón. Los cuatro alerones son los cuatro usurpadores o anti-Césares, Galba, Oton, Vitelio y Nerva, que según el autor, no deben ser considerados como verdaderos emperadores. Las tres cabezas son los Flavios, que devoran los alerones. La cabeza del medio, la más grande, es Vespasiano, muerto.

Las dos restantes son Tito y Domiciano, que llegan a reinar, pero la cabeza derecha devora la de la izquierda, alusión a la opinión popular acerca del fratricida Domiciano que, a su vez, es matado. Es entonces cuando reinan el último par de alerones, Nerva. El reinado de este usurpador es corto y lleno de percances.

Varias decenas de profetas judíos ennegrecieron así sus visiones apocalípticas en los primeros tiempos antes de que se sustituyesen por las de los profetas cristianos, de origen judaico ellos mismos, Juan el Bautista sigue siendo el primero de ellos. El mundo entero conoce igualmente estas siete visiones, y basta con leer la Biblia para recordarlos. Sobrevuelo por supuesto sobre todos los Nostradamus de la edad media para llegar a las 111 divisas papales de San Malaquías, a partir del Papa Celestino II, (1.143) hasta el último por venir.

El 110 siendo Juan-Pablo II (1.978) con la divisa: *Da lobore Solis,* explicada de varias formas por diferentes contemporáneos que con mucho juicio explotaron los acontecimientos para llevarla a cabo. Pero lógicamente, la única explicación válida es la traducción latina literal realizada desde siglos: "*El trabajo del Sol*", ya que este Papa, Juan Pablo II, es el último que precederá al del *final de la "era solar de nuestro ciclo cristiano de los Peces"*. Lo que, según las Combinaciones Matemáticas Divinas, plantea enormes problemas funcionales. El III y último Papa en ser entronizado en el Vaticano tiene como divisa "malachienne": "*Gloria olivae*", o la Gloria del Olivo. Esto recuerda demasiado al Gólgota y al monte de los olivos para no comprender que el último Papa, el que vendrá después de Juan-Pablo II, tendrá una muerte semejante al de Cristo en Gólgota, incluso si no se trata realmente de una cruz.

En el capítulo referente a Jesús el Cristo en la era de Piscis, cómo su final había levantado muchas interpretaciones simbólicas, que aún hoy podía hacer pensar si tomamos el Congreso del centenario eucarístico que se desarrolló en "Lurdes" durante la segunda quincena de julio de 1.981. Efectivamente, ahí donde el Pan y el Vino han sido tomados como Espíritu y Sangre de Cristo, el Espíritu, incluso de Cristo, intervino para que Juan Pablo II no estuviese entre los cientos de miles de peregrinos en el seno de los que había un asesino en potencia que hubiera trastocado el orden cronológico de la lista de San Malaquías. Ya que el último Papa deberá ser obligatoriamente el del fin del cristianismo, pero el tiempo aún no ha llegado.

Algunos autores con malas copias han cuadrado todo sobre el hecho que el monte de los olivos simbolizaba el origen judío del futuro último Papa, lo que sería semejante no en forma sino en el fondo a Cristo. Si esto se desvela ser exacto, no hay por qué hacer "seis columnas en Una", ya que el problema del futuro Santo Padre no estará en su nacimiento, sino en su final, que será la era de los Peces y del simbolismo representado tanto en sentido propio como figurado.

El tercer "secreto" de Fátima, del que Pablo VI tuvo conocimiento, y cuya revelación fue entonces rechazada para una fecha posterior, suscitó también varios volúmenes interpretativos, pero no serán ni de lejos el reflejo de la Verdad. Este fin de la cristiandad llegará como el judaísmo en el momento de la caída del templo de Jerusalén, pero como el monoteísmo hebreo, no será el fin del monoteísmo trinitario.

San Malaquías termina mejor su enumeración:

> "In persecutiones extremâ S.R. E. sedebit Petrus Rom. qui pascet oves in multis tribulationibus; quibus transactis, civitas septicollis diruëtur, et Judex tremendus judicabit populum suum."

Lo que significa:

> "A lo largo de la última persecución que sufrirá la Santa Iglesia Romana residirá un Pedro el Romano. Apacentará las ovejas con las lamentaciones generales. Acabadas éstas, la ciudad de las siete colinas será destruida, y un Juez temible juzgará el pueblo: el suyo."

Entonces, dejemos de lado todas estas profecías para volver al tiempo matemático del fin de nuestra era que determinará el final del resto. El Zodíaco de Dendera nos enseña la Constelación de Piscis en el cenit no dibujado. Domina el cielo con una evidencia aplastante tal que no debería necesitar grandes explicaciones. Además, entre los dos vertebrados acuáticos, claramente inscritos en un cuadro rectangular, tenemos la jeroglífica de las fuertes inundaciones compuesta por tres líneas quebradas como dientes de cierra, contenidos en un cuadro simbólico, como para darle un nombre propio, semejante al inscrito en un cartucho, tal como es fácil ver en la siguiente ilustración.

Así, hace al menos seis milenos que los Maestros de la Medida y del Número ya ponían al alcance de sus alumnos, el conocimiento, a estos futuros grandes sacerdotes el estado en el que estaría el globo terráqueo a finales del ciclo de Piscis entrando en la del que Vierte las Aguas, o Acuario. Pero no debemos anticipar nada y veamos con más detalle esta era que está a punto de acabar, y en una confusión semejante a la que vio el fin de Tauro y de Aries. La Constelación de los Peces mide 28° en el Espacio, lo que viene a decir que en el tiempo tiene una duración igual a 2.016 años, es decir 28 X 72 años.

Todos nuestros cálculos de base han tenido en cuenta las diferencias del calendario ocurridas a lo largo de los reinados, el final de este período se sitúa en el año 2.016. Será el fin de un mundo, y no del mundo, tal y como los antiguos nos lo legaron al tiempo que su saber. Lo que voy a desarrollar a lo largo de estas líneas es la falta de sentido de las predicciones, para poder detener ese miedo espantoso acerca de la llegada del año 2.000 y de los tremendos cataclismos que empezarán a ocurrir a nuestro mundo como preludio de esta fecha fatídica.

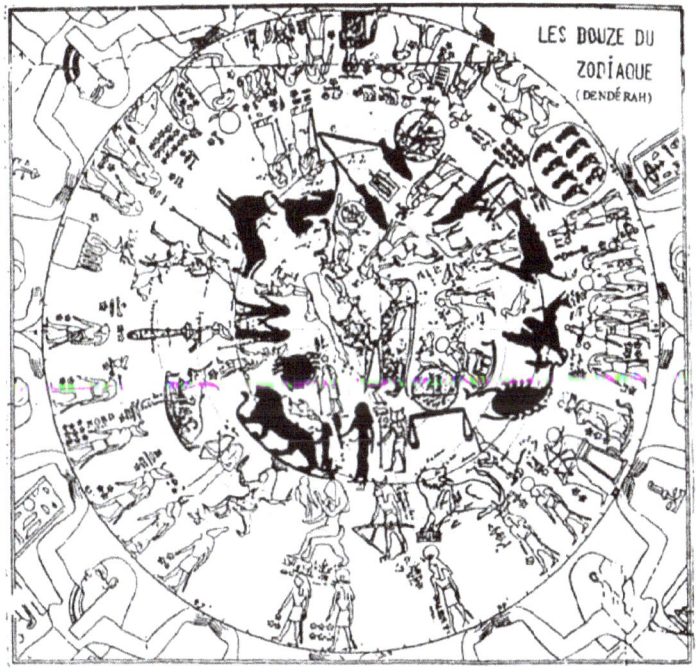

Los pequeños profetas de nuestro tiempo, malas copias en busca de notoriedad y de dinero ordeñan literalmente al público con sus escritos y sus conferencias sobre este tema. Una secta pseudoreligiosa sigue el movimiento y se prepara para intentar sobrevivir en refugios excavados en lugares cuidadosamente elegidos. Es para 1.982 aseguran unos, para 1.984 replican otros, para nada dicen unos terceros, es para 1.999, así como lo predijo Nostradamus. Pues no. ¡Dos millones de veces no! La situación en este final de era de Piscis es totalmente diferente, y además depende de los hombres, tal como lo voy a demostrar.

En el libro la "Astronomía según los egipcios" (libro D-1), un estudio estricto de las Combinaciones Matemáticas Divinas, llevó a nuestros antiguos maestros a preveer los movimientos astrales del año cero al 2016 de nuestra era, y a desarrollar los ritmos en "Pulsaciones Armónicas Celestes", que vemos a continuación:

PULSACIONES ARMÓNICAS CÉLEBRES

1° CICLOS RÍTMICOS DE 36 AÑOS:

Saturno	1 à 36	253 à 288	.../...	1765 à 1800
Venus	37 à 72	289 à 324	.../...	1801 à 1836
Júpiter	73 à 108	325 à 360	.../...	1837 à 1872
Mercurio	109 à 144	361 à 396	.../...	1873 à 1908
Marte	145 à 180	397 à 432	.../...	1909 à 1945
Luna	181 à 216	433 à 468	.../...	1946 à 1980
Soleil	217 à 252	469 à 504	.../...	1981 à 2016

2° CICLOS ASTRALES DE 5 AÑOS:

(Año 1980 neutral para el desarrollo del libre albedrío humano)

Soleil	1981	1988	1995	2002	2009
Venus	1982	1989	1996	2003	2010
Mercurio	1983	1990	1997	2004	2011
Luna	1984	1991	1998	2005	2012
Saturno	1985	1992	1999	2006	2013
Júpiter	1986	1993	2000	2007	2014
Marte	1987	1994	2001	2008	2015

(Año 2016, neutro para el auge del libre albedrío humano)

Tal como podemos ver fácilmente en el cuadro, el enunciado está resumido captando la totalidad de la era de Piscis. El primer cálculo, el que lleva sobre las etapas de 36 años definen los influjos de las pulsaciones rítmicas celestes que animan la tierra desde el año uno de nuestra época cristiana, acabando en el año 2016 incluido. Presenta de forma sencilla todos los elementos cíclicos previsibles para cada una de las siete Errantes a lo largo de 36 años.

Esta porción numerada no ha sido elegida por azar. Ha sido objeto de investigaciones y de profundos estudios, donde la observación ha jugado un gran papel en esta remota antigüedad de Egipto. Este "Segundo Corazón de Dios", en el que nada fundamentalmente podía ser dejado al azar, se observó que el cielo también estaba vivo.

El Universo poseía una especie de corazón con latidos gigantescos, semejantes a los de la humanidad, pero evidentemente a otra escala. Y ello dio una inspiración de 34 años, seguidos y precedidos de un tiempo neutro, de un año, es decir un total de: 1 + 34 +1 = 36 años. Esto tenía además la influencia suplementaria de una de las siete Errantes durante un período de 36 revoluciones solares.

Lo que nos da un período completo cada 252 años (36 X 7). Así la influencia saturniana sobre un período fue del año uno al 36, antes de volver del año 253 al 288; y ello hasta el año 1.765, donde Saturno empezó su última porción hasta el año 1.800 para acabar su poder nocivo sobre nuestra era de Piscis.

Tal y como podemos leer en el primer cuadro, 1.980 ha sido el último año, pues el neutro, bajo el poder de la Luna. Y 1.981 es el primer año, también neutro por consiguiente, bajo dominio solar, que terminará la era en 2016.

¿A qué responde esta neutralidad de hecho? Se trata de un tiempo muerto durante el cual las inspiraciones y expiraciones de aire en el corazón se detienen un corto instante antes de retomar el ritmo inverso. Los antiguos habían observado pues que a escala cósmica, estos "tiempos muertos" eran de alguna forma idénticos, excepto que en lugar de durar una décima de segundo antes de retomar el movimiento respiratorio inverso, éste se mantenía suspendido un año completo.

Durante esos 365 días, ninguna influencia específica dependía de las Fijas, ni por consiguiente de las Errantes. Era la Humanidad entera, que, por su comportamiento global a lo largo de ese año, "predestinaba" de alguna forma las fluctuaciones combinatorias celestes de su propio "futuro" para los próximos 34 años futuros. Cada uno de los hechos y de los gestos notorios en bien o en mal era registrado en algún lugar del cielo, en una especie de curva y de trama que trazaba así la ruta benéfica o maléfica, y al menos muy compleja en el seno de la cual caminarían los influjos de las Doce, delimitando las Combinaciones Matemáticas Divinas.

De modo que para dar un ejemplo contemporáneo, el año 1.980 terminó el ciclo lunar, y el año 1.981 inició la pulsación solar, el lector interesado podrá examinar con detalles todos los aspectos físicos y políticos de estas dos revoluciones anuales, para preveer en grueso las fluctuaciones futuras a lo largo de los 34 años que vienen.

Lo que nos lleva a la comprensión del segundo cuadro, que secciona el primer período de nuevo en siete partes planetarias, pero de cinco años cada una. El último año es por doble partida neutro a pesar de estar situado bajo la tutela de Marte en 2016. De esta forma es notable que 1.981 esté bajo el dominio del Sol neutralizando los influjos solares, el astro del día iniciará su periplo de 36 años, 1.982 será dominado por Venus, lo que contradice formalmente a los que predicen terribles catástrofes para ese año debido a las configuraciones astrológicas excepcionales que se producirán por encima de nuestras cabezas.

Sin embargo en todos los tiempos se han producido cataclismos bajo una bóveda celeste serena exenta de toda complicación combinatoria. Sin entrar en detalles sórdidos acerca de tales interpretaciones publicitarias, recordemos aquí que de siglo en siglo todos los cúmulos planetarios han sido objeto de alarmantes previsiones y todas han sido desmentidas, mientras que los grandes cataclismos nunca fueron previstos de antemano por nadie.

Abundan célebres ejemplos de estas prácticas. Con el fin de no tocar a ningún astrólogo francés, no citaré más que a un alemán muy conocido en el siglo XV: el astrólogo *Johan Lichtenberger,* que en su escrito "*Prognostiatio*" hizo temblar de miedo a su pueblo anunciando terribles catástrofes en el momento de las "colosales" conjunciones Saturno, Marte, Júpiter y Mercurio, que se encontraban en la constelación de Tauro para traer las peores calamidades en la tierra. Nada ocurrió, y mal acabó este vidente, ya que el rey de Prusia, como castigo, decidió cortarle él mismo el cuello.

Pero hoy los profetas con malas previsiones, ya no creen que los lectores sean unos analfabetos. Sus anuncios se realizan de tal forma que a la vez que siembran el temor y el miedo en los espíritus, saben conservar una escapatoria que deja planear una duda en una frase que pasó desapercibida en su momento, pero que les permite volver a tomar una proposición favorable anterior.

Ocurre lo mismo para el año 1.984, donde nada cataclísmico aún se ha producido. Si seguimos los textos antiguos de Egipto, no será hasta el años 2016 que se decidirá la continuidad lógica del movimiento de nuestro globo terráqueo. Todo se leía en las configuraciones combinatorias celestes cuya forma geométrica es aplicable a todos los tiempos, según las tablas bien precisas que surgen del mismo Círculo de Oro, y que están reproducidas sin parar, en el azar de las criptas y de los subterráneos.

Los cuadros A. y B. permitirán comprender mejor el hermetismo que existe entre las dos formulaciones.

El primero es el de los 36 decanos usados para definir las longitudes "encontradas" por sus promotores, así como la fonetización generalmente admitida en el idioma griego por los que utilizaron estos asterismos:

LISTA DE LOS 36 DECANOS "EGIPCIOS".

selon FIRMICUS	selon phonétique	selon SCALIGER	Planètes	Décans
SENATOR	Asicta	ASICCAN	Mars	1
SANACHER	Sentafora	SENACHER	Soleil	2
SENTACHER	Asentacer	ASENTACER	Venus	3
SUO	Asicat	ASICATH	Mercure	4
ARYO	Asou	VIROASO	Lune	5
ROMANAE	Arfi	AHARPH	Saturne	6
THESOGAR	Tesossar	THESOGAR	Jupiter	7
VER	Asue	VERASUS	Mars	8
TEPIS	Atosoae	TEPISATOSOA	Soleil	9
SOTHIS	Socius	SOTHIS	Vénus	10
SIT	Seth	SYTH	Mercure	11
THIUMIS	Thumus	THUIMIS	Lune	12
CRAUMONIS	Africis	APHRUIMIS	Saturne	13
CICK	Siccer	SITHACER	Jupiter	14
FUTILE	Futie	PHUNISIE	Mars	15
THINIS	Thinnis	THUMUS	Soleil	16
TOPHICUS	Tropicus	THOTHIPUS	Vénus	17
APHUI	Asout	APHUT	Mercure	18
SECHUI	Senichut	SERUCUTH	Lune	19
SEPISENT	Atebenus	ATERECHINIS	Saturne	20
SENTA	Atecent	ARPIEN	Jupiter	21
SENTACER	Asente	SENTACER	Mars	22
TEPISEN	Asentatir	TEPISEUTH	Soleil	23
SENTINEU	Atercen	SENCINER	Vénus	24
EREGUBO	Erghob	EREGUBO	Mercure	25
SAGON	Sagen	SAGEN	Lune	26
CHENENE	Chenem	CHENEN	Saturne	27
THEMESO	Themedo	THEMESO	Jupiter	28
EPIMU	Epremou	EPIMA	Mars	29
OMOT	Omor	HOMOTH	Soleil	30
OROTH	Orosoer	OROMOTH	Vénus	31
CRATERO	Asturo	ASTIRO	Mercure	32
TEPIS	Amapero	TEPISATRAS	Lune	33
ACHATE	Athapiat	ARCHATATRAS	Saturne	34
TEPIBUT	Tepabiu	THOTHPIBU	Jupiter	35
UIU	Atexbut	ATEMBUI	Mars	36

TABLEAU A

Sin embargo, a continuación en el cuadro B, encontramos la exacta formulación de los 64 KHENTS, o Decanos reales:

TABLEAU DES 64 KHENTS D'ATĒTĀ

En la sala hipóstila del gran templo, el otro Zodíaco alrededor del grabado astral que es rectangular, se ve enumerar la procesión de los Khents que figuran en un mismo total de 72 dibujos, como una parte de los que vemos aquí:

Hay, pues, 72 símbolos, como los papiros de la Casa-de-Vida de Dendera nos recuerdan. Ocho de ellos son unas separaciones consagradas a dirigir los influjos secundarios, que no dependen de los cuatro puntos vitales del universo. (Hoy diríamos: los cuatro puntos cardinales.)

Ocurre lo mismo en la lista del cuadro B. donde las separaciones que neutralizan son los números 20 *bis* y 20 *ter*, los treinta *bis* y los treinta *ter*, y al fin los cincuenta y cinco *bis* y los 55 *ter*. Así los 64 Khents, más los 8 neutros dan las 72 partes de cinco grados cada una forma los 360° de la eclíptica zodiacal.

Sería demasiado largo enumerar aquí toda la simbología de las 8 veces 8 posiciones celestes. Ahí también existe una confusión debida a la incomprensión de los textos inducidos a error por los distinguidos egiptólogos que se han ocupado de este problema. Los escribas han sido culpados de cometer errores groseros, lo que es el colmo, es una excusa frente a la inconsciencia de los letrados del siglo XIX.

Efectivamente, la ciudad en la que fue dado el nombre de Hermópolis Magna se escribía en jeroglífico:

Lo que significa "Guardiana de los Ocho Lugares Celestes", y no tiene nada que ver con el nombre de una ciudad terrestre, ya que simboliza el Círculo de Oro.

La explicación de este enredo es ampliamente desarrollada en la "Astronomía según los egipcios" (libro D-1) que se publicará en unos meses. Ya no siento la fuerza de luchar contra los molinos de viento, así como lo hizo Don Quijote, Galileo y tantos más.

Estando yo mismo en un grave giro de mi existencia, deseo ver que al final la luz salvará el mundo, y que en este final de era de Piscis, únicamente la FE podría hacer retomar la consciencia a la humanidad, pero no a través del cristianismo genérico, sino del entendimiento con Dios Creador que engendró unos Hijos, unos Mesías, unos Profetas y la Humanidad que formamos hoy, sea cual sea su color de piel.

Es lo que aseguran todos los filósofos y los patriarcas desde hace milenios. Es lo que debió decirse Galileo y que murió por ello cuatro años después de quedarse ciego. Ya que se olvida que desde el día en que con mala destreza renegó lo que era simple verdad, es decir, que la Tierra era la que giraba alrededor del Sol y no lo contrario, perdió la Fe y la chispa de claridad que lo acercaba a su Parcela Divina.

Y se debió esperar marzo de 1.980 para ver al Vaticano reabrir el dossier de rehabilitación de Galileo y asegurar que era un buen hombre que no había mentido diciendo que la Tierra era redonda y que giraba efectivamente alrededor el Sol.

Si son necesarios dos siglos para asegurarse y decir que no escribo más que la Verdad, no es mi problema, ya que yo habré hecho lo que debía hacer, ya que he entregado el "testigo" de Dendera. Y aún más, el Círculo de Oro, ¿permanecerá en la oscuridad antes de que la nueva era lo borre de la superficie del globo? ¿Se encontrará al fin un equipo con ojos muy abiertos para poder comprender bien el ciclo eterno de la Eternidad Divina?

NOTA Nº 1

FECHAS CRONOLÓGICAS SIGUIENDO A SIRIO

¿Cómo restablecer la datación antigua de la cronología? Existen puntos de localización. Como el más comúnmente admitido, muy válido, ofrecido por el historiador Censorino. En el capítulo XXI de su texto, dice que justo un siglo antes que escribiera su texto, el primer día de Thot del calendario egipcio caía "en el extraordinario amanecer del la canícula en Egipto" es decir nuestro 19 de julio del año 139 de nuestra era.

Otro elemento capital que contribuye a la compilación cronológica, fue el descubrimiento, en 1.865, del texto del "Decreto de Canope". Se dice, en el prefacio, que "en el año 9 del reinado de Tolomeo Evergetes III, el amanecer de Sothis tenía lugar el primero de Payni, es decir el primer día del décimo mes del año".

El Decreto fue el siguiente:

> "Con el fin que los meses sigan una regla absoluta, conforme al orden natural del mundo, para que no ocurra que algunas fiestas solemnes celebradas en invierno lo sean en verano, la marcha del astro avanza en un día cada cuatro años, y que otras fiestas como las que ahora celebramos en verano lo sean más adelante en invierno como ya ocurrió anteriormente, y volvería a ocurrir si el año permanece compuesto de 360 días y 5 días llamados epagómenos, desde ahora añadiremos un día"...

Un ejemplo concreto del valor cronológico de esta fuente astronómica como es la datación del inicio del reinado de Amenofis primero, de las XVIII dinastía, que fue el fundador de la familia en la que Akhenatón fue el cuatro faraón reinante; el más contestatario.

Otro papiro descubierto por el egiptólogo alemán *G. Ebers*, dice:

> "En el año 9 del reinado de su Majestad Amonhotep, Salud y Vida Eterna al que es de Voz Justa, y más precisamente el Día del año del amanecer de Sep'ti, el noveno día del tercer mes de Shemou, el Rey ha..."

LA GRAN HIPÓTESIS

El cálculo de la fecha precisa es capital, ya que ofrece matemáticamente y sin controversia alguna la fecha del inicio del reinado de Amenofis primero, y basándonos ahí, el inicio mismo de la XVIII dinastía ya que sólo tuvo el famoso Iahmes, o Amosis, como predecesor a Amenofis.

El retraso tomado entre el primer día de Thot del año 139 de Censorino, y el 9° día del 3° mes de Shemu, que es el undécimo mes del año, es de 56 días. Sin embargo como hubo un ciclo "canicular" completo de más, hubo un desfase suplementario de 365 días y un cuarto para los 1.461 años.

Lo que nos da: 56 + 356 y ¼ = 412 días ¼, es decir un paso del tiempo de 1.685 años, ello obtenido multiplicando por cuatro el retroceso de un día cada cuatro años de Sothis en el Espacio.

Partiendo pues del año 139 de nuestra era, en retrogradación de 1.685 años, conseguimos la fecha del año 1.546 antes de nuestra era, el noveno año del reinado de Amenofis primero. Así, el Faraón fue consagrado en el año 1.555, fecha matemática irrefutable.

Dando que aquí también todos los egiptólogos anteriormente nombrados dan fechas diferentes, hay materia para PENSAR. Porque en fin, incluso para los que no hubieran tenido conocimiento sobre el papiro EBERS, la clave astronómica fue ofrecida a todos por los dos "clásicos" conocidos en el mundo entero: el "Decreto de Canope" y la "datación de Censorino".

El cálculo es de lo más sencillo:

El decreto anuncia el primer día el amanecer de Sirio para el primero de Payni del año 238 a.C. y Censorino para el 1° de Thot del año 139 de nuestra era, es decir en 377 años de desfase de:

29 días para el mes de Payni,
29 días para el de Epifi,
30 días para el de Mésori,
5 días epagómenos para volver al 1° de Thot, es decir 94 días de desfase.

Bien, estos 94 días de desfase a razón de uno cada 4 años, dan efectivamente (94 X 4) los 376 años que separan 238 antes del inicio de 139 después.

De la misma forma, el cálculo del inicio cronológico es sencillo, Sabiendo que Athothis había restablecido la jeroglífica el día de la conjunción Sol-Sirio, después de dos años de reinado.

Basándonos en el 1º día de Thot 139, marcha atrás, 3 X 1.461 años, conseguimos 4.383 años. Debemos restar 139 para que la fecha sea antes de Cristo, es decir: el 1º de Thot 4.244. Su reinado empezó pues dos años antes de la muerte del Unificador Menés, en 4.246 antes de nuestra era.

Veamos pues el inicio de esta "Cronología de Ath-Kâ-Ptah", que el lector ya ha encontrado en la Trilogía de los Orígenes a lo largo de los tres libros:

	Noms HIÉROGLYPHIQUES	Noms GRECS	Durée Règne	Datation (avant J.-C.)	Fait marquant du REGNE
	I" DYNASTIE				
1		MENES	62	4308-4246	Fut l'unificateur des Deux-Clans fratricides.
2		ATHOTHIS	55	4248-4191	Restaurateur de la Hiéroglyphique. Dès 4244 lors de la conjonction Soleil-Sirius
3		ATHOTHIS II	31	4195-4160	(1)
4		HENEPHTYS	19	4160-4141	Fut la première Reine. Elle eut à combattre une très grave famine.
5		OUANEPHES	23	4141-4118	
6		OUSIRPHERES	20	4118-4098	
7		MIEVIS	26	4098-4072	Quitta sa capitale Thinis, pour aller dans le Delta.
8		SEMEMPSIS	18	4073-4054	Une peste violente tua 1/3 du peuple.
9		BINOCHIS	26	4054-4028	

1. Les différences de dates entre la fin d'un règne et le début d'un autre proviennent d'années de corégence avec le Pharaon précédent.

NOTA Nº 2

THEÓN DE ALEJANDRÍA Y SIRIO

Para bien comprender la regla de cálculo de Theón para el amanecer helíaco del Perro, pues de Sirio, debemos estudiar sucesivamente las diferentes partes, y buscar el principio sobre el que se fundamenta cada una de ellas.

Primero, ya que el autor griego prescribe contar los años desde Menofres, hasta finales de Agosto, y que añade además los años de Diocleciano, para hacer una suma total, es evidente que todos estos años son correlativos, y que así estas expresiones, el inicio de Menofres, el final de Augusto, los años de Diocleciano, deben entenderse no acerca del nacimiento o de la muerte de estos príncipes, sino del origen de las eras llamadas con sus nombres. Es así que cuando decimos el centésimo año de Nabo Nazar, ello significa el año 100 a partir de la época cuando la era Nabo Nazar empieza.

En segundo lugar, ya que el autor griego añade estos diferentes tipos de años, es evidente que los considera, al menos en este primer cálculo, como siendo de la misma duración. Sin embargo, sabemos que los años de Augusto y de Diocleciano eran unos años de 365 días sometidos a la inserción cuatrienal, o con otros términos, unos años medios de esta forma, que el autor griego expresa el intervalo pasado desde el inicio de Menofres hasta finales de Augusto.

Ahora que sabemos que la era alejandrina de Augusto empieza 24 años antes de la era cristiana, y 21 años después de la reforma prescrita por Julio César. El primer día de Thot vago coincidía entonces con el 29 de agosto juliano. Desde esta época, los alejandrinos hicieron su año fijo, intercalando un día cada cuatro años, siguiendo el método juliano, y así el primer día de Thot fijo, siempre se situó respondiendo al 29 de agosto en los años comunes, y al 30 en los bisiestos.

Sabemos además que esta era de Augusto subsistió hasta el 29 de agosto del año 284 después de la era cristiana, época en la que la era de Diocleciano empieza. Para presentar estos elementos de cálculo de

una forma cómoda por su continuidad, informaré aquí de su situación en el período juliano de *Scaliger*, y también la era cristiana:
Reforma del año por Julio César: 4.669 – 1º enero.
Fijación del año para los Alejandrinos: 4.690 – 29 agosto.
Era cristiana: 4.714 – 1º enero.
Fin de la era alejandrina de Augusto e inicio de la era de Diocleciano: 4.998 – 29 de agosto.

Con estos datos podemos en primer lugar informar a la era cristiana el desconocido origen al cual el autor griego dio el nombre de Menofres. Ya que la suma de los años de Menofres y de Augusto, hacían según él, 1.605 años, que utiliza en este cálculo como unos años julianos medios, basta con restar los años completamente pasados desde la era cristiana hasta finales de Augusto, es decir 283 años, y lo que queda, 1.322 expresa el número de años julianos anteriores a la era cristiana, en la que empiezan los años de su Menofres.

Sin embargo, anteriormente hemos visto, tanto por el cálculo astronómico, como por el testimonio de Censorino, que efectivamente este año 1.322 es el de la primera renovación del ciclo canicular antes de la era cristiana, es decir, que el amanecer helíaco de Sirio, en Egipto, resulta coincidir con el primer día de Thot vago. Es pues esta primera renovación del período que la regla de Theón asigna como el origen de su Menofres.

Ahora, el intervalo de los amaneceres helíacos consecutivos de Sirio, en Egipto, debiendo ser de 365 días y ¼, es decir, precisamente igual a un año medio juliano, se deduce que la época de este fenómeno era fijo en esta forma de año, pero no lo era en absoluto en el año vago de 365 días.

Si imaginamos dos series, una de años vagos egipcios, otra de años fijos alejandrinos, teniendo una y otra como origen un mismo día físico, un día en el que el amanecer helíaco de Sirio coincide con el primero de Thot, cuando hayan pasado cuatro años alejandrinos completos, y que la suma del día intercalado realizado en el cuarto haya mantenido el amanecer helíaco de Sirio en el primero de Thot, contaremos cuatro años vagos, más un día, y por consiguiente el amanecer helíaco de Sirio se operará el segundo día de Thot en esta particular forma de años.

De igual forma, cuando pasen 8 años julianos, con dos bisiestos, se contarán 8 años vagos, más dos días, y así será el tercer día de Thot cuando tendrá lugar el amanecer helíaco de Sirio. Por ello vemos que en general, para conocer el número de días cuyo amanecer helíaco se verá desplazado en el año vago a partir del primer día de Thot, bastará con dividir el número de años julianos transcurridos por cuatro, o tomar la cuarta parte.

Es lo que hace el autor griego, y obtiene así 1.705 años divididos por 4, o 426 años limitándose a los números enteros. En consecuencia, si se suponía que las dos series correspondientes de años vagos y de años fijos, que imaginamos anteriormente, se han mantenido a lo largo de 1.705 años julianos, el desplazamiento del amanecer helíaco en los años vagos sería de 426 días o un año vago entero más 61 días, es decir que este fenómeno que hubiera recorrido una vez todo el año vago, habría vuelto al primer día de Thot y lo hubiera superado en 61 días completos.

Sin embargo, este resultado no puede aplicarse más que al paralelo terrestre para el que el origen del período fue primitivamente establecido, es decir, para el que el amanecer helíaco coincidía con el primer día de Thot, en la época tomada como punto de partida, y, si se deseaba conseguir la fecha del fenómeno para otra latitud, sería necesario añadir o sustraer un cierto número de día fijos dependiendo de la diferencia de las latitudes.

Es lo que el autor griego hace añadiendo 5 días a los 426 encontrados más arriba, lo que le da un total de 431 días. Y, como su corrección es una suma, vemos su cálculo sobre un paralelo más boreal que al período al que se supone debía ser censado antes de ser aplicarlo.

Podemos incluso decir cual era este paralelo primitivo; ya que añadiendo así 5 días, el autor griego encuentra definitivamente el 29 epifi fijo, o el 23 de julio para la época del amanecer helíaco, lo que responde bastante bien a la latitud de Alejandría, ya que Tolomeo indica el 28 epifi, o el 22 de julio, para el paralelo de 14 horas que pasa un poco al sur de esta ciudad. Así, sin la suma de estos cinco días, tendríamos el 24 epifi en lugar del 29, es decir el 18 de julio en lugar del 23.

Sin embargo, Tolomeo da el 22 epifi para el paralelo donde el día más largo es de 13 horas ¼, lo que responde a la latitud 23°51', y designa el 28 para el paralelo donde el día mas largo es de 14 horas, lo que corresponde a la latitud de 30°22': la diferencia de media es pues de 6°31' de latitud para 6 días de media, o, 1°5' por día, lo que nos da para dos días 2°10'. Añadiendo pues esta diferencia a la primera latitud 23°51', que corresponde al 22 epifi y obtendremos 26° para la latitud del paralelo donde el amanecer helíaco de Sirio ocurriría el 24 epifi fijo, y para el cual la regla de Theón supone el origen del período primitivamente establecido.

Es notable que esta latitud, algo más boreal que la de Tebas, sea precisamente la de los templos de Dendera y de Esna. Los cálculos precedentes se hacen en la suposición de que la serie de años vagos se continúe sin interrupción a lo largo de los 1.705 años julianos. Pero tal no fue el caso para Alejandría, ya que el año, conservando su forma, se ha hecho fijo 21 años después de la reforma juliana, mientras que el primero de Thot coincidió con el 29 de agosto juliano. Así, desde este día hasta el año cien de Diocleciano, al que corresponde nuestro cálculo, han transcurrido un cierto número de años desde la fijación de Thot hasta el final de la era de Augusto, número que, según las fechas expresadas anteriormente, es de 308 años; luego añadiendo los 100 años de Diocleciano, que nos conduce hasta la época para la cual realizamos el cálculo, obtenemos una suma de 408 años a lo largo de los cuales Thot no varió más.

Estos 408 años divididos por 4 dan un cociente de 102; lo que da 102 días de variación de Thot que habíamos calculado en demasía en nuestro primer cálculo. Debemos pues restarlos a 431 para obtener la verdadera variación que se ve expresada por el resto de 329.

Es también lo que hace precisamente el autor griego, cuando después de haber encontrado los 431 días de desplazamiento del Thot, tanto para el intervalo de tiempo expresado, como para el cambio de paralelo, recomienda restar lo que había de tetraeterides, dejando de lado el número 21; ya que estos tetraeterides no son más que los períodos cuadrienales transcurridos desde la fijación del Thot alejandrino; y deben calcularse según el número total de los años transcurridos desde la reforma juliana, quitando los 21 años, ya que el Thot alejandrino no se convirtió en fijo más que 21 años después de esta reforma y siguió pues desplazándose en el año solar a lo largo de estos 21 años.

Habiendo encontrado pues 329 días para el desplazamiento efectivo del Thot vago desde Menofres, el autor griego prescribe repartir este número a partir el primero de Thot, contando 30 días para cada mes, lo que le dio en primer lugar 10 meses con 29 días restantes; y lo llevó así al 29 día del undécimo mes, es decir al 29 epifi del año vago egipcio. Sin embargo, después del razonamiento sobre el que se basa el cálculo de los días de variación, parece que su reparto debe hacerse contando el primero de ellos como coincidiendo con el dos de Thot, lo que nos llevaría al 30 epifi en lugar del 29.

Además, la deferencia de un día tiene pocas consecuencias para la fecha de un fenómeno sometido a tantas incertidumbres físicas, y puede que, por este motivo, el autor griego se haya limitado a presentar el reparto a partir del primero de Thot como siendo más sencillo. Bien que hubiera podido simplificar aún más la exposición de su regla distinguiendo los amaneceres helíaticos anteriores, y los amaneceres helíaticos posteriores, a la fijación del Thot alejandrino.

Ya que para los primeros, el cuarto del número de años transcurridos después de Menofres da el desplazamiento total del fenómeno sin que sea necesario hacer ninguna corrección de tetraeterides; y para los demás, la fecha del fenómeno permanece fija en el día de epifi donde tenía lugar en el año de la fijación de Thot.

La desaparición de Albert Solsman, el 28 de octubre de 1.981, puso fin a la elaboración de una obra sobre la que el *Figaro* escribió:

"La construcción que se realiza frente a nosotros es quizás uno de los acontecimiento de nuestro tiempo" y que Slosman definía así:

En definitiva era una Historia del monoteísmo de los orígenes al fin del mundo lo que estaba escribiendo deseando demostrar que el Dios de los cristianos era el mismo que el Creador original. El Eterno era Yahvé, pero también Ptah. Dios era el de Jesús, de Moisés, de Abraham, pero también de Osiris. Y este Dios-Uno ya había sido el único Creador de la Creación, el que inspiró la Ley a sus criaturas. En cada era celeste correspondía un Hijo de Dios: un Mesías.

Desde 1.976, año tras años, las piedras del edificio se acumulaban: seis libros, del Gran Cataclismo a Moisés el Egipcio; diez más están en curso. Inmensa empresa que él mismo dudaba poder acabar, por ello aceptó traza en este único volumen la trayectoria total de su proyecto alumbrándonos su propio camino.

Este libro es original porque oímos la voz de un hombre excepcional que vició su vida y sus trabajos con "Pasión". Esta obra interrumpida abre el futuro como ilumina el pasado.

El último libro que estaba en la lista de Albert, en preparación se titularía: "La Eternidad sólo pertenece a Dios".

ACERCA DE LA OBRA DE ALBERT SOLSMAN

Fue aplicando su método de traducción de los textos grabados en las criptas del templo de Dendera que Albert Solsman encontró y ofreció al público el relato del origen de la civilización europea.
"Le Progrès du Caire"

A la luz de los textos de Albert Solsman, el relato fantástico de Plutarco se derrumba. Isis, Osiris y Horus ya no aparecen como unas divinidades, sino como seres humanos.
"Le Courier de L'Égypte"

Aún no se ha medido la importancia de las investigaciones de Albert Solsman en el terreno de la egiptología, ni qué revolución puede desencadenarse a través de la comprensión de la historia de Egipto.
"Le Courrier de Genève".

Bajo la luz de la teoría de Albert Solsman, muchas interrogaciones se disparan, en particular la del nacimiento de una idea que recorre camino: el monoteísmo, elemento central del libro.
"Le Monde"

La construcción que se realiza frente a nosotros es quizás uno de los acontecimientos de nuestro tiempo. Historiadores empiezan a volcarse en los trabajos de Albert Solsman.
"Le Figaro"

Apoyándose en los textos, de recientes descubrimientos, apoyándose en una línea lógica, Albert Solsman muestra cómo se forma en Egipto, la cuna del monoteísmo. Un libro apasionante y que invita a reflexionar.
"Le Méridional-Dimanche"

BIBLIOGRAFÍA

A) EN EL TIEMPO DEL ORIGEN, TEXTOS Y REVISTAS

Description de l'Égypte. - Recueil des observations et des recherches qui ont été faites durant l'expédition de l'armée française, 1re éd., 9 vol. de textes et 12 vol. d'atlas et documents dessinés (1809 à 1813).

Bibliothèque de l'École des Hautes Études. - Maspero: Genre épistolaire, 1872; Grébaut: Hymnes à Amon-Râ, 1875; Virey: Papyrus Prisse, 1887; Jéquier: L'Hadès, 1894.

Annales du musée Guimet. - Lefébure: Hypogées royaux,1886; Amélineau: Gnosticisme, 1887; Mahler: Calendrier,1907.

Bibliothèque égyptologique. - OEuvres des égyptologues français: Leroux: deux volumes, 1893; Maspero: Mythologie, 1894; Devéria: Mémoires, 1904; Chabas: OEuvres, 1905; de Rouge: OEuvres, 1909.

Archéological Survey. - Griffith: Hieroglyphs, 1895; Davies: Ptahhetep, 1897; Crowfoot: Meroé, 1911.

Altertumskunde Aegyptens. - Sethe: Horusdiener, 1903;Schaeffer: Mysterien des Osiris, 1904. Egypt Exploration Fund. - Naville: Pithom, 1885; Petrie: Dendérah, 1900.

Études égyptologiques. - Lefébure: Mythe Osirien, 1874; Révillout: Chrestomathie, 1880.

AUTORES.

Amelineau E.: Étude sur le papyrus de Boulacq, I.F.A.O., Le Caire, 1892.

Amelineau E.: Le culte des rois prédynastiques,
Journal des Savants,Paris,1906.

Ampère J.-J.: Transmission des professions dans l'Ancienne Égypte, Paris, 1848.

Baillet A.: Fonctions du Grand-Prêtre d'Amon, Paris, 1865.

Bergmann A.: Hieroglyphs Inschrifften, Munich, 1879.

Birch S.: Select Papyri of Britisch Muséum, Londres, 1841.

Brugsch E. Le Livre des Rois, Berlin, 1887.

Brugsch E.: Le dictionnaire géographique ancien, Berlin,1877.

Budge W.: Papyrus d'Ani, Oxford, 1895.

Bürton J: Excerpta hieroglyphica, Londres, 1825.

Capart J.: La fête de frapper les Annou, Bruxelles, 1901.

Chabas F.: Le papyrus Harris, Paris, 1860.

Chassinat E.: Dendérah (6 vol.), I.F.A.O., Le Caire, 1911.

Davis C.: Le Livre des Morts, Londres, 1894.

Deveria Th.: Papyrus de Nebqeb, Paris, 1872.

Devilliers: Dendérah, Paris, 1812.

Ebers G.: Papyrus Ebers, Londres, 1875.

Einselohr A.: Avant le règne de Ramsès III, Berlin, 1872.

Erman A.; Aegypten Leben im Alterthum geschildert, Berlin,1885.

Erman A.: Grammaire Égyptienne, Berlin, 1894.

Frazer J.-G.: Totémisme, New York, 1887.

Gaillard C.: Le Bélier de Mendès, Paris, 1901.

Gardiner A.: Papyrus de Berlin, Londres, 1908.

Gardiner A.: The Admonitions of an Egyptian Sage, Londres, 1909.

Gardiner A.: Textes hiératiques (pap. Anastasi et Koller), Londres, 1911.

Gayet A.: La Civilisation pharaonique, Paris, 1907.

Golenitscheff W.: Papyrus n° 1 de Saint-Pétersbourg,Saint-Pétersbourg, 1876.

Golenitscheff W.; Papyrus hiératique n0 15, Saint-Pétersbourg,1906.

Grevaut E.: Les deux yeux du disque solaire, Paris, 1879.

Grenfell B.: The Amherst Papyri, Londres, 1891.

Griffith: Two Papyri hiérogliph from Tanis, Oxford, 1889.

Groff W.: Le nom de Jacob et Joseph en égyptien, Londres,1885.

Groff W.: Papyrus d'Orbiney, Londres, 1888.

Guieysse P.: Hymne au Nil, Paris, 1890.

Horrack Ph. J. (de).: Les Lamentations d'Isis et deNephtys, Paris, 1866.

Horrack Ph. J. (de).: Le Livre des Respirations, Paris, 1877.

Jollois J.-B.: Dendérah, Paris, 1814.

Lanzone Rod.: Le domicile des Esprits, Paris, 1879.

Lauth Fr.: Pharaon Méneptah, Paris, 1867.

Lenormand Fr.: Les premières civilisations, Paris, 1874.

Le Page-Renouf P.: Religion of Ancien Egypt, Londres,1880.

Lieblein J.: Recherches sur la chronologie égyptienne,Paris, 1873.

Lieblein J.: Papyri hiératiques du musée de Turin, Paris,1868.

Lieblein J.: Dictionnaire des noms hiéroglyphiques, Parls,1871.

Lieblein Dr J.: Recherches sur la civilisation de l'ancienneÉgypte, Paris, 1910.

Loret V.: Rituel des fêtes d'Osiris à Dendérah, Paris, 1895.

Loret V.: Manuel de la langue égyptienne, Paris, 1896.

Mariette A.: Description du Grand Temple de Dendérah,Paris, 1875.

Martin T.: Opinion de Manéthon sur sa chronologie, Paris,l960.

Maspero G.: Littérature religieuse des anciens Égyptiens,Paris, 1872.

Moret A.: Le rituel du culte divin, Paris, 1902.

Moret A.: Rois et Dieux, Paris, 1911.

Moret A.: Mystères égyptiens, Paris, 1911.

Morgan J. (de): Recherches sur les origines de l'Égypte,Paris, 1897.

Naville E.: La litanie du Soleil, Genève, 1875.

Naville E.: La religion des anciens Égyptiens, Genève, 1906.

Petrie W.: Flinders: Religion of ancien Egypt, Londres,1906.

Pierret P.: Horus sur les crocodiles, Paris, 1869.

Pierret P.: Vocabulaire hiéroglyphique, Paris, 1875.

Reinach A. J.: l'Égypte préhistorique, Paris, 1908,

Revillout E.: Chronique contemporaine de Manéthon, Paris,1876.

Rouge Emm. (de): Origines de la race égyptienne, Paris,1895.

Sharpe S.: History of Egypt, Londres, 1870.

Virey P.: Religion de l'ancienne Égypte, Paris, 1909.

Young T.: Hieroglyphics, Londres, 1823.

B) EN LA ÉPOCA DE MOISÉS

TEXTOS:

La Sainte Bible, trad. École Biblique de Jérusalem, 1955.

Le Coran, trad. F. Rouhani, 1959.

Le Talmud de Jérusalem, trad. M. Schwab, I960.

AUTORES:

Abecassis Armand: La Mystique du Talmud, Paris, 1977.

Aharûni Yohanan: The McMillan Bible Atlas, Londres,1968.

Albright William F.: Yahveh and the Gods of Canaan,Londres, 1970.

Auzou Georges: Étude du livre de l'Exode, Paris, 1968.

Barrois A. G.: Manuel d'archéologie biblique (2 vol.), Paris,1939.

Basile De Cesaree: Homélies sur l'Hexameron, Paris, 1976.

Bayle J.-B.: Saint Basile, Paris, 1958.

Beegle Dewey: Moïse, serviteur de Yaweh, Michigan, 1972.

Bridel J.-L.: Traité sur L'Année juive ancienne, Tours,1818.

Bright John: An history of Israël, Philadelphie, 1972.

Bryant Jacques: Analyse de la mythologie ancienne,Londres, 1773.

Buber Martin: Moïse, Paris, 1957,

Buis Pierre: Notion d'alliance dans L'Ancien Testament,Paris, 1976.

Buxtorf A.: Moré Néboukim, Hambourg, 1674.

Cazelles Henri: Étude sur le code de L'Alliance, Paris, 1946.

Cazelles Henri: À la recherche de Moïse, Paris, 1979.

Childs Breward S.: La Naissance de Moïse, New York,1965.

Choisy Maryse: Moïse, Genève, 1966.

Clément d'Alexandrie: Les Stromates, Paris, 1932.

Congar Yves: Le Mystère du Temple, Paris, 1958.

Coote Robert: Meaning of the name: Israël, Harvard, 1972.

Danielou Jacques: Platonisme et théologie mystique, Paris,1964.

Denys L'Aeropagyte: La Hiérarchie céleste, Paris, 1882.

Doresse Jean: Les Livres des gnostiques d'Égypte, Paris,1958.

Du Burr F.-M.: Caïn et ses fils Qénites, Paris, 1970.

Dupont-Sommer: Écrits esséniens de la mer Morte, Paris,1959.

Duvfrnoy Claude: Moïse, Paris, 1977.

Eliade Mircea: Le Mythe de l'éternel retour, Paris, 1952.

Epsteïn Isidore: Le Judaïsme, Paris, 1970.

Feuler F.-X.: Biographie universelle (en 9 vol.), Paris, 1844.

Festugiere A. J.: Les Révélations d'Hermès Trismégiste, Paris, 1952.

Flavius Joseph: Antiquités judaïques, trad. Buchon, Paris,1841.

Fleg Edmond: Moïse, Paris, 1928.

Fohrer Georg: Histoire de la religion Israélite, Nashville,1972.

Frankfort H.: Les Rois et les Dieux, Paris, 1954.

Gaubert Henry: Moïse face à l'Éternel, Paris, 1965.

Glueck Nelson: De l'autre côté du Jourdain, Newhaven,1940,

Grayzel Salomon: Histoire des Juifs, Paris, 1974.

Greeberg Moshé: Comprendre l'Exode, New York, 1969.

Grégoire de Nysse: La Vie de Moïse, Paris, 1954.

Gressmann H.: Moïse et son temps, Gottingen, 1913.

Gugenheim G.: Le Judaïsme dans la vie quotidienne, Paris,1978.

Guillàbert Emile: Moïse phénomène judéo-chrétien, Paris,1976.

Gunneweg Antoine: Moïse en Madian, Munich, 1964.

Hamel Edouard: Les Dix Paroles, Bruxelles, 1969.

Harrington Wilfrid: Nouvelle introduction à la Bible, Paris, 1971.

Herrmann Siegfried: Moïse, Leyde, 1969.

HyattJ. Philip: Commentaire sur l'Exode, Londres, 1971.

Jean D'Alexandrie: Sur la création du monde, Paris, 1954.

Lenormant François: Histoire ancienne de l'Orient, Paris,1909.

Lestienne Michel: Comment la Bible a été écrite, Paris,1976.

LODS Adolph: Israël, Paris, 1972.

Maignan (Cardinal): De l'Éden à Moïse, Paris, 1883.

Maïmonides Moïse: Le Livre des égarés, Leyde, 1806.

Malka Victor: Le Judaïsme, Paris, 1976.

Martines de Pasqually: Traité de la réincarnation, Rennes,1977.

Meyer Eduard: Histoire de l'Antiquité, Paris, 1912.

Michaeli Frank: Textes de l'ancien Orient, Neuchâtel, 1961.

Michaud Robert: Moïse: histoire et théologie, Paris, 1978.

Monloubou Louis: Prophète; qui es-tu? Paris, 1968.

Moret Alexandre: Au temps des Pharaons, Paris, 1941.

Moret Alexandre: Histoire de l'Orient ancien, Paris, 1936.

Muller Edouard: Histoire de la mystique juive, Paris, 1950.

Nehler André: Moïse et la vocation juive, Paris, 1957.

Nicholson E: L'Origine de la tradition de l'Exode, Londres, 1976.

Noth Martin: Histoire d'Israël, Paris, 1970.

Origene: Homélies sur l'Exode, Paris, 1884.

Parroy André: Abraham et son temps, Paris, 1973.

Philon d'Alexandrie: La Vie de Moïse, Paris, 1883.

Pittazzoni Roberto: Formation du monothéisme, Turin, 1931.

RAGD Gherar: La Genèse, Genève, 1968.

Renan Ernest: Histoire du peuple d'Israël, Paris, 1956.

Roth Ceci: Histoire du peuple juif, Paris, 1977.

Rothemberg B.: Un temple égyptien dans la Arabah, Paris, 1970.

Rowley H. H.: De Joseph à Joshua, Oxford, 1970.

Salvador Jean: Les Institutions de Moïse, Paris, 1862.

Scholem G.: Grands courants de la mystique juive, Paris, 1950.

Seale Morris: Le Désert de la Bible, Londres, 1974.

Toussaint Gabriel: Origines de la religion d'Israël, Paris, 1931.

Vaux Robert (de): Histoire ancienne d'Israël, Paris, 1971.

Vaux Roland (de): Bible et Orient, Paris, 1967.

Velikovski Isidore: Mondes en collision, Paris, 1967.

Vigouroux François: Dictionnaire de la Bible (6 vol.), Paris, 1904.

Vincent Louis: Chanaan d'après l'exploration, Paris, 1907.

Weigall Arthur: Histoire de l'Égypte ancienne, Paris, 1935.

Weill Raymond: Séjour des Israélites au désert, Paris, 1909.

C) EN EL TIEMPO DE JESÚS. TEXTOS Y RESEÑAS

The Catholic Encyclopédia (16 vol.), New York, 1917.

Dictionnaire des Antiquités gréco-romaines (9 vol.), Paris, 1877.

Dictionnaire d'archéologie chrétienne (11 vol.), Paris, 1933.

Dictionnaire de la Bible (6 vol.), Paris, 1888,

Proceedings of Biblical Archeology.

Muse on.

Revue Biblique.

Revue des Études juives.

Revue de l'histoire des Religions.

AUTORES:

Bacon B. W.: Story of St, Paul, Boston, 1904,

Bacon B. W.: Jésus and Paul, New York, 1921.

Boissier G.: La fin du paganisme (2 vol.), Paris, 1899.

Bouche-Leclerc A.: L'Astrologie grecque, Paris, 1899.

Brassac A.; Manuel Biblique (2 vol.), Paris, 1908.

Brehier E.; Idées Philosophiques de Philon d'Alexandrie, Paris, 1925.

Père Bruckberger R. L.: Jésus-Christ (Réimp.), Paris, 1965.

Causse A.: Les Dispersés d'Israël, Paris, 1929.

Dechamps V.: Christ et les Antéchrist (2 vol.), Paris, 1858.

Père Dibon: Jésus-Christ (2 vol.), Paris, 1891.

Doresse J.: Les Livres des Gnostiques d'Égypte (2 vol.), Paris, 1959.

Duchesne L.: Histoire ancienne de l'Église (4 vol.), Paris, 1906.

Mgr Dupanloup: Jésus-Christ, Paris, 1870.

Duval R: La littérature syriaque, Paris, 1899.

De Faye E.: Origine des Églises de l'âge apostolique, Paris, 1909.

De Faye E.: Clément d'Alexandrie, Paris, 1899.

Goguel M.: Jésus de Nazareth, Paris, 1925.

Comperz Th.: Les penseurs de la Grèce (3. vol.), Paris, 1910.

Père Grandmaison L. (de): Jésus-Christ, Paris, 1928.

Guignebert Ch.: Tertullien, Paris, 1901.

Guignebert Ch.: Le monde juif au temps de Jésus, Paris,1933.

Herriot E.: Philon le Juif, Paris, 1898,

Klein F: La Vie de Jésus-Christ, Paris, 1946.

Père Lamennais (de): Imitation de Jésus-Christ, Paris,1921.

Lazarus B.: Les idées religieuses de Plut arque, Paris, 1920.

Père Le Camus: La vie de Jésus-Christ, Paris, 1883.

Loisy A.: La naissance du Christianisme, Paris, 1933.

Père Maistre A.: La Passion du Christ, Paris, 1876.

Père Marin: Jésus-Christ et son règne, Paris, 1886.

Menard Jacques E.: L'évangile de vérité, Paris, 1962.

Menard Jacques E.: l'évangile selon Philippe, Paris, 1969.

Menard L.: Les Livres d'Hermès Trismégiste, Paris, 1866.

Montefiore C. G.: Judaïsm and St, Paul, Londres, 1914.

Moore G. F.: Judaïsm in the first Centuries (3 vol.), Cambridge, 1927.

Père Motais A.: Salomon et l'Ecclésiaste (2 vol.), Paris, 1876.

Père Ollivier M.: Les amitiés de Jésus, Paris, 1895,

Oursler F.: La vie du Galiléen, Paris, 1955.

Pradines M.: Esprit de la Religion, Paris, 1945.

Père Prat F.: Jésus-Christ (2 vol.), Paris, 1933.

Püech A.: Histoire de la littérature gréco-chrétienne (3vol.), Paris, 1928.

Radin P.: La religion primitive, Paris, 1941.

Renan E.: Origines du Christianisme, Paris, 1891.

Renan E.: Histoire du peuple d'Israël (3 vol.), Paris, 1887.

Reville J.: Le quatrième Évangile, Paris, 1901.

Rougier L.: L'origine astronomique, Le Caire, 1933.

Scott W.: Corpus Hermeticum, Oxford, 1934.

Père Variot J.: Les Évangiles Apocryphes, Paris, 1878.

Venard L.: Les origines chrétiennes, Paris, 1911.

Père Vigouroux F.: Les Livres Saints (4 vol.), Paris, 1890.

Dr William F.-M.: La vie de Jésus, Mulhouse, 1934.

OTROS TÍTULOS

LA GRAN HIPÓTESIS

LA GRAN HIPÓTESIS

OMNIA VERITAS

Omnia Veritas Ltd presenta:

HISTORIA PROSCRITA
II
LA HISTORIA SILENCIADA DE ENTREGUERRAS

POR

VICTORIA FORNER

"El verdadero crimen es acabar una guerra con el fin de hacer inevitable la próxima."

EL TRATADO DE VERSALLES FUE "UN DICTADO DE ODIO Y DE LATROCINIO"

OMNIA VERITAS

Omnia Veritas Ltd presenta:

HISTORIA PROSCRITA
III
LA II GUERRA MUNDIAL Y LA POSGUERRA

POR

VICTORIA FORNER

Distintas fuerzas trabajaban para la guerra en los países europeos

MUCHOS AGENTES SERVÍAN INTERESES DE UN PARTIDO BELICISTA TRANSNACIONAL

OMNIA VERITAS

Omnia Veritas Ltd presenta:

HISTORIA PROSCRITA
IV
HOLOCAUSTO JUDÍO, NUEVO DOGMA DE FE PARA LA HUMANIDAD

POR

VICTORIA FORNER

Nunca en la historia de la humanidad se había producido una circunstancia como la que estudiaremos...

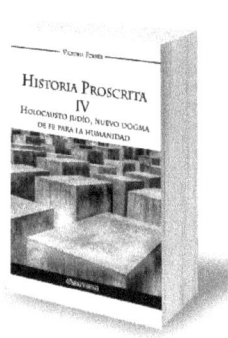

UN HECHO HISTÓRICO SE HA CONVERTIDO EN DOGMA DE FE

Omnia Veritas Ltd presenta:

EUROPEA Y LA IDEA DE NACIÓN
seguido de
HISTORIA COMO SISTEMA
por
JOSÉ ORTEGA Y GASSET

Pero la nación europea llegó a ser "nación" porque añadiera formas de vida que pretenden representar una "manera de ser hombre"

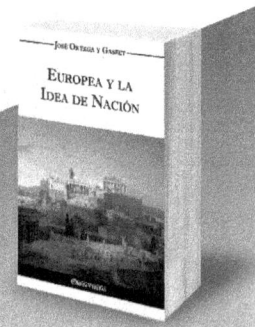

Un programa de vida hacia el futuro

Omnia Veritas Ltd presenta:

FRANCO
por
JOAQUÍN ARRARÁS

"La alegría del alma está en la acción." De Marruecos sube un estruendo bélico, que pasa como un trueno sobre España.

Caudillo de la nueva Reconquista, Señor de España

Omnia Veritas Ltd presente:

LA GUERRA OCULTA
de
Emmanuel Malynski

En esencia, *La Guerra Oculta* es una metafísica de la historia, es la concepción de la perenne **lucha entre dos opuestos** órdenes de fuerzas...

La Guerra Oculta es un libro que ha sido calificado de "maldito"

El análisis más anticonformista de los hechos históricos

LA GRAN HIPÓTESIS

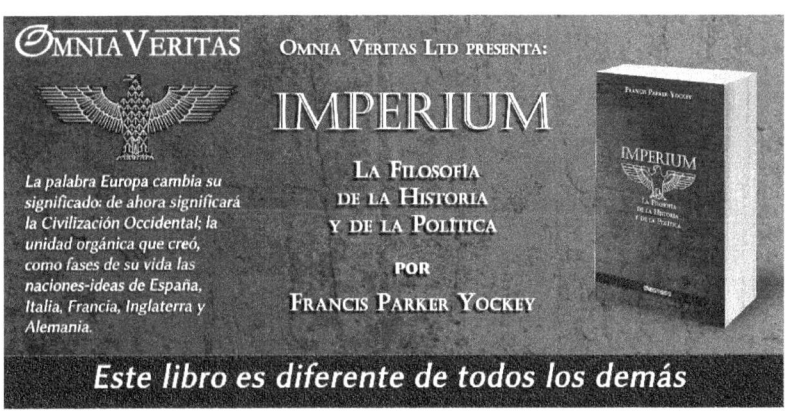

 Omnia Veritas Ltd presente:

El Judaísmo y la Cristiandad
de Léon de Poncins

*La religión **judía** está basada en un equívoco... El judío moderno ya no es **mosaico**, es **talmudista**. Y entre el **Evangelio** y el **Talmud** existe un antagonismo irreductible...*

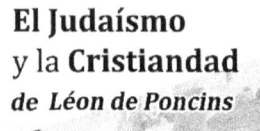

La ruptura entre el Antiguo y el Nuevo Testamento

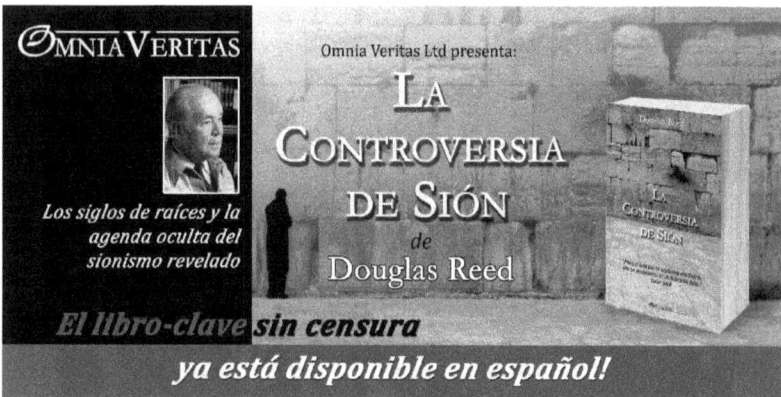

 Omnia Veritas Ltd presenta:

Los Secretos de la Reserva Federal
La Conexión Londres
por Eustace Mullins

La historia americana del vigésimo siglo ha grabado los logros asombrosos de los banqueros de la Reserva Federal

Aquí están los hechos simples de la gran traición

Omnia Veritas Ltd presenta:

RENÉ GUÉNON
APRECIACIONES SOBRE EL ESOTERISMO CRISTIANO

« Este cambio convirtió al cristianismo en una religión en el verdadero sentido de la palabra y una forma tradicional … »

Las verdades esotéricas estaban fuera del alcance del mayor número…

Omnia Veritas Ltd presenta:

RENÉ GUÉNON
AUTORIDAD ESPIRITUAL Y PODER TEMPORAL

"La distinción de las castas constituye, en la especie humana, una verdadera clasificación natural a la cual debe corresponder la repartición de las funciones sociales."

La igualdad no existe en realidad en ninguna parte

Omnia Veritas Ltd presenta:

RENÉ GUÉNON
EL ERROR ESPIRITISTA

En nuestra época hay muchas otras "contraverdades" que es bueno combatir…

Entre todas las doctrinas "neoespiritualistas", el espiritismo es ciertamente la más extendida

LA GRAN HIPÓTESIS

« Dante indica de una manera muy explícita que hay en su obra un sentido oculto, propiamente doctrinal, del que el sentido exterior y aparente no es más que un velo »

... y que debe ser buscado por aquellos que son capaces de penetrarle

"Cuando consideramos lo que es la filosofía en los tiempos modernos, no podemos impedirnos pensar que su ausencia en una civilización no tiene nada de particularmente lamentable."

El Vêdânta no es ni una filosofía, ni una religión

OMNIA VERITAS LTD PRESENTA:

RENÉ GUÉNON

EL REINO DE LA CANTIDAD Y
LOS SIGNOS DE LOS TIEMPOS

« Porque todo lo que existe de alguna manera, incluso el error, necesariamente tiene su razón de ser »

... y el desorden en sí mismo debe encontrar su lugar entre los elementos del orden universal

"Un principio, la Inteligencia cósmica que refleja la Luz espiritual pura y formula la Ley"

El Legislador primordial y universal

«La consideración de un ser en su aspecto individual es necesariamente insuficiente»

... puesto que quien dice metafísico dice universal

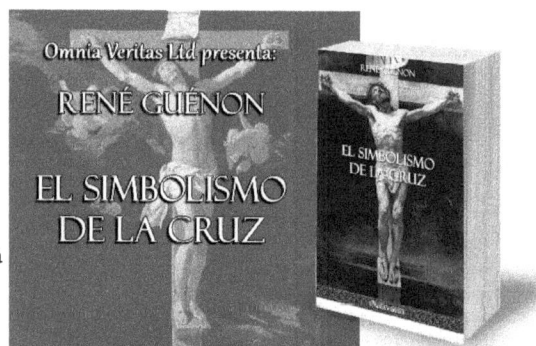

OMNIA VERITAS LTD PRESENTA:
RENÉ GUÉNON
EL TEOSOFISMO
HISTORIA DE UNA SEUDORELIGIÓN

"Nuestra meta, decía entonces Mme Blavatsky, no es restaurar el hinduismo, sino barrer al cristianismo de la faz de la tierra"

El término teosofía sirvió como una denominación común para una variedad de doctrinas

LA GRAN HIPÓTESIS

OMNIA VERITAS LTD PRESENTA:

RENÉ GUÉNON

ESTUDIOS SOBRE EL HINDUÍSMO

"Considerando la contemplación y la acción como complementarias, nos emplazamos en un punto de vista ya más profundo y más verdadero"

... la doble actividad, interior y exterior, de un solo y mismo ser

Omnia Veritas Ltd presenta:

RENÉ GUÉNON

ESTUDIOS SOBRE LA FRANCMASONERIA Y EL COMPAÑERAZGO

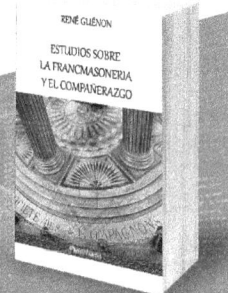

«Entre los símbolos usados en la Edad Media, además de aquellos de los cuales los Masones modernos han conservado el recuerdo aun no comprendiendo ya apenas su significado, hay muchos otros de los que ellos no tienen la menor idea.»

la distinción entre "Masonería operativa" y "Masonería especulativa"

OMNIA VERITAS LTD PRESENTA:

RENÉ GUÉNON

FORMAS TRADICIONALES Y CICLOS CÓSMICOS

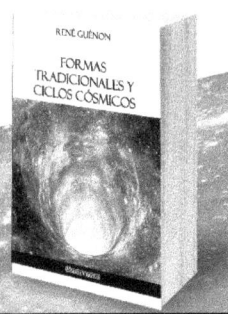

« Los artículos reunidos en el presente libro representan el aspecto más "original" de la obra de René Guénon.»

Fragmentos de una historia desconocida

Omnia Veritas Ltd presenta:
RENÉ GUÉNON
INICIACIÓN
Y
REALIZACIÓN ESPIRITUAL

« Necedad e ignorancia pueden reunirse en suma bajo el nombre común de incomprensión »

La gente es como un "reservorio" desde el cual se puede disparar todo, lo mejor y lo peor

OMNIA VERITAS LTD PRESENTA:
RENÉ GUÉNON
INTRODUCCIÓN GENERAL
AL ESTUDIO DE
LAS DOCTRINAS HINDÚES

« Muchas dificultades se oponen, en Occidente, a un estudio serio y profundo de las doctrinas orientales »

... este último elemento que ninguna erudición jamás permitirá penetrar

Omnia Veritas Ltd presenta:
RENÉ GUÉNON

LA CRISIS DEL
MUNDO
MODERNO

«Parece por lo demás que nos acercamos al desenlace, y es lo que hace más posible hoy que nunca el carácter anormal de este estado de cosas que dura desde hace ya algunos siglos»

Una transformación más o menos profunda es inminente

LA GRAN HIPÓTESIS

Omnia Veritas Ltd presenta:

RENÉ GUÉNON

LA GRAN TRÍADA

«En todo ternario tradicional, cualesquiera que sea, se quiere encontrar un equivalente más o menos exacto de la Trinidad cristiana»

se trata muy evidentemente de un conjunto de tres aspectos divinos

« La metafísica pura, al estar por esencia fuera y más allá de todas las formas y de todas las contingencias »

no es ni oriental ni occidental, es universal

Omnia Veritas Ltd presenta:

PAUL CHACORNAC

LA VIDA SIMPLE DE RENÉ GUÉNON

«Vamos a hablar de un hombre extraordinario en el sentido más estricto de la palabra. Pues no es posible definirlo ni "clasificarlo".»

Por su inteligencia y su saber, el fue, durante toda su vida, un hombre oscuro

«Según la significación etimológica del término que le designa, el Infinito es lo que no tiene límites»

La noción del Infinito metafísico en sus relaciones con la Posibilidad universal

«... nos ha parecido útil emprender este estudio para precisar algunas nociones del simbolismo matemático»

Esa ausencia de principios que caracteriza a las ciencias profanas

"Hay cierto número de problemas que constantemente han preocupado a los hombres, pero quizás ninguno ha parecido generalmente tan difícil de resolver como el del origen del Mal"

Este dilema es insoluble para aquellos que consideran la Creación como la obra directa de Dios

LA GRAN HIPÓTESIS

Omnia Veritas Ltd presenta:

RENÉ GUÉNON
ORIENTE Y OCCIDENTE

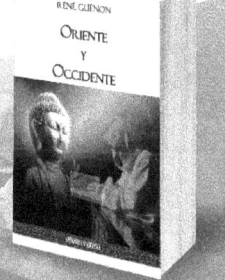

«La civilización occidental moderna aparece en la historia como una verdadera anomalía...»

Esta civilización es la única que se ha desarrollado en un aspecto puramente material

---

OMNIA VERITAS

OMNIA VERITAS LTD PRESENTA:

RENÉ GUÉNON
ESCRITOS PARA *REGNABIT*

«Esa copa sustituye al Corazón de Cristo como receptáculo de su sangre. ¿Y no es más notable aún, en tales condiciones, que el vaso haya sido ya antiguamente un emblema del corazón? »

El Santo Grial es la copa que contiene la preciosa Sangre de Cristo

---

OMNIA VERITAS

OMNIA VERITAS LTD PRESENTA:

RENÉ GUÉNON
SÍMBOLOS DE LA CIENCIA SAGRADA

« Este desarrollo material ha sido acompañado de una regresión intelectual, que ese desarrollo es harto incapaz de compensar »

¿Qué importa la verdad en un mundo cuyas aspiraciones son únicamente materiales y sentimentales?

www.omnia-veritas.com

www.ingramcontent.com/pod-product-compliance
Lightning Source LLC
Chambersburg PA
CBHW050122170426
43197CB00011B/1685